VOLTAIRE.

HISTOIRE

DE CHARLES XII

ILLUSTRÉE

PAR FOULQUIER.

PRIX : **70** CENTIMES.

PARIS,

PUBLIÉ PAR GUSTAVE BARBA, LIBRAIRE-ÉDITEUR,

RUE DE SEINE, 31.

49.

VOLTAIRE

ILLUSTRÉ

PAR FOULQUIER.

GUSTAVE BARBA, ÉDITEUR.

DEST. HOTELIN ET RÉGNIER, GRAVEURS.

HISTOIRE DE CHARLES XII.

LIVRE PREMIER.

ARGUMENT.

Histoire abrégée de la Suède jusqu'à Charles XII. Son éducation; ses ennemis. Caractère du czar Pierre Alexiowitz. Particularités très-curieuses sur ce prince et sur la nation russe. La Moscovie, la Pologne et le Danemark se réunissent contre Charles XII.

La Suède et la Finlande composent un royaume large d'environ deux cents de nos lieues, et long de trois cents. Il s'étend, du midi au nord, depuis le cinquante-cinquième degré, ou à peu près, jusqu'au soixante-dixième', sous un climat rigoureux, qui n'a presque ni printemps ni automne. L'hiver y règne neuf mois de l'année : les chaleurs de l'été y succèdent tout à coup à un froid excessif; et il y gèle dès le mois d'octobre, sans aucune de ces gradations insensibles qui amènent ailleurs les saisons et en rendent le changement plus doux. La nature, en récompense, a donné à ce climat rude un ciel serein, un air pur. L'été, presque toujours échauffé par le soleil, y produit les fleurs et les fruits en peu de temps. Les longues nuits de l'hiver y sont adoucies par des aurores et des crépuscules, qui durent à proportion que le soleil s'éloigne moins de la Suède; et la lumière de la lune, qui n'y est obscurcie par aucun nuage, augmentée encore par le reflet de la neige qui couvre la terre, et très-souvent par des feux semblables à la lumière zodiacale, fait qu'on voyage en Suède la nuit comme le jour. Les bestiaux y sont plus petits que dans les pays méridionaux de l'Europe, faute de pâturages. Les hommes y sont grands; la sérénité du ciel les rend sains, la rigueur du climat les fortifie : ils vivent longtemps, quand ils ne s'affaiblissent pas par l'usage immodéré des liqueurs fortes et des vins, que les nations septentrionales semblent aimer d'autant plus que la nature les leur a refusés.

Les Suédois sont bien faits, robustes, agiles, capables de soutenir les plus grands travaux, la faim et la misère; nés guerriers, pleins de fierté, plus braves qu'industrieux, ayant longtemps négligé et cultivant mal aujourd'hui le commerce, qui seul pourrait leur donner ce qui manque à leur pays. On dit que c'est principalement

Charles XII enfant.

Paris. Typographie Plon frères, rue de Vaugirard, 36.

75.

1

de la Suède, dont une partie se nomme encore Gothie, que se débordèrent ces multitudes de Goths qui inondèrent l'Europe, et l'arrachèrent à l'empire romain, qui en avait été cinq cents années l'usurpateur, le tyran et le législateur.

Les pays septentrionaux étaient alors beaucoup plus peuplés qu'ils ne le sont de nos jours, parce que la religion laissait aux habitants la liberté de donner ces multitudes de citoyens à l'Etat par la pluralité de leurs femmes; que ces femmes elles-mêmes ne connaissaient d'opprobre que la stérilité et l'oisiveté; et qu'aussi robustes que les hommes, elles en étaient plus tôt et plus longtemps fécondes. Mais la Suède, avec ce qui lui reste aujourd'hui de la Finlande, n'a pas plus de quatre millions d'habitants. Le pays est stérile et pauvre; la Scanie est sa seule province qui porte du froment. Il n'y a pas plus de neuf millions de nos livres en argent monnayé dans tout le pays. La banque publique, qui est la plus ancienne de l'Europe, y fut introduite par nécessité, parce que les payements se faisant en monnaie de cuivre et de fer, le transport était trop difficile.

La Suède fut toujours libre jusqu'au milieu du quatorzième siècle. Dans ce long espace de temps le gouvernement changea plus d'une fois; mais toutes les innovations furent en faveur de la liberté. Le premier magistrat eut le nom de roi, titre qui en différents pays se donne à des puissances bien différentes; car en France, en Espagne, il signifie un homme absolu, et en Pologne, en Suède, en Angleterre, l'homme de la république. Ce roi ne pouvait rien sans le sénat; et le sénat dépendait des états généraux, que l'on convoquait souvent. Les représentants de la nation dans ces grandes assemblées étaient les gentilshommes, les évêques, les députés des villes; avec le temps on y admit les paysans mêmes, portion du peuple injustement méprisée ailleurs, et esclave dans presque tout le Nord.

Environ l'an 1492, cette nation si jalouse de sa liberté, et qui est encore fière aujourd'hui d'avoir subjugué Rome il y a treize siècles, fut mise sous le joug par une femme et par un peuple moins puissant que les Suédois.

Marguerite de Waldemar, la Sémiramis du Nord, reine de Danemark et de Norvége, conquit la Suède par force et par adresse, et fit un seul royaume de ses trois vastes Etats. Après sa mort, la Suède fut déchirée par des guerres civiles; elle secoua le joug des Danois, elle le reprit, elle eut des rois, elle eut des administrateurs. Deux tyrans l'opprimèrent d'une manière horrible vers l'an 1520. L'un était Christiern II, roi de Danemark, monstre formé de vices sans aucune vertu; l'autre, un archevêque d'Upsal, primat du royaume, aussi barbare que Christiern. Tous deux de concert firent saisir un jour les consuls, les magistrats de Stokholm, avec quatre-vingt-quatorze sénateurs, et les firent massacrer par des bourreaux, sous prétexte qu'ils étaient excommuniés par le pape, pour avoir défendu les droits de l'Etat contre l'archevêque.

Tandis que ces deux hommes, ligués pour opprimer, désunis quand il fallait partager les dépouilles, exerçaient ce que le despotisme a de plus tyrannique, et ce que la vengeance a de plus cruel, un nouvel événement changea la face du Nord.

Gustave Vasa, jeune homme descendu des anciens rois du pays, sortit du fond des forêts de la Dalécarlie, où il était caché, et vint délivrer la Suède. C'était une de ces grandes âmes que la nature forme si rarement, avec toutes les qualités nécessaires pour commander aux hommes. Sa taille avantageuse et son grand air lui faisaient des partisans dès qu'il se montrait; son éloquence, à qui sa bonne mine donnait de la force, était d'autant plus persuasive qu'elle était sans art; son génie formait de ces entreprises que le vulgaire croit téméraires, et qui ne sont que hardies aux yeux des grands hommes; son courage infatigable les faisait réussir. Il était intrépide avec prudence, d'un naturel doux dans un siècle féroce, vertueux enfin, à ce que l'on dit, autant qu'un chef de parti peut l'être.

Gustave Vasa avait été otage de Christiern, et retenu prisonnier contre le droit des gens. Echappé de sa prison, il avait erré, déguisé en paysan, dans les montagnes et dans les bois de la Dalécarlie: là il s'était vu réduit à la nécessité de travailler aux mines du cuivre pour vivre et pour se cacher. Enseveli dans ces souterrains, il osa songer à détrôner le tyran. Il se découvrit aux paysans: il leur parut un homme d'une nature supérieure, pour qui les hommes ordinaires croient sentir une soumission naturelle: il fit en peu de temps de ces sauvages des soldats aguerris. Il attaqua Christiern et l'archevêque, les vainquit souvent, les chassa tous deux de la Suède, et fut élu avec justice par les Etats roi du pays dont il était le libérateur.

A peine affermi sur le trône, il tenta une entreprise plus difficile que ses conquêtes. Les véritables tyrans de l'Etat étaient les évêques, qui, ayant presque toutes les richesses de la Suède, s'en servaient pour opprimer les sujets, et pour faire la guerre aux rois. Cette puissance était d'autant plus terrible que l'ignorance des peuples l'avait rendue sacrée. Il punit la religion catholique des attentats de ses ministres: en moins de deux ans il rendit la Suède luthérienne, par la supériorité de sa politique plus encore que par autorité. Ayant ainsi conquis ce royaume, comme il le disait, sur les Danois et sur le clergé, il régna heureux et absolu jusqu'à l'âge de soixante et dix ans, et mourut plein de gloire, laissant sur le trône sa famille et sa religion.

L'un de ses descendants fut ce Gustave-Adolphe, qu'on nomme le

grand Gustave. Ce roi conquit l'Ingrie, la Livonie, Brême, Verden, Vismar, la Poméranie, sans compter plus de cent places en Allemagne, rendues par la Suède après sa mort. Il ébranla le trône de Ferdinand II; il protégea les luthériens en Allemagne, secondé en cela par les intrigues de Rome même, qui craignait encore plus la puissance de l'empereur que celle de l'hérésie. Ce fut lui qui, par ses victoires, contribua alors en effet à l'abaissement de la maison d'Autriche, entreprise dont on attribue toute la gloire au cardinal de Richelieu, qui savait l'art de se faire une réputation, tandis que Gustave se bornait à faire de grandes choses. Il allait porter la guerre au delà du Danube, et peut-être détrôner l'empereur, lorsqu'il fut tué, à l'âge de trente-sept ans, dans la bataille de Lutzen, qu'il gagna contre Valstein, emportant dans le tombeau le nom de grand, les regrets du Nord, et l'estime de ses ennemis.

Sa fille Christine, née avec un génie rare, aima mieux converser avec des savants que de régner sur un peuple qui ne connaissait que les armes. Elle se rendit aussi illustre en quittant le trône que ses ancêtres l'étaient pour l'avoir conquis ou affermi. Les protestants l'ont déchirée, comme si on ne pouvait pas avoir de grandes vertus sans croire à Luther; et les papes triomphèrent tous de la conversion d'une femme qui n'était que philosophe. Elle se retira à Rome, où elle passa le reste de ses jours dans le centre des arts qu'elle aimait, et pour lesquels elle avait renoncé à un empire à l'âge de vingt-sept ans.

Avant d'abdiquer, elle engagea les états de Suède à élire à sa place son cousin Charles Gustave, dixième de ce nom, fils du comte palatin duc de Deux-Ponts. Ce roi ajouta de nouvelles conquêtes à celles de Gustave-Adolphe. Il porta d'abord ses armes en Pologne, où il gagna la célèbre bataille de Varsovie, qui dura trois jours; il longtemps la guerre heureusement contre les Danois, assiégea leur capitale, réunit la Scanie à la Suède, et fit assurer, du moins pour un temps, la possession de Slesvick au duc de Holstein. Ensuite, ayant éprouvé des revers et fait la paix avec ses ennemis, il tourna son ambition contre ses sujets. Il conçut le dessein d'établir en Suède la puissance arbitraire; mais il mourut à l'âge de trente-sept ans, comme le grand Gustave, avant d'avoir pu achever cet ouvrage du despotisme, que son fils Charles XI éleva jusqu'au comble.

Charles XI, guerrier comme tous ses ancêtres, fut plus absolu qu'eux: il abolit l'autorité du sénat, qui fut déclaré le sénat du roi, et non du royaume. Il était frugal, vigilant, laborieux, tel qu'on l'eût aimé si son despotisme n'eût réduit les sentiments de ses sujets pour lui à celui de la crainte.

Il épousa, en 1680, Ulrique Eléonore, fille de Frédéric III, roi de Danemark, princesse vertueuse et digne de plus de confiance que son époux ne lui en témoigna: de ce mariage naquit le roi Charles XII, l'homme le plus extraordinaire peut-être qu'il y ait jamais été sur la terre, qui a réuni en lui toutes les grandes qualités de ses aïeux, et qui n'a eu d'autre défaut ni d'autre malheur que de les avoir toutes outrées. C'est lui dont on se propose ici d'écrire ce qu'on en a appris de certain touchant sa personne et ses actions.

Le premier livre qu'on lui fit lire fut l'ouvrage de Samuel Puffendorf, afin qu'il pût connaître de bonne heure ses Etats et ceux de ses voisins. Il apprit d'abord l'allemand, qu'il parla toujours depuis aussi bien que sa langue maternelle. A l'âge de sept ans il savait manier un cheval. Les exercices violents où il se plaisait, et qui découvraient ses inclinations martiales, lui formèrent de bonne heure une constitution vigoureuse, capable de soutenir les fatigues où le portait son tempérament.

Quoique doux dans son enfance, il avait une opiniâtreté insurmontable: le seul moyen de le plier était de le piquer d'honneur; avec le mot de gloire on obtenait tout de lui. Il avait de l'aversion pour le latin, mais dès qu'on lui eut dit que le roi de Pologne et le roi de Danemark l'entendaient, il l'apprit bien vite, et en retint assez pour le parler le reste de sa vie. On s'y prit de la même manière pour l'engager à entendre le français; mais il s'obstina tant qu'il vécut à ne jamais s'en servir, même avec des ambassadeurs français qui ne savaient point d'autre langue.

Dès qu'il eut quelque connaissance de la langue latine, on lui fit traduire Quinte-Curce: il prit pour ce livre un goût que le sujet lui inspirait beaucoup plus encore que le style. Celui qui lui expliquait cet auteur lui ayant demandé ce qu'il pensait d'Alexandre: « Je pense, dit le prince, que je voudrais lui ressembler. » Mais, lui dit-on, il n'a vécu que trente-deux ans. « Ah! reprit-il, n'est-ce pas assez quand on a conquis des royaumes? » On ne manqua pas de rapporter ces réponses au roi son père, qui s'écria: « Voilà un enfant qui vaudra mieux que moi, et qui ira plus loin que le grand Gustave. » Un jour il s'amusait dans l'appartement du roi à regarder deux cartes géographiques, l'une d'une ville de Hongrie prise par les Turcs sur l'empereur, et l'autre de Riga, capitale de la Livonie, province conquise par les Suédois depuis un siècle; au bas de la carte de la ville hongroise il y avait ces mots tirés du livre de Job: « Dieu me l'a donné, Dieu me l'a ôté; le nom du Seigneur soit béni. » Le jeune prince ayant lu ces paroles, prit sur-le-champ un crayon et écrivit au bas de la carte de Riga: « Dieu me l'a donnée, le diable ne me l'ôtera pas[1]. » Ainsi,

---

[1] Deux ambassadeurs de France en Suède m'ont conté ce fait.

dans les actions les plus indifférentes de son enfance, ce naturel indomptable laissait souvent échapper de ces traits qui caractérisent les âmes singulières, et qui marquaient ce qu'il devait être un jour.

Il avait onze ans lorsqu'il perdit sa mère: cette princesse mourut d'une maladie causée, dit-on, par les chagrins que lui donnait son mari, et par les efforts qu'elle faisait pour les dissimuler. Charles XI avait dépouillé de leurs biens un grand nombre de ses sujets, par le moyen d'une espèce de cour de justice nommée la chambre des liquidations; une foule de citoyens ruinés par cette chambre, nobles, marchands, fermiers, veuves, orphelins, remplissaient les rues de Stockholm, et venaient tous les jours à la porte du palais pousser des cris inutiles: la reine secourut ces malheureux de tout ce qu'elle avait; elle leur donna son argent, ses pierreries, ses meubles, ses habits même. Quand elle n'eut plus rien à leur donner, elle se jeta en larmes aux pieds de son mari, pour le prier d'avoir compassion de ses sujets. Le roi lui répondit gravement: « Madame, nous vous avons prise pour nous donner des enfants, et non pour nous donner des avis. » Depuis ce temps il la traita, dit-on, avec une dureté qui avança ses jours.

Il mourut quatre ans après elle, dans la quarante-deuxième année de son âge, et dans la trente-septième de son règne, lorsque l'Empire, l'Espagne, la Hollande d'un côté, la France de l'autre, venaient de remettre la décision de leurs querelles à sa médiation, et qu'il avait déjà entamé l'ouvrage de la paix entre ces puissances.

Il laissa à son fils, âgé de quinze ans, un trône affermi et respecté au dehors, des sujets pauvres, mais belliqueux et soumis, avec des finances en bon ordre, ménagées par des ministres habiles.

Charles XII, à son avènement, non-seulement se trouva maître absolu et paisible de la Suède et de la Finlande, mais il régnait encore sur la Livonie, la Carélie, l'Ingrie; il possédait Vismar, Vibourg, les îles de Rugen, d'Oesel, et la plus belle partie de la Poméranie, le duché de Brême et de Verden; toutes conquêtes de ses ancêtres, assurées à la couronne par une longue possession et par la foi des traités solennels de Munster et d'Oliva, soutenus de la terreur des armes suédoises. La paix de Rysvick, commencée sous les auspices du père, fut conclue sous ceux du fils: il fut le médiateur de l'Europe dès qu'il commença à régner.

Les lois suédoises fixent la majorité des rois à quinze ans; mais Charles XI, absolu au trône, retarda par son testament celle de son fils jusqu'à dix-huit: il favorisait par cette disposition les vues ambitieuses de sa mère, Edwige-Eléonore de Holstein, veuve de Charles X. Cette princesse fut déclarée par le roi son fils tutrice du jeune roi son petit-fils, et régente du royaume conjointement avec un conseil de cinq personnes.

La régente avait eu part aux affaires sous le règne du roi son fils; elle était avancée en âge, mais son ambition, plus grande que ses forces et que son génie, lui faisait espérer de jouir longtemps des douceurs de l'autorité sous le roi son petit-fils: elle l'éloignait autant qu'elle pouvait des affaires. Le jeune prince passait son temps à la chasse, ou s'occupait à faire la revue des troupes; il faisait même quelquefois l'exercice avec elles: ces amusements ne semblaient que l'effet naturel de la vivacité de son âge; il ne paraissait dans sa conduite aucun dégoût qui pût alarmer la régente, et cette princesse se flattait que les dissipations de ces exercices le rendraient incapable d'application, et qu'elle en gouvernerait plus longtemps.

Un jour, au mois de novembre, la même année de la mort de son père, il venait de faire la revue de plusieurs régiments; le conseiller d'État Piper était auprès de lui; le roi paraissait abîmé dans une rêverie profonde. « Puis-je prendre la liberté, lui dit Piper, de demander à Votre Majesté à quoi elle songe si sérieusement? — Je songe, répondit le prince, que je me sens digne de commander à ces braves gens; et je voudrais ni eux ni moi ne reçussions d'ordre d'une femme. » Piper saisit dans ce moment l'occasion de faire une grande fortune. Il n'avait pas assez de crédit pour oser se charger lui-même de l'entreprise dangereuse d'ôter la régence à la reine, et d'avancer la majorité du roi; il proposa cette négociation au comte Axel Sparre, homme ardent, et qui cherchait à se donner de la considération; il le flatta de la confiance du roi. Sparre le crut, se chargea de tout, et ne travailla que pour Piper. Les conseillers de la régence furent bientôt persuadés: c'était à qui précipiterait l'exécution de ce dessein, pour s'en faire un mérite auprès du roi.

Ils allèrent en corps en faire la proposition à la reine, qui ne s'attendait pas à une pareille déclaration. Les états généraux étaient assemblés alors; les conseillers de la régence y proposèrent l'affaire: il n'y eut pas une voix contre, la chose fut emportée d'une rapidité et rien ne pouvait arrêter; de sorte que Charles XII souhaita de régner, et en trois jours les états lui déférèrent le gouvernement. Le pouvoir de la reine et son crédit tombèrent en un instant. Elle mena depuis une vie privée, plus sortable à son âge, quoique moins à son humeur. Le roi fut couronné le 24 décembre suivant: il fit son entrée dans Stockholm sur un cheval alezan, ferré d'argent, ayant le sceptre à la main et la couronne en tête, aux acclamations de tout un peuple, idolâtre de ce qui est nouveau et concevant toujours de grandes espérances d'un jeune prince.

L'archevêque d'Upsal est en possession de faire la cérémonie du sacre et du couronnement; c'est de tant de droits que ses prédéces-

seurs s'étaient arrogés presque le seul qui lui reste. Après avoir, selon l'usage, donné l'onction au prince, il tenait entre ses mains la couronne pour la lui remettre sur la tête; Charles l'arracha des mains de l'archevêque, et se couronna lui-même en regardant fièrement le prélat. La multitude, à qui tout air de grandeur impose toujours, applaudit à l'action du roi; ceux même qui avaient le plus gémi sous le despotisme du père se laissèrent entraîner à louer dans le fils cette fierté qui était l'augure de leur servitude.

Dès que Charles fut maître il donna sa confiance et le maniement des affaires au conseiller Piper, qui fut bientôt son premier ministre sans en avoir le nom. Peu de jours après il le fit comte; ce qui est une qualité éminente en Suède, et non un vain titre qu'on puisse prendre sans conséquence comme en France.

Les premiers temps de l'administration du roi ne donnèrent point de lui des idées favorables: il parut qu'il avait été plus impatient que digne de régner. Il n'avait à la vérité aucune passion dangereuse; mais on ne voyait dans sa conduite que des emportements de jeunesse et de l'opiniâtreté: il paraissait inapplique et hautain: les ambassadeurs qui étaient à sa cour le prirent même pour un génie médiocre et le peignirent tel à leurs maîtres. Personne ne connaissait son caractère; il l'ignorait lui-même, lorsque des orages formés tout à coup dans le Nord donnèrent à ses talents cachés occasion de se déployer.

Trois puissants princes, voulant se prévaloir de son extrême jeunesse, conspirèrent à sa perte presque en même temps. Le premier fut Frédéric IV, roi de Danemark, son cousin; le second, Auguste, électeur de Saxe, et roi de Pologne: Pierre-le-Grand, czar de Moscovie, était le troisième, et le plus dangereux. Il faut développer l'origine de ces guerres qui ont produit de si grands événements, et commencer par le Danemark.

De deux sœurs qu'avait Charles XII, l'aînée avait épousé le duc de Holstein, jeune prince plein de bravoure et de mérite: ce duc, opprimé par le roi de Danemark, vint à Stockholm avec son épouse se jeter entre les bras du roi, lui demander du secours non-seulement comme à son beau-frère, mais comme au roi d'une nation qui a pour les Danois une haine irréconciliable.

L'ancienne maison de Holstein, fondue dans celle d'Oldenbourg, était montée sur le trône de Danemark, par l'élection, en 1449: tous les royaumes du Nord étaient alors électifs: celui de Danemark devint bientôt héréditaire. Un de ces rois, nommé Christiern III, eut pour son frère Adolphe une tendresse ou des ménagements dont on ne trouve guère d'exemple chez les princes. Il ne voulait point le laisser sans souveraineté, et il ne pouvait démembrer ses propres États: il partagea avec lui, par un accord bizarre, les duchés de Holstein-Gottorp et de Slesvick, établissant que les descendants d'Adolphe gouverneraient désormais le Holstein conjointement avec les rois de Danemark, que ces deux duchés leur appartiendraient en commun, et que le roi de Danemark ne pourrait rien innover dans le Holstein sans le duc, ni le duc sans le roi. Une union si étrange, dont pourtant il y avait déjà eu un exemple dans la même maison pendant quelques années, était depuis près de quatre-vingts ans la source de querelles entre la branche de Danemark et celle de Holstein-Gottorp, les rois cherchant toujours à opprimer les ducs, et les ducs à être indépendants. Il en avait coûté la liberté et la souveraineté au dernier duc: il avait recouvré l'une et l'autre aux conférences d'Altena en 1689, par l'entremise de la Suède, de l'Angleterre et de la Hollande, garants de l'exécution du traité. Mais comme un traité entre les souverains n'est souvent qu'une soumission à la nécessité jusqu'à ce que le plus fort puisse accabler le plus faible, la querelle renaissait plus envenimée que jamais entre le nouveau roi de Danemark et le jeune duc. Tandis que le duc était à Stockholm les Danois faisaient déjà des actes d'hostilité dans le pays de Holstein, et se liguaient secrètement avec le roi de Pologne pour accabler le roi de Suède lui-même.

Frédéric-Auguste, électeur de Saxe, que ni l'éloquence et les négociations de l'abbé de Polignac, ni les grandes qualités du prince de Conti, son concurrent au trône, n'avaient su empêcher d'être élu depuis deux ans roi de Pologne, était un prince moins connu encore par sa force de corps incroyable que par sa bravoure et la galanterie de son esprit. Sa cour était la plus brillante de l'Europe après celle de Louis XIV. Jamais prince ne fut plus généreux, ne donna plus, n'accompagna ses dons de tant de grâce. Il avait acheté la moitié des suffrages de la noblesse polonaise, et forcé l'autre par l'approche d'une armée saxonne. Il crut avoir besoin de ses troupes pour se mieux affermir sur le trône; mais il fallait un prétexte pour les retenir en Pologne: il les destina à attaquer le roi de Suède en Livonie, à l'occasion que l'on va rapporter.

La Livonie, la plus belle et la plus fertile province du Nord, avait appartenu autrefois aux chevaliers de l'ordre teutonique: les Russes, les Polonais et les Suédois s'en étaient disputé la possession. La Suède l'avait enlevée depuis près de cent années, et elle lui avait été enfin cédée solennellement par la paix d'Oliva.

Le feu roi Charles XI dans ses sévérités pour ses sujets n'avait pas épargné les Livoniens; il les avait dépouillés de leurs privilèges et d'une partie de leur patrimoine. Patkul, malheureusement célèbre

1.

depuis par sa mort tragique, fut député de la noblesse livonienne pour porter au trône les plaintes de la province : il fit à son maître une harangue respectueuse, mais forte, et pleine de cette éloquence mâle que donne la calamité quand elle est jointe à la hardiesse. Mais les rois ne regardent trop souvent ces harangues publiques que comme des cérémonies vaines qu'il est d'usage de souffrir sans y faire attention. Toutefois Charles XI, dissimulé quand il ne se livrait pas aux emportements de sa colère, frappa doucement sur l'épaule de Patkul : « Vous avez parlé pour votre patrie en brave homme, lui dit-il ; je vous en estime, continuez. » Mais peu de jours après il le fit déclarer coupable de lèse-majesté, et comme tel condamner à la mort. Patkul, qui s'était caché, prit la fuite : il porta dans la Pologne ses ressentiments. Il fut admis depuis devant le roi Auguste. Charles XI était mort; mais la sentence de Patkul et son indignation subsistaient. Il représenta au monarque polonais la facilité de la conquête de la Livonie : les peuples désespérés prêts à secouer le joug de la Suède, un roi enfant, incapable de se défendre. Ces sollicitations furent bien reçues d'un prince déjà tenté de cette conquête. Auguste à son couronnement avait promis de faire ses efforts pour recouvrer les provinces que la Pologne avait perdues : il crut par son irruption en Livonie plaire à la république, et affermir son pouvoir; mais il se trompa dans ces deux idées qui paraissaient si vraisemblables. Tout fut prêt bientôt pour une invasion soudaine, sans même daigner recourir d'abord à la vaine formalité des déclarations de guerre et des manifestes. Le nuage grossissait en même temps du côté de la Moscovie. Le monarque qui la gouvernait mérite l'attention de la postérité.

Pierre Alexiowitz, czar de Russie, s'était déjà rendu redoutable par la bataille qu'il avait gagnée sur les Turcs en 1697, et par la prise d'Azoph, qui lui ouvrait l'empire de la mer Noire : mais c'était par des actions plus étonnantes que des victoires qu'il cherchait le nom de *grand*. La Moscovie ou Russie embrasse le nord de l'Asie et celui de l'Europe, et depuis les frontières de la Chine s'étend l'espace de quinze cents lieues jusqu'aux confins de la Pologne et de la Suède : mais ce pays immense était à peine connu de l'Europe avant le czar Pierre : les Moscovites étaient moins civilisés que les Mexicains quand ils furent découverts par Cortez; nés tous esclaves de maîtres aussi barbares qu'eux, ils croupissaient dans l'ignorance, dans le besoin de tous les arts, et dans l'insensibilité de ces besoins qui étouffait toute industrie. Une ancienne loi sacrée parmi eux leur défendait sous peine de mort de sortir de leur pays sans la permission de leur patriarche. Cette loi, faite pour leur ôter les occasions de connaître leur joug, plaisait à une nation qui, dans l'abîme de son ignorance et de sa misère, dédaignait tout commerce avec les nations étrangères.

L'ère des Moscovites commençait à la création du monde ; ils comptaient 7207 ans au commencement du siècle passé, sans pouvoir rendre raison de cette date : le premier jour de leur année venait au 13 de notre mois de septembre. Ils alléguaient pour raison de cet établissement qu'il était vraisemble que Dieu avait créé le monde en automne, dans la saison où les fruits de la terre sont dans leur maturité. Ainsi les seules apparences de connaissances qu'ils eussent étaient des erreurs grossières : personne ne se doutait parmi eux que l'automne de Moscovie pût être le printemps d'un autre pays dans les climats opposés. Il n'y avait pas longtemps que le peuple avait voulu brûler à Moscou le secrétaire d'un ambassadeur de Perse qui avait prédit une éclipse de soleil. Ils ignoraient jusqu'à l'usage des chiffres; ils se servaient pour leurs calculs de petites boules enfilées dans des fils d'archal : il n'y avait pas d'autre manière de compter dans tous les bureaux de recettes et dans le trésor du czar.

Leur religion était et est encore celle des chrétiens grecs, mais mêlée de superstitions, auxquelles ils étaient d'autant plus fortement attachés qu'elles étaient plus extravagantes et que le joug en était plus gênant. Peu de Moscovites osaient manger du pigeon, parce que le Saint-Esprit est peint en forme de colombe. Ils observaient régulièrement quatre carêmes par an, et dans ces temps d'abstinence ils n'osaient se nourrir ni d'œufs ni de lait. Dieu et saint Nicolas étaient les objets de leur culte, et immédiatement après eux le czar et le patriarche. L'autorité de ce dernier était sans bornes comme leur ignorance : il rendait des arrêts de mort et infligeait les supplices les plus cruels sans qu'on pût appeler de son tribunal. Il se promenait à cheval deux fois l'an, suivi de tout son clergé en cérémonie; et le peuple se prosternait dans les rues comme les Tartares devant leur grand lama. La confession était pratiquée, mais ce n'était que dans le cas des plus grands crimes; alors l'absolution leur paraissait nécessaire, mais non le repentir : ils se croyaient purs devant Dieu avec la bénédiction de leurs papas. Ainsi ils passaient sans remords de la confession au vol et à l'homicide; et ce qui est un frein pour d'autres chrétiens était chez eux un encouragement à l'iniquité. Ils faisaient scrupule de boire du lait un jour de jeûne; mais les pères de famille, les prêtres, les femmes, les filles s'enivraient d'eau-de-vie les jours de fête. On disputait cependant sur la religion en ce pays comme ailleurs : la plus grande querelle était si les laïques devaient faire le signe de la croix avec deux doigts ou avec trois. Un certain Jacob Nursuff, sous le précédent règne, avait excité une sédition dans Astracan au sujet de cette dispute : il y avait même des fanatiques, comme parmi ces nations policées chez qui tout le monde est théologien; et Pierre, qui poussa toujours la justice jusqu'à la cruauté, fit périr par le feu quelques-uns de ces misérables qu'on nommait vosko-jésuites.

Le czar dans son vaste empire avait beaucoup d'autres sujets qui n'étaient pas chrétiens : les Tartares, qui habitent le bord occidental de la mer Caspienne et des Palus-Méotides, sont mahométans; les Sibériens, les Ostiaques, les Samoïèdes, qui sont vers la mer Glaciale, étaient des sauvages, dont les uns étaient idolâtres, les autres n'avaient pas même la connaissance d'un Dieu ; et cependant les Suédois envoyés prisonniers parmi eux ont été plus contents de leurs mœurs que de celles des anciens Moscovites.

Pierre Alexiowitz avait reçu une éducation qui tendait à augmenter encore la barbarie de cette partie du monde. Son naturel lui fit d'abord aimer les étrangers avant qu'il sût à quel point ils pouvaient lui être utiles. Le Fort, comme on l'a déjà dit, fut le premier instrument dont il se servit pour changer depuis la face de la Moscovie. Son puissant génie, qu'une éducation barbare avait pu détruire, se développa presque tout à coup : il résolut d'être homme, de commander à des hommes et de créer une nation nouvelle. Plusieurs princes avaient avant lui renoncé à des couronnes par dégoût pour le poids des affaires; mais aucun n'avait cessé d'être roi pour apprendre mieux à régner : c'est ce que fit Pierre-le-Grand.

Il quitta la Russie en 1698, n'ayant encore régné que deux années, et alla en Hollande, déguisé sous un nom vulgaire, comme s'il avait été un domestique de ce même Le Fort, qu'il envoyait ambassadeur extraordinaire auprès des états généraux. Arrivé à Amsterdam, inscrit dans le rôle des charpentiers de l'amirauté des Indes, il y travaillait dans le chantier comme les autres charpentiers. Dans les intervalles de son travail il apprenait les parties des mathématiques qui peuvent être utiles à un prince, les fortifications, la navigation, l'art de lever les plans. Il entrait dans les boutiques des ouvriers, examinait toutes les manufactures; rien n'échappait à ses observations. De là il passa en Angleterre, où il se perfectionna dans la science de la construction des vaisseaux : il repassa en Hollande, et vit tout ce qui pouvait tourner à l'avantage de son pays. Enfin, après deux ans de voyages et de travaux auxquels nul autre homme que lui n'eût voulu se soumettre, il reparut en Russie, amenant avec lui les arts de l'Europe. Des artisans de toute espèce l'y suivirent en foule. On vit pour la première fois de grands vaisseaux russes sur la mer Noire, dans la Baltique et dans l'Océan; des bâtiments d'une architecture régulière et neuve furent élevés au milieu des huttes moscovites. Il établit des collèges, des académies, des imprimeries, des bibliothèques : les villes furent policées; les habillements, les coutumes changèrent peu à peu, quoiqu'avec difficulté : les Moscovites connurent par degrés ce que c'est que la société. Les superstitions mêmes furent abolies : la dignité de patriarche fut éteinte : le czar se déclara le chef de la religion; et cette dernière entreprise, qui aurait coûté le trône et la vie à un prince moins absolu, réussit presque sans contradiction, et lui assura le succès de toutes les autres nouveautés.

Après avoir abaissé un clergé ignorant et barbare, il osa essayer de l'instruire ; et par là même il risqua de le rendre redoutable : mais il se croyait assez puissant pour ne le pas craindre. Il a fait enseigner dans le peu de cloîtres qui restent la philosophie et la théologie : il est vrai que cette théologie tient encore de ce temps sauvage dont Pierre Alexiowitz a retiré sa patrie. Un homme digne de foi m'a assuré qu'il avait assisté à une thèse publique où il s'agissait de savoir si l'usage du tabac à fumer était un péché : le répondant prétendait qu'il était permis de s'enivrer d'eau-de-vie, mais non de fumer, parce que la très-sainte Écriture dit que ce qui sort de la bouche de l'homme le souille, et que ce qui y entre ne le souille point.

Les moines ne furent pas contents de la réforme. A peine le czar eut-il établi des imprimeries qu'ils s'en servirent pour le décrier : ils imprimèrent qu'il était l'Antechrist ; leurs preuves étaient qu'il ôtait la barbe aux vivants, et qu'on faisait dans son académie des dissections de quelques morts. Mais un autre moine, qui voulait faire fortune, réfuta ce livre, et démontra que Pierre n'était pas l'Antechrist, parce que le nombre 666 n'était pas dans son nom. L'auteur du libelle fut roué, et celui de la réfutation fut fait évêque de Rezan.

Le réformateur de la Moscovie a surtout porté une loi sage qui fait honte à beaucoup d'États policés; c'est qu'il n'est permis à aucun homme au service de l'État, ni à un bourgeois établi, ni surtout à un mineur, de passer dans un cloître.

Ce prince comprit combien il importe de ne point consacrer à l'oisiveté des sujets qui peuvent être utiles, et de ne point permettre qu'on dispose à jamais de sa liberté dans un âge où l'on ne peut disposer de la moindre partie de son héritage. Cependant l'industrie des moines élude tous les jours cette loi faite pour le bien de l'humanité; comme ils les moines gagnaient en effet à peupler les cloîtres aux dépens de la patrie.

Le czar n'a pas assujetti seulement l'Église à l'État, à l'exemple des sultans turcs; mais, plus grand politique, il a détruit une milice semblable à celle des janissaires, et que les Ottomans ont vainement tenté, il l'a exécuté en peu de temps : il a dissipé les janissaires moscovites, nommés *strélitz*, qui tenaient les czars en tutelle. Cette milice, plus formidable à ses maîtres qu'à ses voisins, était composée d'environ trente mille hommes de pied, dont la moitié restait à Moscou, et l'autre était répandue sur les frontières : un strélitz n'avait que quatre roubles par an de paye; mais des priviléges ou des abus le dédommageaient amplement. Pierre forma d'abord une compagnie d'étrangers, dans laquelle il s'enrôla lui-même, et ne dédaigna pas de commencer par être tambour, et d'en faire les fonctions; tant la nation avait besoin d'exemples! il fut officier par degrés. Il fit petit à petit de nouveaux régiments, et enfin, se sentant maître de troupes disciplinées, il cassa les strélitz, qui n'osèrent désobéir.

La cavalerie était à peu près ce qu'est la cavalerie polonaise, et ce qu'était autrefois la française quand le royaume de France n'était qu'un assemblage de fiefs. Les gentilshommes russes montaient à cheval à leurs dépens, et combattaient sans discipline, quelquefois sans autres armes qu'un sabre ou un carquois, incapables d'être commandés, et par conséquent de vaincre.

Pierre-le-Grand leur apprit à obéir par son exemple et par les supplices, car il servait en qualité de soldat et d'officier subalterne, et punissait rigoureusement en czar les boyards, c'est-à-dire les gentilshommes qui prétendaient que le privilége de la noblesse était de ne servir l'État qu'à leur volonté. Il établit un corps régulier pour servir l'artillerie et fit cinq cents cloches aux églises pour fondre des canons. Il a eu treize mille canons de fonte en l'année 1714. Il a formé les corps de dragons : milice très-convenable au génie des Moscovites et à la forme de leurs chevaux, qui sont petits. La Moscovie a aujourd'hui (en 1738) trente régiments de dragons, de mille hommes chacun, bien entretenus.

C'est lui qui a établi des houssards en Russie. Enfin il a eu jusqu'à une école d'ingénieurs dans un pays où personne ne savait avant lui les éléments de la géométrie.

Il était bon ingénieur lui-même; mais surtout il excellait dans tous les arts de la marine; bon capitaine de vaisseau, habile pilote, bon matelot, adroit charpentier, et d'autant plus estimable dans ces arts, qu'il était né avec une crainte extrême de l'eau; il ne pouvait dans sa jeunesse passer sur un pont sans frémir; il faisait fermer alors les volets de bois de son carrosse : le courage et le génie domptèrent en lui cette faiblesse machinale.

Il fit construire un beau port auprès d'Azoph, à l'embouchure du Tanaïs; il voulait y entretenir des galères; et dans la suite, croyant que ces vaisseaux longs, plats et légers devaient réussir dans la mer Baltique, il en a fait construire plus de trois cents dans sa ville favorite de Pétersbourg : il a montré à ses sujets l'art de les bâtir avec du simple sapin et celui de les conduire. Il avait appris jusqu'à la chirurgie; on l'a vu dans un besoin faire la ponction à un hydropique : il réussissait dans les mécaniques et instruisait les artisans.

Les finances du czar étaient à la vérité peu de chose par rapport à l'immensité de ses États; il n'a jamais eu vingt-quatre millions de revenu à compter le marc à près de cinquante livres, comme nous faisons aujourd'hui et comme nous le ferons peut-être pas demain; mais c'est être très-riche chez soi que de pouvoir faire de grandes choses. Ce n'est pas la rareté de l'argent, mais celle des hommes et des talents qui rend un empire faible.

La nation russe n'est pas nombreuse, quoique les femmes y soient fécondes et les hommes robustes; Pierre lui-même, en policant ses États, a malheureusement contribué à leur dépopulation : de fréquentes recrues dans ses guerres longtemps malheureuses, des nations transplantées des bords de la mer Caspienne à ceux de la mer Baltique, consumés dans les travaux, détruites par les maladies, les trois quarts des enfants mourant en Moscovie de la petite vérole, plus dangereuse en ces climats qu'ailleurs, enfin les tristes suites d'un gouvernement longtemps sauvage et barbare même dans sa police sont cause que cette grande partie du continent a encore de vastes déserts. On compte à présent en Russie cinq cent mille familles de gentilshommes, deux cent mille de gens de loi, un peu plus de cinq millions de bourgeois et de paysans payant une espèce de taille, six cent mille hommes dans les provinces conquises sur la Suède : les Cosaques de l'Ukraine et les Tartares vassaux de la Moscovie ne se montent pas à plus de deux millions; enfin l'on a trouvé que ces pays immenses ne contiennent pas plus de quatorze millions d'hommes [1], c'est-à-dire un peu plus des deux tiers des habitants de la France.

Le czar Pierre, en changeant les mœurs, les lois, la milice, la face de son pays, voulait aussi être grand par le commerce, qui fait à la fois la richesse d'un État et les avantages du monde entier. Il entreprit de rendre la Russie le centre du négoce de l'Asie et de l'Europe : il voulait joindre par des canaux, dont il dressa le plan, la Duine, le Volga, le Tanaïs, et s'ouvrir des chemins nouveaux de la mer Baltique au Pont-Euxin et à la mer Caspienne, et de ces deux mers à l'océan Septentrional.

Le port d'Archangel, fermé par les glaces neuf mois de l'année et dont l'abord exigeait un circuit long et dangereux, ne lui paraissait pas assez commode : il avait dès l'an 1700 le dessein de bâtir sur la mer Baltique un port qui deviendrait le magasin du Nord et une ville qui serait la capitale de son empire.

Il cherchait déjà un passage par les mers du Nord-Est à la Chine; et

[1] Cela fut écrit en 1727 : la population a augmenté depuis par les conquêtes, par la police et par le soin d'attirer les étrangers.

les manufactures de Paris et de Pékin devaient embellir sa nouvelle ville.

Un chemin par terre de sept cent cinquante-quatre verstes, pratiqué à travers des marais qu'il fallait combler, conduit de Moscou à sa nouvelle ville. La plupart de ses projets ont été exécutés par ses mains; et deux impératrices, qui lui ont succédé l'une après l'autre, ont encore été au delà de ses vues quand elles étaient praticables, et n'ont abandonné que l'impossible.

Il a voyagé toujours dans ses États autant que ses guerres l'ont pu permettre; mais il a voyagé en législateur et en physicien, examinant partout la nature, cherchant à la corriger ou à la perfectionner, sondant lui-même les profondeurs des fleuves et des marais, ordonnant des écluses, visitant des chantiers, faisant fouiller des mines, éprouvant les métaux, faisant lever des cartes exactes et y travaillant de sa main.

Il a bâti dans un lieu sauvage la ville impériale de Pétersbourg, qui contient aujourd'hui soixante mille maisons, où s'est formée de nos jours une cour brillante, et où enfin on connaît les plaisirs délicats. Il a bâti le port de Cronstadt sur la Néva, Sainte-Croix sur les frontières de la Perse, des forts dans l'Ukraine, dans la Sibérie; des amirautés à Archangel, à Pétersbourg, à Astracan, à Azoph; des arsenaux, des hôpitaux. Il faisait toutes ses maisons petites et de mauvais goût; mais il prodiguait pour les maisons publiques la magnificence et la grandeur.

Les sciences, qui ont été ailleurs le fruit tardif de tant de siècles, sont venues par ses soins dans ses États toutes perfectionnées. Il a créé une académie sur le modèle des sociétés fameuses de Paris et de Londres : les Delisle, les Bulfinger, les Hermann, les Bernouilli; le célèbre Wolf, homme excellent en tout genre de philosophie, ont été appelés à grands frais à Pétersbourg. Cette académie subsiste encore, et il se forme enfin des philosophes moscovites.

Il a forcé la jeune noblesse de ses États à voyager, à s'instruire, à rapporter en Russie la politesse étrangère. J'ai vu de jeunes Russes pleins d'esprit et de connaissances. C'est ainsi qu'un seul homme a changé le plus grand empire du monde. Il est affreux qu'il ait manqué à ce réformateur des hommes la principale vertu, l'humanité. La brutalité dans ses plaisirs, de la férocité dans ses mœurs, de la barbarie dans ses vengeances, se mêlait à tant de vertus. Il policait ses peuples, et il était sauvage. Il a de ses propres mains été l'exécuteur de ses sentences sur des criminels, et dans une débauche de table il a fait voir son adresse à couper des têtes. Il y a dans l'Afrique des souverains qui versent le sang de leurs sujets de leurs mains, mais ces monarques passent pour des barbares. La mort d'un fils qu'il fallait corriger ou déshériter rendrait la mémoire de Pierre odieuse, si le bien qu'il a fait à ses sujets ne faisait presque pardonner sa cruauté envers son propre sang.

Tel était le czar Pierre, et ses grands desseins n'étaient encore qu'ébauchés lorsqu'il se joignit aux rois de Pologne et de Danemark contre un enfant qu'ils méprisaient tous. Le fondateur de la Russie voulut être conquérant; il crut pouvoir le devenir sans peine, et qu'une guerre si bien projetée serait à tous ses projets. L'art de la guerre était un art nouveau qu'il fallait montrer à ses peuples.

D'ailleurs il avait besoin d'un port à l'orient de la mer Baltique pour l'exécution de toutes ses idées. Il avait besoin de la province de l'Ingrie, qui est au nord-est de la Livonie. Les Suédois en étaient maîtres; il fallait la leur arracher. Ses prédécesseurs avaient eu des droits sur l'Ingrie, l'Estonie, la Livonie; le temps semblait propice pour faire revivre ces droits perdus depuis cent ans et anéantis par des traités. Il conclut donc une ligue avec le roi de Pologne pour enlever au jeune Charles XII tous ces pays qui sont entre le golfe de Finlande, la mer Baltique, la Pologne et la Moscovie.

LIVRE DEUXIÈME.

ARGUMENT.

Changement prodigieux et subit dans le caractère de Charles XII. A l'âge de dix-huit ans, il soutient la guerre contre le Danemark, la Pologne et la Moscovie, termine la guerre de Danemark en six semaines; défait vingt mille Moscovites avec huit mille Suédois, et passe en Pologne. Description de la Pologne et de son gouvernement. Charles gagne plusieurs batailles et est maître de la Pologne, où il se prépare à nommer un roi.

Trois puissants rois menaçaient ainsi l'enfance de Charles XII. Les bruits de ces préparatifs consternaient la Suède et alarmaient le conseil. Les grands généraux étaient morts; on avait raison de tout craindre sous un jeune roi qui n'avait encore donné de lui que de mauvaises impressions. Il n'était presque jamais dans le conseil que pour croiser les jambes sur la table; distrait, indifférent, il n'avait paru prendre part à rien.

Le conseil délibéra en sa présence sur le danger où l'on était : quelques conseillers proposaient de détourner la tempête par des négociations; tout d'un coup le jeune prince se lève avec l'air de gravité et d'assurance d'un homme supérieur qui a pris son parti : « Messieurs, » dit-il, j'ai résolu de ne jamais faire une guerre injuste, mais de n'en

» finir une légitime que par la perte de mes ennemis. Ma résolution » est prise, j'irai attaquer le premier qui se déclarera ; et quand je » l'aurai vaincu, j'espère faire quelque peur aux autres. » Ces paroles étonnèrent tous ces vieux conseillers ; ils se regardèrent sans oser répondre. Enfin, étonnés d'avoir un tel roi, et honteux d'espérer moins que lui, ils reçurent avec admiration ses ordres pour la guerre.

On fut bien plus surpris encore quand on le vit renoncer tout d'un coup aux amusements les plus innocents de la jeunesse. Du moment qu'il se prépara à la guerre il commença une vie toute nouvelle, dont il ne s'est jamais depuis écarté un seul moment. Plein de l'idée d'Alexandre et de César, il se proposa d'imiter tout de ces deux conquérants, hors leurs vices. Il ne connut plus ni magnificence, ni jeux, ni délassements ; il réduisit sa table à la frugalité la plus grande. Il avait aimé le faste dans les habits ; il ne fut vêtu depuis que comme un simple soldat. On l'avait soupçonné d'avoir eu une passion pour une femme de sa cour : soit que cette intrigue fût vraie ou non, il est certain qu'il renonça alors aux femmes pour jamais, non-seulement de peur d'en être gouverné, mais pour donner l'exemple à ses soldats, qu'il voulait contenir dans la discipline la plus rigoureuse ; peut-être encore par la vanité d'être le seul de tous les rois qui domptât un penchant si difficile à surmonter. Il résolut aussi de s'abstenir de vin tout le reste de sa vie. Les uns m'ont dit qu'il n'avait pris ce parti que pour dompter en tout la nature et pour ajouter une nouvelle vertu à son héroïsme ; mais le plus grand nombre m'a assuré qu'il voulut par là se punir d'un excès qu'il avait commis et d'un affront qu'il avait fait à table à une femme en présence même de la reine sa mère. Si cela est ainsi, cette condamnation de soi-même et cette privation qu'il s'imposa toute sa vie sont une espèce d'héroïsme non moins admirable.

Il commença par assurer des secours au duc de Holstein, son beau-frère. Huit mille hommes furent envoyés d'abord en Poméranie, province voisine du Holstein, pour fortifier le duc contre les attaques des Danois. Le duc en avait besoin ; ses États étaient déjà ravagés, son château de Gottorp pris, sa ville de Tonningue pressée par un siège opiniâtre, où le roi de Danemark était venu en personne pour jouir d'une conquête qu'il croyait sûre. Cette étincelle commençait à embraser l'empire. D'un côté les troupes saxonnes du roi de Pologne, celles de Brandebourg, de Volfenbuttel, de Hesse-Cassel, marchaient pour se joindre aux Danois ; de l'autre les huit mille hommes du roi de Suède, les troupes de Hanover et de Zell et trois régiments de Hollande venaient secourir le duc. Tandis que le petit pays de Holstein était ainsi le théâtre de la guerre, deux escadres, l'une d'Angleterre et l'autre d'Hollande, parurent dans la mer Baltique. Ces deux États étaient garants du traité d'Altena, rompu par les Danois ; ils s'empressaient alors à secourir le duc de Holstein opprimé, mais que l'intérêt de leur commerce s'opposait à l'agrandissement du roi de Danemark. Ils saviaient que les Danois, étant maître du passage du Sund, imposeraient des lois onéreuses aux nations commerçantes quand il serait assez fort pour en user ainsi impunément. Cet intérêt a longtemps engagé les Anglais et les Hollandais à tenir autant qu'il l'ont pu la balance égale entre les princes du Nord : ils se joignirent au jeune roi de Suède, qui semblait devoir être accablé par tant d'ennemis réunis, et le secoururent par la même raison pour laquelle on l'attaquait, parce qu'on ne le croyait pas capable de se défendre.

Il était à la chasse aux ours quand il reçut la nouvelle de l'irruption des Saxons en Livonie : il faisait cette chasse d'une manière aussi nouvelle que dangereuse ; on n'avait d'autres armes que des bâtons fourchus derrière un filet tendu à des arbres : un ours d'une grandeur démesurée vint droit au roi, qui le terrassa, après une longue lutte, à l'aide du filet et de son bâton. Il faut avouer qu'en considérant de telles aventures, la force prodigieuse du roi Auguste et les voyages du czar, on croirait être au temps des Hercule et des Thésée.

Il partit pour sa première campagne le 8 mai, nouveau style de l'année 1700. Il quitta Stockholm, où il ne revint jamais. Une foule innombrable de peuple l'accompagna jusqu'au port de Carelscroon, en faisant des vœux pour lui, en versant des larmes et en l'admirant. Avant de sortir de Suède il établit à Stockholm un conseil de défense, composé de plusieurs sénateurs. Cette commission devait prendre soin de tout ce qui regardait la flotte, les troupes et les fortifications du pays. Le corps du sénat devait régler tout le reste provisionnellement dans l'intérieur du royaume. Ayant ainsi mis un ordre certain dans ses États, son esprit, libre de tout autre soin, ne s'occupa plus que de la guerre. Sa flotte était composée de quarante-trois vaisseaux : celui qu'il monta, nommé le Roi-Charles, le plus grand qu'on eût jamais vu, était de cent vingt pièces de canon ; le comte Piper, son premier ministre, et le général Renschild s'y embarquèrent avec lui. Il joignit les escadres des alliés. La flotte danoise évita le combat, et laissa la liberté aux trois flottes combinées de s'approcher assez près de Copenhague pour y jeter quelques bombes.

Il est certain que ce fut le roi lui-même qui proposa alors au général Renschild de faire une descente, et d'assiéger Copenhague par terre tandis qu'elle serait bloquée par mer. Renschild fut étonné d'une proposition qui marquait autant d'habileté que de courage dans un jeune prince sans expérience. Bientôt tout fut prêt pour la descente ; les ordres furent donnés pour faire embarquer cinq mille hommes qui étaient sur les côtes de Suède, et qui furent joints aux

troupes qu'on avait à bord. Le roi quitta son grand vaisseau et monta une frégate plus légère : on commença par faire partir trois cents grenadiers dans de petites chaloupes. Entre ces chaloupes, de petits bateaux plats portaient des fascines, des chevaux de frise et les instruments des pionniers. Cinq cents hommes d'élite suivaient dans d'autres chaloupes. Après venaient les vaisseaux de guerre du roi, avec deux frégates anglaises, et deux hollandaises, qui devaient favoriser la descente à coups de canon.

Copenhague, ville capitale du Danemark, est située dans l'île de Zeeland, au milieu d'une belle plaine, ayant au nord-ouest le Sund et à l'orient la mer Baltique, où était alors le roi de Suède. Au mouvement imprévu des vaisseaux qui menaçaient d'une descente, les habitants, consternés par l'inaction de leur flotte et par le mouvement des vaisseaux suédois, regardaient avec crainte en quel endroit fondrait l'orage : la flotte de Charles s'arrêta vis-à-vis Humblebeck, à sept milles de Copenhague. Aussitôt les Danois rassemblent en cet endroit leur cavalerie. Des milices furent placées derrière d'épais retranchements, et l'artillerie qu'on put y conduire fut tournée contre les Suédois.

Le roi quitta alors sa frégate pour s'aller mettre dans la première chaloupe, à la tête de ses gardes. L'ambassadeur de France était alors auprès de lui : « Monsieur l'ambassadeur, lui dit-il en latin (car il ne voulait jamais parler français), vous n'avez rien à démêler avec les Danois : vous n'irez pas plus loin, s'il vous plaît. — Sire, lui répondit le comte de Guiscard en français, le roi mon maître m'a ordonné de résider auprès de Votre Majesté ; je me flatte que vous ne me chasserez pas aujourd'hui de votre cour, qui n'a jamais été si brillante. » En disant ces paroles il lui donna la main au roi, qui sauta dans la chaloupe, où le comte de Piper et l'ambassadeur entrèrent. On s'avançait sous les coups de canon des vaisseaux qui favorisaient la descente. Les bateaux de débarquement n'étaient encore qu'à trois cents pas du rivage. Charles XII impatient de ne pas aborder assez près ni assez tôt, se jette dans sa chaloupe dans la mer, l'épée à la main, ayant de l'eau par delà la ceinture : ses ministres, l'ambassadeur de France, les officiers, les soldats, suivent aussitôt son exemple, et marchent au rivage malgré une grêle de mousquetades. Le roi, qui n'avait jamais entendu de sa vie de mousqueterie chargée à balle, demanda au major général Stuart, qui se trouvait auprès de lui, ce que c'était que ce petit sifflement qu'il entendait à ses oreilles. « C'est le bruit que font les balles de fusil qu'on vous tire, lui dit le major. — Bon ! dit le roi, ce sera là dorénavant ma musique. » Dans le même moment le major lui expliquait le bruit des mousquetades en reçut une dans l'épaule, et un lieutenant tomba mort à l'autre côté du roi.

Il est ordinaire à des troupes attaquées dans leurs retranchements d'être battues, parce que ceux qui attaquent ont toujours une impétuosité que ne peuvent avoir ceux qui se défendent, et qu'attendre les ennemis dans ses lignes, c'est souvent un aveu de sa faiblesse et de leur supériorité. La cavalerie danoise et les milices s'enfuirent après une faible résistance. Le roi, maître de leurs retranchements, se jeta à genoux pour remercier Dieu du premier succès de ses armes. Il fit sur-le-champ élever des redoutes vers la ville, et marqua lui-même un campement. En même temps il renvoya ses vaisseaux en Scanie, partie de la Suède, voisine de Copenhague, pour chercher neuf mille hommes de renfort. Tout conspirait à servir la vivacité de Charles : les neuf mille hommes étaient sur le rivage prêts à s'embarquer, et dès le lendemain un vent favorable les lui amena.

Tout cela s'était fait à la vue de la flotte danoise, qui n'avait osé s'avancer. Copenhague intimidé envoya aussitôt des députés au roi pour le supplier de ne point bombarder la ville. Il les reçut à cheval à la tête de son régiment des gardes : les députés se mirent à genoux devant lui ; il fit payer à la ville quatre cent mille risdales, et ordre de faire voiturer au camp toutes sortes de provisions, qu'il promit de faire payer fidèlement. On lui apporta des vivres, parce qu'il fallait obéir ; mais on ne s'attendait guère que des vainqueurs dûssent payer : ceux qui les apportèrent furent bien étonnés d'être payés généreusement en sans délai par les moindres soldats de l'armée. Il régnait depuis longtemps parmi les troupes suédoises une discipline qui n'avait pas peu contribué à leur victoire : le jeune roi en augmenta encore la sévérité. Un soldat n'eût pas osé refuser le payement de ce qu'il achetait, encore moins aller en maraude, pas même sortir du camp. Il voulut de plus que dans une victoire ses troupes ne dépouillassent les morts qu'après en avoir eu la permission ; et il parvint aisément à faire observer cette loi. On faisait toujours dans son camp la prière deux fois par jour, à sept heures du matin et à quatre heures du soir ; il ne manqua jamais d'y assister et de donner à ses soldats l'exemple de la piété, qui fait toujours impression sur les hommes quand ils n'y soupçonnent pas de l'hypocrisie. Son camp, mieux policé que Copenhague, eut tout en abondance ; les paysans aimaient mieux vendre leurs denrées aux Suédois, leurs ennemis, qu'aux Danois, qui ne les payaient pas si bien : les bourgeois de la ville furent même obligés de venir plus d'une fois chercher au camp du roi de Suède des provisions qui manquaient dans leurs marchés.

Le roi de Danemark était alors dans le Holstein, où il semblait ne s'être rendu que pour lever le siège de Tonningue. Il voyait la mer Baltique couverte de vaisseaux ennemis, un jeune conquérant déjà maître de la Zeeland, et prêt à s'emparer de la capitale. Il fit publier dans ses États que ceux qui prendraient les armes contre les Suédois auraient leur liberté. Cette déclaration était d'un grand poids dans un pays autrefois libre, où tous les paysans, et même beaucoup de bourgeois sont esclaves aujourd'hui. Charles fit dire au roi de Danemark qu'il ne faisait la guerre que pour l'obliger à faire la paix, qu'il n'avait qu'à se résoudre à rendre justice au duc de Holstein, ou à voir Copenhague détruite et son royaume mis à feu et à sang. Le Danois était trop heureux d'avoir affaire à un vainqueur qui se piquait de justice. On assembla un congrès dans la ville de Travendal sur les frontières de Holstein. Le roi de Suède ne souffrit pas que l'art des ministres traînât les négociations en longueur : il voulut que le traité s'achevât aussi rapidement qu'il était descendu en Zeeland. Effectivement il fut conclu, le 5 d'auguste, à l'avantage du duc de Holstein, qui fut indemnisé de tous les frais de la guerre et délivré d'oppression. Le roi de Suède ne voulut rien pour lui-même, satisfait d'avoir secouru son allié et humilié son ennemi. Ainsi Charles XII, à dix-huit ans, commença et finit cette guerre en moins de six semaines.

Précisément dans le même temps le roi de Pologne investissait la ville de Riga, capitale de la Livonie, et le czar s'avançait du côté de l'orient à la tête de près de cent mille hommes. Riga était défendue par le vieux comte d'Alberg, général suédois, qui, à l'âge de quatre-vingts ans, joignait le feu d'un jeune homme à l'expérience de soixante campagnes. Le comte Fleming, depuis ministre de Pologne, grand homme de guerre et de cabinet, et le Livonien Patkul pressaient tous deux le siége sous les yeux du roi; mais, malgré plusieurs avantages que les assiégeants avaient remportés, l'expérience du vieux comte d'Alberg rendait inutiles leurs efforts, et le roi de Pologne désespérait de prendre la ville. Il saisit enfin une occasion honorable de lever le siége. Riga était pleine de marchandises appartenant aux Hollandais : les états généraux ordonnèrent à leur ambassadeur auprès du roi Auguste de lui faire sur cela des représentations. Le roi de Pologne ne se fit pas longtemps prier; il consentit à lever le siége plutôt que de causer le moindre dommage à ses alliés, qui ne furent point étonnés de cet excès de complaisance dont ils furent la véritable cause.

Il ne restait donc plus à Charles XII, pour achever sa première campagne, que de marcher contre son rival de gloire, Pierre Alexiowitz. Il était d'autant plus animé contre lui qu'il y avait encore à Stockholm trois ambassadeurs moscovites qui venaient de jurer le renouvellement d'une paix inviolable. Il ne pouvait comprendre, lui qui se piquait d'une probité sévère, qu'un législateur comme le czar se fît un jeu de ce qui doit être sacré : le jeune prince plein d'honneur ne pensait pas qu'il y eût une morale différente pour les rois et pour les particuliers. L'empereur de Moscovie venait de faire paraître un manifeste qu'il eût mieux fait de supprimer : il alléguait pour raison de la guerre qu'on ne lui avait pas rendu assez d'honneurs lorsqu'il avait passé incognito à Riga, et qu'on avait vendu les vivres trop cher à ses ambassadeurs : c'étaient là les griefs pour lesquels il ravageait l'Ingrie avec quatre-vingt mille hommes.

Il parut devant Narva à la tête de cette grande armée, le 1er octobre, dans un temps plus rude et où le climat que ne l'est le mois de janvier à Paris. Le czar, qui dans de pareilles saisons faisait quelquefois quatre cents lieues en poste, à cheval, pour aller visiter une mine ou quelque canal, n'épargnait pas plus ses troupes que lui-même : il avait d'ailleurs vu la Suède, depuis le temps de Gustave-Adolphe, faisaient la guerre au cœur de l'hiver comme dans l'été : il voulait accoutumer aussi ses Moscovites à ne point connaître de saisons, et les rendre un jour pour le moins égaux aux Suédois. Ainsi dans un temps où les glaces et les neiges forcent les autres nations, dans des climats tempérés, à suspendre la guerre, le czar Pierre assiégeait Narva à trente degrés du pôle; et Charles XII s'avançait pour le secourir. Le czar ne fut pas plutôt arrivé devant la place qu'il se hâta de mettre en pratique tout ce qu'il venait d'apprendre dans ses voyages: il traça son camp, le fit fortifier de tous côtés, éleva des redoutes de distance en distance, et ouvrit lui-même la tranchée. Il avait donné le commandement de son armée au duc de Croï, Allemand, général habile, mais peu secondé alors par les officiers russes : pour lui, il n'avait dans ses propres troupes que le rang de simple lieutenant. Il avait donné l'exemple de l'obéissance militaire à une nation jusque là indisciplinable, laquelle était en possession de conduire sans expérience et en tumulte des soldats mal armés. Il n'était pas étonnant que celui qui s'était fait charpentier à Amsterdam pour avoir des flottes fût lieutenant à Narva pour enseigner à sa nation l'art de la guerre.

Les Russes sont robustes, infatigables, peut-être aussi courageux que les Suédois; mais c'est au temps à aguerrir les troupes, et à la discipline à les rendre invincibles. Les seuls régiments dont on pût espérer quelque chose étaient commandés par des officiers allemands; mais ils étaient en petit nombre : le reste était des barbares arrachés à leurs forêts, couverts de peaux de bêtes sauvages, les uns armés de flèches, les autres de massues : peu avaient des fusils; aucun n'avait vu un siége régulier; il n'y avait pas un bon canonnier dans toute l'armée. Cent cinquante canons, qui auraient dû réduire la petite ville de Narva en cendres, y avaient à peine fait brèche, tandis que l'artillerie de la ville renversait à tout moment des rangs entiers dans les tranchées. Narva était presque sans fortifications : le baron de Horn,

qui y commandait, n'avait pas mille hommes de troupes réglées; cependant cette armée innombrable n'avait pu la réduire en dix semaines.

On était déjà au 15 de novembre quand le czar apprit que le roi de Suède, ayant traversé la mer avec deux cents vaisseaux de transport, marchait pour secourir Narva. Les Suédois n'étaient que vingt mille; le czar n'avait que la supériorité du nombre. Loin donc de mépriser son ennemi, il employa tout ce qu'il avait d'art pour l'accabler. Non content de quatre-vingt mille hommes, il se prépara à lui opposer encore une autre armée et à l'arrêter à chaque pas. Il avait déjà mandé près de trente mille hommes, qui s'avançaient de Pleskow à grandes journées. Il fit alors une démarche qui l'eût rendu méprisable si un législateur qui a fait de si grandes choses pouvait l'être. Il quitta son camp, où sa présence était nécessaire, pour aller chercher ces nouveaux corps de troupes qui pouvaient arriver sans lui, et sembla, par cette démarche, craindre de combattre dans un camp retranché un jeune prince sans expérience qui pouvait venir l'attaquer.

Quoi qu'il en soit, il voulait enfermer Charles XII entre deux armées. Ce n'était pas tout; trente mille hommes, détachés du camp devant Narva, étaient postés à une lieue de cette ville sur le chemin du roi de Suède; vingt mille strélitz étaient plus loin sur le même chemin; cinq mille autres faisaient une garde avancée. Il fallait passer sur le ventre à toutes ces troupes avant que d'arriver devant le camp, qui était muni d'un rempart et d'un double fossé. Le roi de Suède avait débarqué à Pernaw, dans le golfe de Riga, avec environ seize mille hommes d'infanterie, et un peu plus de quatre mille chevaux. De Pernaw il avait précipité sa marche jusqu'à Revel, suivi de toute sa cavalerie, et seulement de quatre mille fantassins. Il marchait toujours en avant sans attendre le reste de ses troupes. Il se trouva bientôt, avec ces huit mille hommes seulement, devant les premiers postes des ennemis. Il ne balança pas à les attaquer tous les uns après les autres, sans leur donner le temps d'apprendre à quel petit nombre ils avaient affaire. Les Moscovites, voyant arriver les Suédois à eux, crurent avoir toute une armée à combattre. La garde avancée de cinq mille hommes, qui gardait entre des rochers un poste où cent hommes résolus pouvaient arrêter une armée entière, s'enfuit à la première approche des Suédois. Les vingt mille hommes qui étaient derrière, voyant fuir leurs compagnons, prirent l'épouvante, et allèrent porter le désordre dans le camp. Tous les postes furent emportés en deux jours; et ce qui en d'autres occasions eût été compté pour trois victoires ne retarda pas d'une heure la marche du roi. Il parut donc enfin, avec ses huit mille hommes fatigués d'une si longue marche, devant un camp de quatre-vingt mille Russes, bordé de cent cinquante canons. A peine ses troupes eurent-elles pris quelque repos que, sans délibérer, il donna ses ordres pour l'attaque.

Le signal était deux fusées, et le mot en allemand « Avec l'aide de Dieu. » Un officier général lui ayant représenté la grandeur du péril : « Quoi! vous doutez, dit-il, qu'avec mes huit mille braves Suédois je » ne passe sur le corps à quatre-vingt mille Moscovites? » Un moment après, craignant qu'il n'y eût un peu de fanfaronnade dans ses paroles, il courut lui-même après cet officier : « N'êtes-vous donc pas de mon » avis? lui dit-il. N'ai-je pas deux avantages sur les ennemis : l'un » que leur cavalerie ne pourra les servir, et l'autre que, le lieu » étant resserré, leur grand nombre ne pourra les incommoder? et » ainsi je serai réellement plus fort qu'eux. » L'officier n'eut garde d'être d'un autre avis, et on marcha aux Moscovites, à midi, le 30 novembre 1700.

Dès que le canon des Suédois eut fait brèche aux retranchements, ils s'avancèrent à la baïonnette au bout du fusil, ayant au dos une neige furieuse qui donnait au visage des ennemis. Les Russes se firent tuer pendant une demi-heure sans quitter le revers des fossés. Le roi attaquait à la droite du camp, où était le quartier du czar; il espérait le rencontrer, ne sachant pas que l'empereur lui-même avait été chercher quarante mille hommes qui devaient arriver dans peu. Aux premières décharges de la mousqueterie ennemie, le roi reçut une balle à la gorge; mais c'était une balle morte, qui s'arrêta dans les plis de sa cravate noire, et qui ne lui fit aucun mal. Son cheval fut tué sous lui. M. de Spaar m'a dit que le roi sauta légèrement sur un autre cheval en disant : « Ces gens-ci me font faire mes exercices; » et continua de combattre et de donner les ordres avec la même présence d'esprit. Après trois heures de combat, les retranchements furent forcés de tous côtés. Le roi poursuivit la droite jusqu'à la rivière de Narva avec son aile gauche, si l'on peut appeler de ce nom environ quatre mille hommes qui en poursuivaient près de quarante mille. Le pont rompit sous les fuyards; la rivière fut en un moment couverte de morts; les autres, désespérés, retournèrent à leur camp sans savoir où ils allaient. Ils trouvèrent quelques baraques derrière lesquelles ils se mirent; là ils se défendirent encore, parce qu'ils ne pouvaient pas se sauver : mais enfin leurs généraux Dolgorouky, Gollofkin, Fédérowitz, vinrent se rendre au roi et mettre leurs armes à ses pieds. Pendant qu'on les lui présentait arriva le duc de Croï, général de l'armée, qui venait se rendre lui-même avec trente officiers.

Charles reçut tous ces prisonniers d'importance avec une politesse aussi aisée et un air aussi humain que s'il leur eût fait dans sa cour les honneurs d'une fête. Il ne voulut garder que les généraux. Tous les officiers subalternes et les soldats furent conduits désarmés jusqu'à la rivière de Narva : on leur fournit des bateaux pour la repasser et pour s'en retourner chez eux. Cependant la nuit s'approchait; la droite des Moscovites se battait encore : les Suédois n'avaient pas perdu six cents hommes : dix-huit mille Moscovites avaient été tués dans leurs retranchements; un grand nombre était noyé; beaucoup avaient passé la rivière : il en restait encore assez dans le camp pour exterminer jusqu'au dernier des Suédois. Mais ce n'est pas le nombre des morts, c'est l'épouvante de ceux qui survivent qui fait perdre les batailles. Le roi profita du peu de jour qui restait pour saisir l'artillerie ennemie. Il se posta avantageusement entre leur camp et la ville : là il dormit quelques heures sur la terre, enveloppé dans son manteau, en attendant qu'il pût fondre au point du jour sur l'aile gauche des ennemis, qui n'avait point encore été tout à fait rompue. A deux heures du matin, le général Vede, qui commandait cette gauche, ayant su le gracieux accueil que le roi avait fait aux autres généraux, et comment il avait renvoyé tous les officiers subalternes et les soldats, l'envoya supplier de lui accorder la même grâce. Le vainqueur lui fit dire qu'il n'avait qu'à s'approcher à la tête de ses troupes, et venir mettre bas

Dans les intervalles de son travail, Pierre le Grand apprenait les parties
des mathématiques qui peuvent être utiles à un prince.

les armes et les drapeaux devant lui. Ce général parut bientôt après avec ses autres Moscovites, qui étaient au nombre d'environ trente mille; ils marchèrent tête nue, soldats et officiers, à travers moins de sept mille Suédois : les soldats, en passant devant le roi, jetaient à terre leurs fusils et leurs épées; et les officiers portaient à ses pieds les enseignes et les drapeaux. Il fit passer la rivière à toute cette multitude, sans en retenir un seul soldat prisonnier. S'il les avait gardés, le nombre des prisonniers eût été au moins cinq fois plus grand que celui des vainqueurs.

Alors il entra victorieux dans Narva, accompagné du duc de Croi et des autres officiers généraux moscovites : il leur fit rendre à tous leurs épées; et, sachant qu'ils manquaient d'argent, et que les marchands de Narva ne voulaient point leur en prêter, il envoya mille ducats au duc de Croi, et cinq cents à chacun des officiers moscovites, qui ne pouvaient se lasser d'admirer ce traitement dont ils n'avaient pas même d'idée. On dressa aussitôt à Narva une relation de la victoire pour l'envoyer à Stockholm et aux alliés de la Suède; mais le roi retrancha de sa main tout ce qui était trop avantageux pour lui et trop injurieux pour le czar. Sa modestie ne put empêcher qu'on frappât à Stockholm plusieurs médailles pour perpétuer la mémoire de ces événements. Entre autres, on en frappa une qui le représentait d'un côté sur un piédestal, où paraissaient enchaînés un Moscovite, un Danois, un Polonais; de l'autre était un Hercule armé de sa massue, tenant sous ses pieds un Cerbère, avec cette légende : *Tres uno contudit ictu*.

Parmi les prisonniers faits à la journée de Narva, on en vit un qui était un grand exemple des révolutions de la fortune : il était fils aîné

et héritier de la couronne de Géorgie; on le nommait czarasis Artfchelou : ce titre de czarasis signifie prince ou fils du czar, chez tous les Tartares comme en Moscovie; car le mot de czar ou tzar voulait dire roi chez les anciens Scythes, dont tous ces peuples sont descendus, et ne vient point des Césars de Rome, si longtemps inconnus à ces barbares. Son père Mittelleski, czar et maître de la plus belle partie des pays qui sont entre les montagnes d'Ararat et les extrémités orientales de la mer Noire, avait été chassé de son royaume par ses propres sujets en 1688, et avait choisi de se jeter entre les bras de l'empereur de Moscovie plutôt que de recourir à celui des Turcs. Le fils de ce roi, âgé de dix-neuf ans, voulut suivre Pierre le Grand dans son expédition contre les Suédois, et fut pris en combattant par quelques soldats finlandais qui l'avaient déjà dépouillé et qui allaient le massacrer. Le comte Renschild l'arracha de leurs mains, lui fit donner un habit et le présenta à son maître. Charles l'envoya à Stockholm, où ce prince malheureux mourut quelques années après. Le roi ne put s'empêcher, en le voyant partir, de faire tout haut devant ses officiers une réflexion naturelle sur l'étrange destinée d'un prince asiatique, né au pied du mont Caucase, qui allait vivre captif parmi les glaces de la Suède : « C'est, dit-il, comme si j'étais un jour prisonnier chez les Tartares de Crimée. » Ces paroles ne firent alors aucune impression; mais dans la suite on s'en souvint que trop, lorsque l'événement en eut fait une prédiction.

Le czar s'avançait à grandes journées avec l'armée de quarante mille Russes, comptant envelopper son ennemi de tous côtés. Il apprit à moitié chemin la bataille de Narva et la dispersion de tout son camp. Il ne s'obstina pas à vouloir attaquer avec ses quarante mille hommes sans expérience et sans discipline un vainqueur qui venait d'en détruire quatre-vingt mille dans un camp retranché; il retourna sur ses pas, poursuivant toujours le dessein de discipliner ses troupes pendant qu'il civilisait ses sujets. « Je sais bien, dit-il, que les Suédois nous battront longtemps; mais à la fin il nous apprendront eux-mêmes à les vaincre. » Moscou, sa capitale, fut dans l'épouvante et dans la désolation à la nouvelle de cette défaite. Telle était la fierté et l'ignorance de ce peuple, qu'ils crurent avoir été vaincus par un pouvoir plus qu'humain, et que les Suédois étaient de vrais magiciens. Cette opinion fut si générale que l'on ordonna à ce sujet des prières publiques à saint Nicolas, patron de la Moscovie. Cette prière est trop singulière pour n'être pas rapportée; la voici :

« Ô toi, qui es notre consolateur perpétuel dans toutes nos adversités, grand saint Nicolas, infiniment puissant, par quel péché t'avonsnous offensé dans nos sacrifices, génuflexions, révérences et actions de grâces, pour que tu nous aies ainsi abandonnés? Nous avions imploré ton assistance contre ces terribles insolents, enragés, épouvantables, indomptables destructeurs, injustes, comme des lions et des ours qui ont perdu leurs petits, ils nous ont attaqués, effrayés, blessés, tués par milliers, nous qui sommes ton peuple. Comme il est impossible que cela soit arrivé sans sortilège et enchantement, nous te supplions, ô grand saint Nicolas, d'être notre champion et notre portéétendard, de nous délivrer de cette foule de sorciers et les chasser bien loin de nos frontières avec la récompense qui leur est due. »

Tandis que les Russes se plaignaient à saint Nicolas de leur défaite Charles XII faisait rendre grâces à Dieu, et se préparait à de nouvelles victoires.

Le roi de Pologne s'attendit bien que son ennemi, vainqueur des Danois et des Moscovites, viendrait bientôt fondre sur lui. Il se ligua plus étroitement que jamais avec le czar. Ces deux princes convinrent d'une entrevue pour prendre leurs mesures de concert : ils se virent à Birzen, petite ville de Lithuanie, sans aucune de ces formalités qui ne servent qu'à retarder les affaires, et qui convenaient ni à leur situation ni à leur humeur. Les princes du Nord se voient avec une familiarité encore peu établie dans le midi de l'Europe. Pierre et Auguste passèrent quinze jours ensemble dans des plaisirs qui allèrent jusqu'à l'excès; car le czar, qui voulait réformer sa nation, ne put jamais corriger dans lui-même son penchant dangereux pour la débauche.

Le roi de Pologne s'engagea à fournir au czar cinquante mille hommes de troupes allemandes, qu'on devait acheter de divers princes, et que le czar devait soudoyer. Celui-ci, de son côté, devait envoyer cinquante mille Russes en Pologne pour y apprendre l'art de la guerre, et promettait de payer au roi Auguste trois millions de risdales en deux ans. Ce traité, s'il eût été exécuté, eût pu être fatal au roi de Suède; c'était un moyen prompt et sûr d'aguerrir les Moscovites : c'était peut-être forger des fers à son roi de l'Europe.

Charles XII se mit en devoir d'empêcher le roi de Pologne de recueillir le fruit de cette ligue. Après avoir passé l'hiver auprès de Narva, il parut en Livonie auprès de cette même ville de Riga que le roi Auguste avait assiégée inutilement. Les troupes saxonnes étaient postées le long de la rivière de Duina, qui est fort large en cet endroit : il fallait disputer le passage à Charles, qui était à l'autre bord du fleuve. Les Saxons n'étaient pas commandés par leur prince, alors malade; mais ils avaient à leur tête le maréchal de Stenau, qui faisait les fonctions de général : sous lui commandaient le prince Ferdinand, duc de Courlande, et ce même Patkul qui défendait sa patrie contre Charles XII l'épée à la main, après en avoir soutenu les droits par la plume au péril de sa vie contre Charles XI. Le roi de Suède avait fait construire de grands bateaux d'une invention nouvelle, dont les bords, beaucoup plus hauts qu'à l'ordinaire, pouvaient se lever et se baisser comme des ponts-levis : en se levant, ils couvraient les troupes qu'ils portaient, et en se baissant, ils servaient de pont pour le débarquement. Il mit encore en usage un autre artifice. Ayant remarqué que le vent soufflait du nord où il était au sud où étaient campés les ennemis, il fit mettre le feu à quantité de paille mouillée, dont la fumée épaisse se répandant sur la rivière, dérobait aux Saxons la vue de ses troupes et de ce qu'il allait faire. A la faveur de ce nuage, il fit avancer des barques remplies de cette même paille fumante; de sorte que le nuage grossissant toujours, et chassé par le vent dans les yeux des ennemis, les mettait dans l'impossibilité de savoir si le roi passait ou non. Cependant il conduisait seul l'exécution de son stratagème. Étant déjà

Un ours vint droit au roi, qui le terrassa après une longue lutte.

au milieu de la rivière : « Eh bien, dit-il au général Renschild, la Duina ne sera pas plus méchante que la mer de Copenhague : croyez-moi, général, nous les battrons. » Il arriva en un quart d'heure à l'autre bord, et fut mortifié de ne sauter à terre que le quatrième. Il fait aussitôt débarquer son canon, et forme sa bataille sans que les ennemis, offusqués de la fumée, puissent s'y opposer que par quelques coups tirés au hasard; le vent ayant dissipé ce brouillard, les Saxons virent le roi de Suède marchant déjà à eux.

Le maréchal Stenau ne perdit pas un moment; à peine aperçut-il les Suédois qu'il fondit sur eux avec la meilleure partie de sa cavalerie. Le choc violent de cette troupe tombant sur les Suédois dans l'instant qu'ils formaient leurs bataillons les mit en désordre; ils s'ouvrirent, ils furent rompus et poursuivis jusque dans la rivière. Le roi de Suède les rallia le moment d'après au milieu de l'eau aussi aisément que s'il eût fait une revue. Alors ses soldats, marchant plus serrés qu'auparavant, repoussèrent le maréchal Stenau et s'avancèrent dans la plaine. Stenau sentit que ses troupes étaient étonnées; il les fit retirer en habile homme dans un lieu sec, flanqué d'un marais et d'un bois où était son artillerie. L'avantage du terrain et le temps qu'il avait donné aux Saxons de revenir de leur première surprise leur rendit tout leur courage. Charles ne balança pas à les attaquer : il avait avec lui quinze mille hommes; Stenau et le duc de Courlande environ douze mille, n'ayant pour toute artillerie qu'un canon de fer sans affût. La bataille fut rude et sanglante; le duc eut deux chevaux tués sous lui : il pénétra trois fois au milieu de la garde du roi; mais enfin, ayant été renversé de son cheval d'un coup de crosse de mousquet, le désordre se mit dans son armée, qui ne disputa plus la victoire. Ses cuirassiers le retirèrent avec peine tout froissé et à demi mort du milieu de la mêlée et de dessous les chevaux qui le foulaient aux pieds.

Le roi de Suède, après sa victoire, courut à Mittau, capitale de la Courlande. Toutes les villes de ce duché se rendent à lui à discrétion; c'était un voyage plutôt qu'une conquête. Il passa sans s'arrêter en Lithuanie, soumettant tout sur son passage : il sentit une satisfaction

flatteuse; et il l'avoua lui-même quand il entra en vainqueur dans cette ville de Birzen, où le roi de Pologne et le czar avaient conspiré sa ruine quelques mois auparavant.

Ce fut dans cette place qu'il conçut le dessein de détrôner le roi de Pologne par les mains des Polonais mêmes. Là, étant un jour à table, tout occupé de cette entreprise, et observant sa sobriété extrême dans un silence profond, paraissant comme enseveli dans ces grandes idées, un colonel allemand, qui assistait à son dîner, dit assez haut pour être entendu, que les repas que le czar et le roi de Pologne avaient faits au même endroit étaient un peu différents de ceux de Sa Majesté. « Oui, dit le roi en se levant, et j'en troublerai plus aisément leur digestion. » En effet, mêlant alors un peu de politique à la force de ses armes, il ne tarda pas à préparer l'événement qu'il méditait.

La Pologne, cette partie de l'ancienne Sarmatie, est un peu plus grande que la France, moins peuplée qu'elle, mais plus que la Suède : ses peuples ne sont chrétiens que depuis environ sept cent cinquante ans. C'est une chose singulière que la langue des Romains, qui n'ont jamais pénétré dans ces climats, ne se parle aujourd'hui communément qu'en Pologne; tout y parle latin, jusqu'aux domestiques. Ce grand pays est très-fertile, mais les peuples n'en sont que moins industrieux. Les ouvriers et les marchands qu'on voit en Pologne sont des Écossais, des Français, surtout des juifs; ils y ont près de trois cents synagogues; et à force de multiplier ils en seront chassés comme ils l'ont été d'Espagne : ils achètent à vil prix les blés, les bestiaux, les denrées du pays, les trafiquent à Dantzick et en Allemagne, et vendent chèrement aux nobles de quoi satisfaire l'espèce de luxe qu'ils connaissent et qu'ils aiment. Ainsi ce pays, arrosé des plus belles rivières, riche en pâturages, en mines de sel et couvert de moissons, reste pauvre malgré son abondance, parce que le peuple est esclave, et que la noblesse est fière et oisive.

Son gouvernement est la plus fidèle image de l'ancien gouvernement celte et gothique, corrigé ou altéré partout ailleurs : c'est le seul État qui ait conservé le nom de république avec la dignité royale.

TYPES.
Première armée de Pierre le Grand.

Chaque gentilhomme a le droit de donner sa voix dans l'élection d'un roi et de pouvoir l'être lui-même. Ce plus beau des droits est joint au plus grand des abus : le trône est presque toujours à l'enchère, et, comme un Polonais est rarement assez riche pour l'acheter, il a été vendu souvent aux étrangers. La noblesse et le clergé défendent leur liberté contre leur roi et l'ôtent au reste de la nation. Tout le peuple y est esclave; tant la destinée des hommes est que le plus grand nombre soit partout de façon ou d'autre subjugué par le plus petit! Là le paysan ne sème point pour lui, mais pour des seigneurs à qui lui, son champ et le travail de ses mains appartiennent, et qui peuvent le vendre et l'égorger avec le bétail de la terre. Tout ce qui est gentilhomme ne dépend que de soi; il faut, pour les juger dans une affaire criminelle, une assemblée entière de la nation; il ne peut être arrêté qu'après avoir été condamné : ainsi il n'est presque jamais puni. Il y en a beaucoup de pauvres; ceux-là se mettent au service des plus puissants, en reçoivent un salaire, font les fonctions les plus basses. Ils aiment mieux servir leurs égaux que de s'enrichir par le commerce, et en pansant les chevaux de leurs maîtres ils se donnent le titre d'électeurs des rois et de destructeurs des tyrans.

Qui verrait un roi de Pologne dans la pompe de sa majesté royale le croirait le prince le plus absolu de l'Europe; c'est cependant celui qui l'est le moins. Les Polonais font réellement avec lui ce contrat qu'on suppose d'autres nations entre le souverain et les sujets. Le roi de Pologne, à son sacre même et en jurant les *pacta conventa*, dispense ses sujets du serment d'obéissance en cas qu'il viole les lois de la république.

Il nomme à toutes les charges et confère tous les honneurs. Rien n'est héréditaire en Pologne que les terres et le rang de noble; le fils d'un palatin et celui d'un roi n'ont nul droit aux dignités de leur père; mais il y a cette grande différence entre le roi et la république, qu'il ne peut ôter aucune charge après l'avoir donnée, et que la république a le droit de lui ôter la couronne s'il transgressait les lois de l'État.

La noblesse, jalouse de sa liberté, vend souvent ses suffrages et rarement ses affections. A peine ont-ils élu un roi qu'ils craignent son ambition et lui opposent leurs cabales. Les grands qu'il a faits et qu'il ne peut défaire deviennent souvent ses ennemis au lieu de rester ses créatures. Ceux qui sont attachés à la cour sont l'objet de la haine du reste de la noblesse : ce qui forme toujours deux partis; division inévitable et même nécessaire dans les pays où l'on veut avoir des rois et conserver sa liberté.

Ce qui concerne la nation est réglé dans les états généraux, qu'on appelle diètes. Ces états sont composés du corps du sénat et de plusieurs gentilshommes; les sénateurs sont les palatins et les évêques : le second ordre est composé des députés des diètes particulières de chaque palatinat. A ces grandes assemblées préside l'archevêque de Gnesne, primat de Pologne, vicaire du royaume dans les interrègnes, et la première personne de l'État après le roi : rarement y a-t-il en Pologne un autre cardinal que lui, parce que la pourpre romaine en ne donnant aucune préséance dans le sénat, un évêque qui serait cardinal serait obligé ou de s'asseoir à son rang de sénateur, ou de renoncer aux droits solides de la dignité qu'il a dans sa patrie, pour soutenir les prétentions d'un honneur étranger.

Ces diètes se doivent tenir par les lois du royaume alternativement en Pologne et en Lithuanie : les députés y décident souvent leurs affaires le sabre à la main, comme les anciens Sarmates dont ils sont descendus, et quelquefois même au milieu de l'ivresse, vice que les Sarmates ignoraient. Chaque gentilhomme député à ces états généraux jouit du droit qu'avaient à Rome les tribuns du peuple de s'opposer aux lois du sénat; un seul gentilhomme qui dit : *Je proteste*, arrête par ce mot seul les résolutions unanimes de tout le reste; et, s'il part de l'endroit où se tient la diète, il faut alors qu'elle se sépare.

On apporte aux désordres qui naissent de cette loi un remède plus dangereux encore. La Pologne est rarement sans deux factions. L'unanimité dans les diètes étant impossible, chaque parti forme des confédérations dans lesquelles on décide à la pluralité des voix, sans avoir égard aux protestations de ce petit nombre. Ces assemblées, illégitimes selon les lois, mais autorisées par l'usage, se font au nom du roi, quoique souvent contre son consentement et contre ses intérêts; à peu près comme la Ligue se servait en France du nom de Henri III pour l'accabler; et comme en Angleterre le parlement qui fit mourir Charles Ier sur un échafaud, commença par mettre le nom du prince à la tête de toutes les résolutions qu'il prenait pour le perdre. Lorsque les troubles sont finis, alors c'est aux diètes générales à confirmer ou à casser les actes de ces confédérations; une diète même peut changer tout ce qu'a fait la précédente, par la même raison que dans les États monarchiques un roi peut abolir les lois de son prédécesseur et les siennes propres.

La noblesse qui fait les lois de la république en fait aussi la force; elle monte à cheval dans les grandes occasions, et peut composer un corps de plus de cent mille hommes : cette grande armée, nommée pospolite, se meut difficilement et avec beaucoup de mal; la difficulté des vivres et des fourrages la met dans l'impuissance de subsister longtemps assemblée : la discipline, la subordination, l'expérience lui manquent; mais l'amour de la liberté qui l'anime la rend toujours formidable.

On peut la vaincre ou la dissiper, ou la tenir même pour un temps dans l'esclavage; mais elle secoue bientôt le joug : ils se comparent eux-mêmes aux roseaux que la tempête couche par terre et qui se relèvent dès que le vent ne souffle plus. C'est pour cette raison qu'ils n'ont point de places de guerre; ils veulent être les seuls remparts de leur république : ils ne souffrent jamais que leur roi bâtisse des forteresses, de peur qu'il ne s'en serve moins pour les défendre que pour les opprimer. Leur pays est tout ouvert, à la réserve de deux ou trois places frontières; que si dans leurs guerres, ou civiles ou étrangères, ils s'obstinent à soutenir chez eux quelque siège, il faut faire à la hâte des fortifications de terre, réparer de vieilles murailles à demi ruinées, élargir des fossés presque comblés, et la ville est prise avant que les retranchements soient achevés.

La pospolite n'est pas toujours à cheval pour garder le pays; elle n'y monte que par l'ordre des diètes, ou même quelquefois sur le simple ordre du roi dans les dangers extrêmes.

La garde ordinaire de la Pologne est une armée qui doit toujours subsister aux dépens de la république : elle est composée de deux corps sous deux grands généraux différents; le premier corps est celui de la Pologne, et doit être de trente-six mille hommes; le second, au nombre de douze mille, celui de Lithuanie. Les deux grands généraux sont indépendants l'un de l'autre; quoique nommés par le roi, ils ne rendent jamais compte de leurs opérations qu'à la république, et ont une autorité suprême sur leurs troupes. Les colonels sont les maîtres absolus de leurs régiments, c'est à eux à les faire subsister comme ils peuvent et à leur payer leur solde; mais étant rarement payés eux-mêmes, ils désolent le pays et ruinent les laboureurs pour satisfaire leur avidité et celle de leurs soldats. Les seigneurs polonais paraissent dans ces armées avec plus de magnificence que dans les villes; leurs tentes sont plus belles que leurs maisons. La cavalerie, qui fait les deux tiers de l'armée, est presque toute composée de gentilshommes; elle est remarquable par la beauté des chevaux et par la richesse des habillements et des harnais.

Les gendarmes surtout, que l'on distingue en houssards et pancernes, ne marchent qu'accompagnés de plusieurs valets qui leur tiennent des chevaux de main, ornés de brides à plaques et clous d'argent, de selles brodées, d'arçons, d'étriers dorés et quelquefois d'argent massif, avec de grandes housses traînantes à la manière des Turcs, dont les Polonais imitent autant qu'ils peuvent la magnificence.

Autant cette cavalerie est parée et superbe, autant l'infanterie était alors délabrée, mal vêtue, mal armée, sans habits d'ordonnance ni rien d'uniforme; c'est ainsi du moins qu'elle fut jusque vers 1710. Ces fantassins, qui ressemblent à des Tartares vagabonds, supportent avec une étonnante fermeté la faim, le froid, la fatigue et tout le poids de la guerre.

On voit encore dans les soldats polonais le caractère des anciens Sarmates, leurs ancêtres; aussi peu de discipline, la même fureur à attaquer, la même promptitude à fuir et à revenir au combat, le même acharnement dans le carnage quand ils sont vainqueurs.

Le roi de Pologne s'était flatté d'abord que dans les bons ces deux armées combattraient en sa faveur, que la pospolite polonaise s'armerait à ses ordres, et que toutes ces forces jointes aux Saxons, ses sujets, et aux Moscovites, ses alliés, composeraient une multitude devant qui le petit nombre des Suédois n'oserait paraître. Il se vit presque tout à coup privé de ces secours par les soins mêmes qu'il avait pris pour les avoir tous à la fois.

Accoutumé dans ses pays héréditaires au pouvoir absolu, il crut trop peut-être qu'il pourrait gouverner la Pologne comme la Saxe. Le commencement de son règne fit des mécontents; ses premières démarches irritèrent le parti qui s'était opposé à son élection et aliénèrent presque tout le reste. La Pologne murmura de voir ses villes remplies de garnisons saxonnes et ses frontières de troupes; cette nation, bien plus jalouse de maintenir sa liberté qu'empressée à attaquer ses voisins, ne regarda point la guerre du roi Auguste contre la Suède et l'irruption en Livonie comme une entreprise avantageuse à la république : on trompe difficilement une nation libre sur ses vrais intérêts. Les Polonais sentaient que si cette guerre entreprise sans leur consentement était malheureuse, le pays ouvert de tous côtés serait en proie au roi de Suède; et que si elle était heureuse ils seraient subjugués par leur roi même, qui, maître alors de la Livonie comme de la Saxe, enclaverait la Pologne entre ces deux pays. Dans cette alternative, ou d'être esclaves du roi qu'ils avaient élu, ou d'être ravagés par Charles XII justement outragé, ils ne formèrent qu'un cri contre la guerre qu'ils crurent déclarée à eux-mêmes plus qu'à la Suède; ils regardèrent les Saxons et les Moscovites comme les instruments de leurs chaînes. Bientôt, voyant que le roi de Suède avait renversé tout ce qui était sur son passage et s'avançait avec une armée victorieuse au cœur de la Lithuanie, ils éclatèrent contre leur souverain avec d'autant plus de liberté qu'ils étaient malheureux.

Deux partis divisaient alors la Lithuanie, celui des princes Sapieha et celui d'Oginski. Ces deux factions avaient commencé par des querelles particulières dégénérées en guerre civile. Le roi de Suède s'attacha les princes Sapieha; et Oginski, mal secouru par les Saxons, vit son parti presque anéanti. L'armée lithuanienne, que ces troubles et le défaut d'argent réduisaient à un petit nombre, était en partie dispersée par le vainqueur. Le peu qui tenait pour le roi de Pologne était séparé en petits corps de troupes fugitives qui erraient dans la campagne et subsistaient de rapines. Auguste ne voyait en Lithuanie que l'impuissance dans son parti, et la haine dans ses sujets, et une armée ennemie conduite par un jeune roi outragé, victorieux et implacable.

Il y avait à la vérité en Pologne une armée : mais au lieu d'être de trente-six mille hommes, nombre prescrit par les lois, elle n'était pas de dix-huit mille; non-seulement elle était mal payée et mal armée, mais ses généraux ne savaient encore quel parti prendre.

La ressource du roi était d'ordonner à la noblesse de le suivre; mais il n'osait s'exposer à un refus, qui eût trop découvert et par conséquent augmenté sa faiblesse.

Dans cet état de trouble et d'incertitude, tous les palatinats du royaume demandaient au roi une diète; de même qu'en Angleterre, dans les temps difficiles, tous les corps de l'État présentent des adresses au roi pour le prier de convoquer un parlement. Auguste avait plus besoin d'une armée que d'une diète, où les actions des rois sont pesées. Il fallut bien cependant qu'il la convoquât, pour ne point aigrir la nation sans retour : elle fut donc indiquée à Varsovie pour le 2 de décembre de l'année 1701. Il s'aperçut bientôt que Charles XII avait pour le moins autant de pouvoir que lui dans cette assemblée. Ceux qui tenaient pour les Sapieha, les Lubomirsky, et leurs amis, le palatin Leczinsky, trésorier de la couronne, qui devait sa fortune au roi Auguste, et surtout les partisans des princes Sobieski, étaient tous secrètement attachés au roi de Suède.

Le plus considérable de ses partisans, et le plus dangereux ennemi qu'eût le roi de Pologne, était le cardinal Radjouski, archevêque de Gnesne, primat du royaume, et président de la diète : c'était un homme plein d'artifice et d'obscurité dans sa conduite, entièrement gouverné par une femme ambitieuse, que les Suédois appelaient madame la Cardinale, laquelle ne cessait de le pousser à l'intrigue et à la faction. Le roi Jean Sobieski, prédécesseur d'Auguste, l'avait d'abord fait évêque de Varmie, et vice-chancelier du royaume. Radjouski, n'étant encore qu'évêque, obtint le cardinalat par la faveur du même roi : cette dignité lui ouvrit bientôt le chemin à celle de primat; ainsi, réunissant dans sa personne tout ce qui impose aux hommes, il était en état d'entreprendre beaucoup impunément.

Il essaya son crédit après la mort de Jean, pour mettre le prince Jacques Sobieski sur le trône; mais le torrent de la haine qu'on portait au père, tout grand homme qu'il était, en écarta le fils. Le cardinal primat se joignit alors à l'abbé de Polignac, ambassadeur de France, pour donner la couronne au prince de Conti, qui en effet fut élu. Mais l'argent et les troupes de Saxe triomphèrent de ces négociations; il se laissa enfin entraîner du parti qui couronna l'électeur de Saxe, et attendit avec patience l'occasion de mettre la division entre la nation et ce nouveau roi.

Les victoires de Charles XII protecteur du prince Jacques Sobieski, la guerre civile de Lithuanie, le soulèvement de tous les esprits contre le roi Auguste, firent croire au cardinal primat que le temps était arrivé où il pourrait renvoyer Auguste en Saxe, et rouvrir au fils du roi Jean le chemin du trône. Ce prince, autrefois l'objet innocent de la haine des Polonais, commençait à devenir leurs délices depuis que le roi Auguste était haï; mais il n'osait concevoir alors l'idée d'une si grande révolution, et cependant le cardinal en jetait insensiblement les fondements.

D'abord il sembla vouloir réconcilier le roi avec la république : il envoya des lettres circulaires, dictées en apparence par l'esprit de concorde et par la charité ; pièges usés et connus, mais où les hommes sont toujours pris : il écrivit au roi de Suède une lettre touchante, le conjurant au nom de celui que tous les chrétiens adorent également de donner la paix à la Pologne et à son roi. Charles XII répondit aux intentions du cardinal plus qu'à ses paroles : cependant il restait dans le grand-duché de Lithuanie avec son armée victorieuse, déclarant qu'il ne voulait point laisser la diète; qu'il faisait la guerre à Auguste et aux Saxons, non aux Polonais; et que, loin d'attaquer la république, il venait la tirer d'oppression. Ces lettres et ces réponses étaient pour le public. Des émissaires qui allaient et venaient continuellement de la part du cardinal au comte Piper, et des assemblées secrètes chez ce prélat, étaient les ressorts qui faisaient mouvoir la diète : elle proposa d'envoyer une ambassade à Charles XII, et demanda unanimement au roi qu'il n'appelât plus les Moscovites sur les frontières, et qu'il renvoyât ses troupes saxonnes.

La mauvaise fortune d'Auguste avait déjà fait ce que la diète exigeait de lui. La ligue conclue secrètement à Birzen avec le Moscovite était devenue aussi inutile qu'elle avait paru d'abord formidable. Il était bien éloigné de pouvoir envoyer au czar les cinquante mille Allemands qu'il avait promis de faire lever dans l'Empire. Le czar même, dangereux voisin de la Pologne, se pressait pas de secourir alors de toutes ses forces un royaume divisé dont il espérait recueillir quelques dépouilles; il se contenta d'envoyer dans la Lithuanie vingt mille Moscovites, qui y firent plus de mal que les Suédois, fuyant partout devant le vainqueur, et ravageant les terres des Polonais, jusqu'à ce que, poursuivis par les généraux suédois, et ne trouvant plus rien à piller, ils s'en retournèrent par troupes dans leur pays. A l'égard des débris de l'armée saxonne battue à Riga, le roi Auguste les envoya hiverner et se recruter en Saxe afin que ce sacrifice, tout forcé qu'il était, pût ramener à lui la nation polonaise trop irritée.

Alors la guerre se changea en intrigues. La diète était partagée en presque autant de factions qu'il y avait de palatins; un jour les intérêts du roi Auguste dominaient, le lendemain ils y étaient proscrits. Tout le monde criait pour la liberté et la justice, mais on ne savait point ce que c'était que d'être libre et juste; le temps se perdait à cabaler en secret et à haranguer en public. La diète ne savait ni ce qu'elle voulait ni ce qu'elle devait faire : les grandes compagnies n'ont presque jamais pris de bons conseils dans les troubles civils, parce que

les factieux y sont hardis, et que les gens de bien y sont timides pour l'ordinaire. La diète se sépara en tumulte le 17 février de l'année 1702, après trois mois de cabales et d'irrésolution. Les sénateurs, qui sont les palatins et les évêques, restèrent dans Varsovie. Le sénat de Pologne a le droit de faire provisoirement les lois, que les diètes infirment: ce corps moins nombreux, accoutumé aux affaires, fut bien moins tumultueux, et décida plus vite.

Ils arrêtèrent qu'on enverrait au roi de Suède l'ambassade proposée dans la diète, que la pospolite monterait à cheval, et se tiendrait prête à tout événement : ils firent plusieurs règlements pour apaiser les troubles de Lithuanie, et plus encore pour diminuer l'autorité de leur roi, quoique moins à craindre que celle de Charles.

Auguste aima mieux recevoir des lois dures de son vainqueur que de ses sujets. Il se détermina à demander la paix au roi de Suède, et voulut entamer avec lui un traité secret. Il fallait cacher cette démarche au sénat, qu'il regardait comme un ennemi encore plus intraitable. L'affaire était délicate; il s'en reposa sur la comtesse de Konigsmark, Suédoise d'une grande naissance, à laquelle il était alors attaché : c'est elle dont le frère est connu par sa mort malheureuse, et dont le fils a commandé les armées en France avec tant de succès et de gloire. Cette femme, célèbre dans le monde par son esprit et par sa beauté, était plus capable qu'aucun ministre de faire réussir une négociation; de plus, comme elle avait du bien dans les États de Charles XII, et qu'elle avait été longtemps à sa cour, elle avait un prétexte plausible d'aller trouver ce prince. Elle vint donc au camp des Suédois en Lithuanie, et s'adressa d'abord au comte Piper, qui lui promit trop légèrement une audience de son maître. La comtesse, parmi les perfections qui la rendaient une des plus aimables personnes de l'Europe, avait le talent singulier de parler les langues de plusieurs pays qu'elle n'avait jamais vus avec autant de délicatesse que si elle y était née; elle s'amusait même quelquefois à faire des vers français, qu'on eût pris pour être d'une personne née à Versailles : elle en composa pour Charles XII, que l'histoire ne doit point omettre; elle introduisait les dieux de la fable, qui tous louaient les différentes vertus de Charles : la pièce finissait ainsi :

> Enfin chacun des dieux, discourant à sa gloire,
> Le plaçait par avance au Temple de Mémoire :
> Mais Vénus ni Bacchus n'en dirent pas un mot.

Tant d'esprit et d'agréments étaient perdus auprès d'un homme tel que le roi de Suède; il refusa constamment de la voir. Elle prit le parti de se trouver sur son chemin dans les fréquentes promenades qu'il faisait à cheval. Effectivement elle le rencontra un jour dans un sentier fort étroit; elle descendit de carrosse dès qu'elle l'aperçut : le roi la salua sans lui dire un seul mot, tourna la bride de son cheval, et s'en retourna dans l'instant; de sorte que la comtesse de Konigsmark ne remporta de son voyage que la satisfaction de pouvoir croire que le roi de Suède ne redoutait qu'elle.

Il fallut alors que le roi de Pologne se jetât dans les bras du sénat; il lui fit des propositions par le palatin de Marienbourg : l'une, qu'on lui laissât à la disposition de l'armée de la république, à laquelle il payerait de ses propres deniers deux quartiers d'avance; l'autre, qu'on lui permît de faire revenir en Pologne douze mille Saxons. Le cardinal primat fit une réponse aussi dure qu'était le refus du roi de Suède; il dit au palatin de Marienbourg, au nom de l'assemblée : « qu'on avait » résolu d'envoyer à Charles XII une ambassade, et qu'il ne lui con- » seillait pas de faire venir les Saxons. »

Le roi, dans cette extrémité, voulut au moins conserver les apparences de l'autorité royale. Un de ses chambellans alla de sa part trouver Charles pour savoir de lui où et comment Sa Majesté Suédoise voudrait recevoir l'ambassade du roi son maître et de la république. On avait oublié malheureusement de demander un passe-port aux Suédois pour ce chambellan. Le roi de Suède le fit mettre en prison au lieu de lui donner audience, en disant qu'il comptait recevoir une ambassade de la république et rien du roi Auguste. Cette violation du droit des gens n'était permise que par la loi du plus fort.

Alors Charles ayant laissé derrière lui des garnisons dans quelques villes de Lithuanie, s'avança au delà de Grodno, ville connue en Europe par les diètes qui s'y tiennent, mais mal bâtie et plus mal fortifiée.

A quelques milles par delà Grodno il rencontra l'ambassade de la république, elle était composée de cinq sénateurs : ils voulurent d'abord faire régler un cérémonial que le roi ne connaissait guère; ils demandèrent qu'on traitât la république de sérénissime, qu'on envoyât au-devant d'eux les carrosses du roi et des sénateurs : on leur répondit que la république serait appelée illustre et non sérénissime; que le roi ne servait jamais de carrosse; qu'il aurait auprès de lui beaucoup d'officiers, et point de sénateurs; qu'on leur enverrait un lieutenant général, et qu'ils arriveraient sur leurs propres chevaux.

Charles XII les reçut dans sa tente avec quelque appareil d'une pompe militaire : leurs discours furent pleins de ménagements et d'obscurités; on remarqua qu'ils craignaient Charles XII, qu'ils n'aimaient pas Auguste, mais qu'ils étaient honteux d'ôter par l'ordre d'un étranger la couronne au roi qu'ils avaient élu. Rien ne se conclut, et Charles XII leur fit comprendre enfin qu'il conclurait dans Varsovie.

Sa marche fut précédée par un manifeste dont le cardinal et son parti inondèrent la Pologne en huit jours. Charles par cet écrit invitait tous les Polonais à joindre leur vengeance à la sienne, et prétendait leur faire voir que leurs intérêts et les siens étaient les mêmes; ils étaient cependant bien différents : mais le manifeste, soutenu par un grand parti, par le trouble du sénat et par l'approche du conquérant, fit de très-fortes impressions. Il fallut reconnaître Charles pour protecteur, puisqu'il voulait l'être, et qu'on était encore trop heureux qu'il se contentât de ce titre.

Les sénateurs contraires à Auguste publièrent hautement l'écrit sous ses yeux mêmes; le peu qui lui étaient attachés demeurèrent dans le silence. Enfin, quand on apprit que Charles avançait à grandes journées, tous se préparèrent en confusion à partir : le cardinal quitta Varsovie des premiers; la plupart précipitèrent leur fuite, les uns pour aller attendre dans leurs terres le dénoûment de cette affaire, les autres pour aller soulever leurs amis. Il ne demeura auprès du roi que l'ambassadeur de l'empereur, celui du czar, le nonce du pape et quelques évêques et palatins liés à sa fortune. Il fallait fuir, et on n'avait encore rien décidé en sa faveur; il se hâta avant de partir de tenir un conseil avec ce petit nombre de sénateurs qui représentaient encore le sénat. Quelque zélés qu'ils fussent pour son service, ils étaient Polonais; ils avaient tous conçu une si grande aversion pour les troupes saxonnes, qu'ils n'osèrent pas lui accorder la liberté d'en faire venir au delà de six mille pour sa défense : encore votèrent-ils que ces six mille hommes seraient commandés par le grand général de la Pologne, et renvoyés immédiatement après la paix. Quant aux armées de la république, ils lui en laissèrent la disposition.

Après ce résultat le roi quitta Varsovie, trop faible contre ses ennemis, et peu satisfait de son parti même : il fit aussitôt publier ses universaux pour assembler la pospolite et les armées, qui n'étaient guère que de vains noms. Il n'y avait rien à espérer en Lithuanie, où étaient les Suédois. L'armée de Pologne, réduite à peu de troupes, manquait d'armes, de provisions et de bonne volonté. La plus grande partie de la noblesse, intimidée, irrésolue, ou mal disposée, demeura dans ses terres. En vain le roi, autorisé par les lois de l'État, ordonne sur peine de la vie à tous les gentilshommes de monter à cheval et de le suivre; il commençait à devenir problématique si on devait lui obéir : sa grande ressource était dans les troupes de son électorat, où la forme du gouvernement entièrement absolue ne lui laissait pas craindre une désobéissance. Il avait déjà mandé secrètement douze mille Saxons qui s'avançaient avec précipitation; il en faisait encore revenir huit mille, qu'il avait promis à l'empereur dans la guerre de l'Empire contre la France, et qu'il fut obligé de rappeler par la nécessité où il était réduit. Introduire tant de Saxons en Pologne, c'était révolter contre lui tous les esprits, et violer la loi faite par son parti même, qui ne lui en permettait que six mille : tant il savait bien que s'il était vainqueur on n'oserait pas se plaindre, et que s'il était vaincu on ne lui pardonnerait pas d'avoir même amené ces six mille hommes. Pendant que ces soldats arrivaient par troupes, et qu'il allait de palatinat en palatinat rassembler la noblesse qui lui était attachée, le roi de Suède arriva enfin devant Varsovie le 5 mai 1702. A la première sommation les portes lui furent ouvertes; il renvoya la garnison polonaise, congédia la garde bourgeoise, établit partout des corps de garde, et ordonna aux habitants de venir remettre toutes leurs armes : mais, content de les désarmer, et de les aigrir, il n'exigea d'eux qu'une contribution de cent mille francs. Le roi Auguste assemblait alors ses forces à Cracovie; il fut bien surpris d'y voir arriver le cardinal primat : cet homme prétendait peut-être garder jusqu'au bout la décence de son caractère, et chasser son roi avec des dehors respectueux; il lui fit entendre que le roi de Suède paraissait disposé à un accommodement raisonnable, et demanda humblement la permission d'aller le trouver le roi. Auguste accorda ce qu'il ne pouvait refuser, c'est-à-dire la liberté de lui nuire.

Le cardinal primat court incontinent voir le roi de Suède, auquel il n'avait point encore osé se présenter; il vit ce prince à Praag, près de Varsovie, mais sans les cérémonies dont on avait usé avec les ambassadeurs de la république. Il trouva ce conquérant vêtu d'un habit de gros drap bleu, avec des boutons de cuivre doré, de grosses bottes, des gants de buffle qui lui venaient jusqu'au coude, dans une chambre sans tapisserie, où étaient le duc de Holstein, son beau-frère, le comte Piper, son premier ministre, et plusieurs officiers généraux. Le roi avança quelques pas au-devant du cardinal; ils eurent ensemble debout une conférence d'un quart d'heure, que Charles finit en disant tout haut : « Je ne donnerai point la paix aux Polonais qu'ils n'aient élu un autre roi. » Le cardinal, qui s'attendait à cette déclaration, la fit savoir aussitôt à tous les palatinats, les assurant de l'extrême déplaisir qu'il disait en avoir, et en même temps de la nécessité où l'on était de complaire au vainqueur.

A cette nouvelle, le roi de Pologne vit bien qu'il fallait perdre ou conserver son trône par une bataille; il épuisa ses ressources pour cette grande décision. Toutes ses troupes saxonnes étaient arrivées des frontières de Saxe; la noblesse du palatinat de Cracovie, où il était encore, venait en foule lui offrir ses services; il encourageait lui-même chacun de ces gentilshommes à se souvenir de leurs serments : ils lui promirent de verser pour lui jusqu'à la dernière goutte

de leur sang. Fortifié de leurs secours, et des troupes qui portaient le nom de l'armée de la couronne, il alla pour la première fois chercher en personne le roi de Suède : il le trouva bientôt qui s'avançait lui-même vers Cracovie.

Les deux rois parurent en présence, le 13 juillet, dans une vaste plaine auprès de Clissau, entre Varsovie et Cracovie. Auguste avait près de vingt-quatre mille hommes; Charles XII n'en avait que douze mille : le combat commença par des décharges d'artillerie. A la première volée qui fut tirée par les Saxons, le duc de Holstein, qui commandait la cavalerie suédoise, jeune prince plein de courage et de vertu, reçut un coup de canon dans les reins. Le roi demanda s'il était mort; on lui dit que oui : il ne répondit rien; quelques larmes tombèrent de ses yeux : il se cacha un moment le visage avec les mains; puis tout à coup poussant son cheval à toute bride, il s'élança au milieu des ennemis à la tête de ses gardes.

Le roi de Pologne fit tout ce qu'on devait attendre d'un prince qui combattait pour sa couronne; il ramena lui-même trois fois ses troupes à la charge : mais il ne combattait qu'avec ses Saxons; les Polonais, qui formaient son aile droite, s'enfuirent tous dès le commencement de la bataille, les uns par terreur, les autres par mauvaise volonté. L'ascendant de Charles XII prévalut; il remporta une victoire complète : le camp ennemi, les drapeaux, l'artillerie, la caisse militaire d'Auguste lui demeurèrent. Il ne s'arrêta pas sur le champ de bataille et marcha droit à Cracovie, poursuivant le roi de Pologne qui fuyait devant lui.

Les bourgeois de Cracovie furent assez hardis pour fermer leurs portes au vainqueur; il les fit rompre. La garnison n'osa tirer un seul coup; on la chassa à coups de fouet et de canne jusque dans le château, où le roi entra avec elle. Un seul officier d'artillerie osant se préparer à mettre le feu au canon, Charles court à lui et lui arrache la mèche : le commandant se jette aux genoux du roi. Trois régiments suédois furent logés à discrétion chez les citoyens, et la ville taxée à une contribution de cent mille risdales. Le comte de Steinbock, fait gouverneur de la ville, ayant ouï dire qu'on avait caché des trésors dans les tombeaux des rois de Pologne, qui sont à Cracovie dans l'église de Saint-Nicolas, les fit ouvrir : on n'y trouva que des ornements d'or et d'argent qui appartenaient aux églises; on en prit une partie, et Charles XII envoya même un calice d'or à une église de Suède : ce qui aurait soulevé contre lui les Polonais catholiques si quelque chose avait pu prévaloir contre la terreur de ses armes.

Il sortait de Cracovie bien résolu de poursuivre le roi Auguste sans relâche. A quelques milles de la ville son cheval s'abattit et lui fracassa la cuisse : il fallut le reporter à Cracovie, où il demeura au lit six semaines entre les mains des chirurgiens. Cet accident donna à Auguste le loisir de respirer. Il fit aussitôt répandre dans la Pologne et dans l'Empire que Charles XII était mort de sa chute. Cette fausse nouvelle, crue quelque temps, jeta tous les esprits dans l'étonnement et dans l'incertitude. Dans ce petit intervalle il assemble à Marienbourg, puis à Lublin, tous les ordres du royaume, déjà convoqués à Sendomir. La foule y fut grande; peu de palatinats refusèrent d'y envoyer. Il regagna presque tous les esprits par des largesses, par des promesses, et par cette affabilité nécessaire aux rois absolus pour se faire aimer, et aux rois électifs pour se maintenir. La diète fut bientôt détrompée de la fausse nouvelle de la mort du roi de Suède; mais le mouvement était donné à ce grand corps : il se laissa emporter à l'impulsion qu'il avait reçue; tous les membres jurèrent de demeurer fidèles à leur souverain, tant les compagnies sont sujettes aux variations! Le cardinal primat lui-même, affectant encore d'être attaché au roi Auguste, vint à la diète de Lublin; il y baisa la main au roi, et ne refusa point de prêter le serment comme les autres. Ce serment consistait à jurer que l'on n'avait rien entrepris et qu'on n'entreprendrait rien contre Auguste. Le roi dispensa le cardinal de la première partie du serment, et le prélat jura le reste en rougissant. Le résultat de cette diète fut que la république de Pologne entretiendrait une armée de cinquante mille hommes à ses dépens pour le service de son souverain; qu'on donnerait six semaines aux Suédois pour déclarer s'ils voulaient la paix ou la guerre, et pareil terme aux princes de Sapieha, les premiers auteurs des troubles de Lithuanie, pour venir demander pardon au roi de Pologne.

Mais, durant ces délibérations, Charles XII, guéri de sa blessure, renversait tout devant lui. Toujours ferme dans le dessein de forcer les Polonais à détrôner eux-mêmes leur roi, il fit convoquer par les intrigues du cardinal primat une nouvelle assemblée à Varsovie pour l'opposer à celle de Lublin. Ses généraux lui représentaient que cette affaire pourrait encore avoir des longueurs et s'évanouir dans les délais; que pendant ce temps les Moscovites s'aguerrissaient tous les jours contre les troupes qu'il avait laissées en Livonie et en Ingrie; que les combats qui se donnaient souvent dans ces provinces entre les Suédois et les Russes n'étaient pas toujours à l'avantage des premiers, et qu'enfin sa présence y serait peut-être bientôt nécessaire. Charles, aussi inébranlable dans ses projets que vif dans ses actions, leur répondit : « Quand je devrais rester ici cinquante ans, je n'en sortirai point que je n'aie détrôné le roi de Pologne. »

Il laissa l'assemblée de Varsovie combattre par des discours et par des écrits celle de Lublin, et chercher de quoi justifier ses procédés dans les lois du royaume, lois toujours équivoques, que chaque parti interprète à son gré, et que le succès seul rend incontestables. Pour lui, ayant augmenté ses troupes victorieuses de six mille hommes de cavalerie et de huit mille d'infanterie qu'il reçut de Suède, il marcha contre les restes de l'armée saxonne qu'il avait battue à Clissau, et qui avait eu le temps de se rallier et de se grossir pendant que sa chute de cheval l'avait retenu au lit. Cette armée évitait ses approches et se retirait vers la Prusse, au nord-ouest de Varsovie. La rivière de Bug était entre lui et les ennemis : Charles passa à la nage à la tête de sa cavalerie; l'infanterie alla chercher un gué au-dessus. On arrive aux Saxons dans un lieu nommé Pultesk. Le général Stenau les commandait au nombre d'environ dix mille. Le roi de Suède, dans sa marche précipitée, n'en avait pas amené davantage, sûr qu'un moindre nombre lui suffisait. La terreur de ses armes était si grande que la moitié de l'armée saxonne s'enfuit à son approche sans rendre le combat. Le général Stenau fit ferme un moment avec deux régiments; le moment d'après il fut lui-même entraîné dans la fuite générale de son armée, qui se dispersa avant d'être vaincue. Les Suédois ne firent pas mille prisonniers, et ne tuèrent pas six cents hommes, ayant plus de peine à les poursuivre qu'à les défaire.

Auguste, à qui il ne restait plus que les débris des Saxons battus de tous côtés, se retira en hâte dans Thorn, vieille ville de la Prusse royale sur la Vistule, laquelle est sous la protection des Polonais. Charles se disposa aussitôt à l'assiéger. Le roi de Pologne, qui ne s'y crut pas en sûreté, se retira, et courut dans tous les endroits de la Pologne où il pouvait rassembler encore quelques soldats, et où les courses des Suédois n'avaient point pénétré. Cependant Charles, dans tant de marches si vives, traversant des rivières à la nage, et courant avec son infanterie montée en croupe derrière ses cavaliers, n'avait pu amener de canon devant Thorn; il lui fallut attendre qu'il lui en vînt de Suède par mer.

En attendant, il se posta à quelques milles de la ville; il s'avançait souvent trop près des remparts pour la reconnaître; l'habit simple qu'il portait toujours lui était, dans ces dangereuses promenades, d'une utilité à laquelle il n'avait jamais pensé; il l'empêchait d'être remarqué et d'être choisi par les ennemis, qui eussent tiré à sa personne. Un jour s'étant avancé fort près avec un de ses généraux nommé Lieven, qui était vêtu d'un habit bleu galonné d'or, il craignit que ce général ne fût trop aperçu; il lui ordonna de se mettre derrière lui, par un mouvement de cette magnanimité qui lui était si naturelle, que même il ne lui faisait pas réflexion qu'il exposait sa vie à un danger manifeste pour sauver celle de son sujet. Lieven, connaissant trop tard sa faute d'avoir mis un habit remarquable, et craignant également pour le roi en quelque place qu'il fût, hésitait s'il devait obéir : dans le moment que durait cette contestation, le roi le prend par le bras, se met devant lui et le couvre; au même instant une volée de canon qui venait en flanc renverse le général mort sur la place même que le roi quittait à peine. La mort de cet homme tué précisément au lieu de lui, et parce qu'il l'avait voulu sauver, ne contribua pas peu à l'affermir dans l'opinion où il fut toute sa vie d'une prédestination absolue, et lui fit croire que sa destinée, qui le conservait si singulièrement, le réservait à l'exécution des plus grandes choses.

Tout lui réussissait, et ses négociations et ses armes également heureuses. Il était comme présent dans toute la Pologne; car son grand maréchal Renschild était au cœur de cet État avec un grand corps d'armée. Près de trente mille Suédois sous divers généraux, répandus au nord et à l'orient sur les frontières de la Moscovie, arrêtaient les efforts de tout l'empire des Russes; et Charles était à l'occident, à l'autre bout de la Pologne, à la tête de l'élite de ses troupes.

Le roi de Danemarck, lié par le traité de Travendal, que son impuissance l'empêchait de rompre, demeurait dans le silence. Ce monarque, plein de prudence, n'osait faire éclater son dépit de voir le roi de Suède si près de ses États. Plus loin, en tirant vers le sud-ouest, entre les fleuves de l'Elbe et du Weser, le duché de Brême, dernier territoire des anciennes conquêtes de la Suède, rempli de fortes garnisons, ouvrait encore à ce conquérant les portes de la Saxe et de l'Empire. Ainsi, depuis l'océan Germanique jusqu'assez près de l'embouchure du Borysthène, ce qui fait la largeur de l'Europe, et jusqu'aux portes de Moscou, tout était dans la consternation et dans l'attente d'une révolution entière. Ses vaisseaux, maîtres de la mer Baltique, étaient employés à transporter dans son pays les prisonniers faits en Pologne. La Suède, tranquille au milieu de ces grands mouvements, goûtait une paix profonde, et jouissait de la gloire de son roi sans en porter le poids, puisque ses troupes victorieuses étaient payées et entretenues aux dépens des vaincus.

Dans ce silence général du Nord devant les armes de Charles XII, la ville de Dantzick osa lui déplaire. Quatorze frégates et quatre vaisseaux de transport amenaient au roi un renfort de six mille hommes, avec du canon et des munitions pour achever le siège de Thorn; il fallait que ce secours remontât la Vistule. A l'embouchure de ce fleuve est Dantzick, ville riche et libre, qui jouit en Pologne, avec Thorn et Elbing, des mêmes privilèges que les villes impériales ont dans l'Allemagne. Sa liberté a été attaquée tour à tour par les Danois, la Suède et quelques princes allemands, et elle ne l'a conservée que par la jalousie qu'ont ces puissances les unes des autres. Le comte de Steinbock, un des généraux suédois, assembla le magistrat de la part du roi, demanda le passage pour les troupes et quelques munitions. Le magistrat, par une imprudence ordinaire à ceux qui traitent avec plus fort qu'eux, n'osa ni le refuser ni lui accorder nettement ses demandes. Le général Steinbock se fit donner de force plus qu'il n'avait demandé; on exigea même de la ville une contribution de cent mille écus, par laquelle elle paya son refus imprudent. Enfin les troupes de renfort, le canon et les munitions étant arrivés devant Thorn, on commença le siège le 22 septembre.

Robel, gouverneur de la place, la défendit un mois avec cinq mille hommes de garnison. Au bout de ce temps, il fut forcé de se rendre à discrétion : la garnison fut faite prisonnière de guerre et envoyée en Suède. Robel fut présenté désarmé au roi. Ce prince, qui ne perdait jamais une occasion d'honorer le mérite dans ses ennemis, lui donna une épée de sa main, lui fit présent considérable en argent, et le renvoya sur sa parole. Mais la ville, petite et pauvre, fut condamnée à payer quarante mille écus, contribution excessive pour elle.

Elbing, bâtie sur un bras de la Vistule, fondée par les chevaliers teutons, et annexée aussi à la Pologne, ne profita pas de la faute des Dantzickois, elle balança trop à donner passage aux troupes suédoises : elle en fut plus sévèrement punie que Dantzick. Charles y entra le 13 décembre à la tête de quatre mille hommes la baïonnette au bout du fusil. Les habitants épouvantés se jetèrent à genoux dans les rues et lui demandèrent miséricorde : il les fit tous désarmer; logea ses soldats chez les bourgeois; ensuite, ayant mandé le magistrat, il exigea le jour même une contribution de deux cent soixante mille écus : il y avait dans la ville deux cents pièces de canon et quatre cents milliers de poudre, qu'il saisit; une bataille gagnée ne lui eût pas valu de si grands avantages. Tous ces succès étaient les avant-coureurs du détrônement du roi Auguste.

A peine le cardinal avait juré à son roi de ne rien entreprendre contre lui qu'il s'était rendu à l'assemblée de Varsovie, toujours sous le prétexte de la paix. Il arriva en parlant de concorde et d'obéissance, mais accompagné de soldats levés dans ses terres. Enfin il leva le masque, et déclara au nom de l'assemblée : « Auguste, électeur de Saxe, inhabile à porter la couronne de Pologne. » On y prononça d'une commune voix que le trône était vacant. La volonté du roi de Suède, et par conséquent celle de cette diète, était de donner au prince Jacques Sobiesky le trône du roi Jean son père. Jacques Sobiesky était alors à Breslau en Silésie, attendant avec impatience la couronne qu'allait porter son père. Il était un jour à la chasse à quelques lieues de Breslau avec le prince Constantin, l'un de ses frères; trente cavaliers saxons envoyés secrètement par le roi Auguste sortent tout à coup d'un bois voisin, entourent les deux princes et les enlèvent sans résistance : on avait préparé des chevaux de relais, sur lesquels ils furent sur-le-champ conduits à Leipsick, où on les enferma étroitement. Ce coup dérangea les mesures de Charles, du cardinal et de l'assemblée de Varsovie.

La fortune, qui se joue des têtes couronnées, mit presque dans le même temps le roi Auguste sur le point d'être pris lui-même; il était à table, à trois lieues de Cracovie, se reposant sur sa garde avancée et postée à quelque distance, lorsque le général Renschild parut subitement après avoir enlevé cette garde. Le roi de Pologne n'eut que le temps de monter à cheval lui onzième. Le général Renschild le poursuivit pendant quatre jours, prêt à le saisir à tout moment. Le roi fuit jusqu'à Sendomir : le général suédois l'y suivit encore; et ce ne fut que par un bonheur singulier que le prince échappa.

Pendant tout ce temps, le parti du roi Auguste traitait celui du cardinal, et en était traité réciproquement, de traître à la patrie. L'armée de la couronne était partagée entre les deux factions. Auguste, forcé enfin d'accepter le secours moscovite, se repentit de n'y avoir pas eu recours assez tôt : il courait tantôt en Saxe, où ses ressources étaient épuisées, tantôt il retournait en Pologne, où l'on n'osait le servir. D'un autre côté, le roi de Suède, victorieux et tranquille, régnait en effet en Pologne.

Le comte Piper, qui avait dans l'esprit autant de politique que son maître avait de grandeur dans le sien, proposa alors à Charles XII de prendre pour lui-même la couronne de Pologne : il lui représentait combien l'exécution en était facile avec une armée victorieuse, et un parti puissant dans le cœur d'un royaume qui lui était déjà soumis; il le tentait par le titre de défenseur de la religion évangélique, nom qui flattait l'ambition de Charles : il était aisé, disait-il, de faire en Pologne ce que Gustave Vasa avait fait en Suède, d'y établir le luthéranisme, et de rompre les chaînes du peuple, esclave de la noblesse et du clergé. Charles fut tenté un moment; mais la gloire était son idole; il lui sacrifia son intérêt et le plaisir qu'il eût eu d'enlever la Pologne au pape. Il dit au comte Piper qu'il était plus flatté de donner que de gagner des royaumes; il ajouta en souriant : « Vous étiez fait pour être le ministre d'un prince italien. »

Charles était encore auprès de Thorn, dans cette partie de la Prusse royale qui appartient à la Pologne; il portait de là sa vue sur ce qui se passait à Varsovie, et tenait en respect les puissances voisines. Le prince Alexandre, frère des deux Sobiesky enlevés en Silésie, vint lui demander vengeance. Charles la lui promit, d'autant plus qu'il la croyait aisée et qu'il se vengeait lui-même; mais, impatient de donner un roi à la Pologne, il proposa au prince Alexandre de monter sur le trône, dont la fortune s'opiniâtrait à écarter son frère. Il ne s'attendait pas à un refus. Le prince Alexandre lui déclara que rien ne pourrait jamais l'engager à profiter du malheur de son aîné. Le roi de Suède, le comte Piper, tous ses amis, et surtout le jeune palatin de Posnanie, Stanislas Leczinsky, le pressèrent d'accepter la couronne; il fut inébranlable. Les princes voisins apprirent avec étonnement ce refus inouï, et ne savaient lequel ils devaient admirer davantage, ou un roi de Suède qui, à l'âge de vingt-deux ans, donnait la couronne de Pologne, ou le prince Alexandre, qui la refusait.

LIVRE TROISIÈME.

ARGUMENT.

Stanislas Leczinsky élu roi de Pologne. Mort du cardinal primat. Belle retraite du général Schullembourg. Exploits du czar. Fondation de Pétersbourg. Bataille de Frauenstad. Charles entre en Saxe. Paix d'Altranstad. Auguste abdique la couronne, et la cède à Stanislas. Le général Patkul, plénipotentiaire du czar, est roué et écartelé. Charles reçoit en Saxe des ambassadeurs de tous les princes : il va seul à Dresde voir Auguste avant de partir.

Le jeune Stanislas Leczinsky était alors député à l'assemblée de Varsovie pour aller rendre compte au roi de Suède de plusieurs différends survenus dans le temps de l'enlèvement du prince Jacques. Stanislas avait une physionomie heureuse, pleine de hardiesse et de douceur, avec un air de probité et de franchise, qui de tous les avantages extérieurs est le plus grand, et qui donne plus de poids aux paroles que l'éloquence même. La sagesse avec laquelle il parla du roi Auguste, de l'assemblée, du cardinal primat et des intérêts différents qui divisaient la Pologne, frappa Charles. Le roi Stanislas m'a fait l'honneur de me raconter qu'il dit en latin au roi de Suède : « Comment pourrons-nous faire une élection, si les deux princes Jacques et Constantin Sobiesky sont captifs? » et que Charles lui répondit : « Comment délivrera-t-on la république, si on ne fait pas une élection? » Cette conversation fut l'unique brigue qui mit Stanislas sur le trône. Charles prolongea la conférence, pour mieux sonder le génie du jeune député. Après l'audience, il dit tout haut qu'il n'avait jamais vu d'homme si propre à concilier tous les partis. Il ne tarda pas à s'informer du caractère du palatin Leczinsky. Il sut qu'il était plein de bravoure, enduri à la fatigue; qu'il couchait toujours sur une espèce de paillasse; qu'il n'exigeait aucun service de ses domestiques auprès de sa personne; qu'il était d'un tempérament peu commune dans ce climat, économe, adoré de ses vassaux, et le seul seigneur peut-être en Pologne qui eût quelques amis, dans un temps où l'on ne connaissait de liaisons que celles de l'intérêt et de la faction. Ce caractère, qui avait en quelques choses du rapport avec le sien, le détermina entièrement. Il dit tout haut après la conférence : « Voilà un homme qui sera toujours mon ami; » et on s'aperçut bientôt que ces mots signifiaient : Voilà un homme qui sera roi.

Quand le primat de Pologne sut que Charles XII avait nommé le palatin Leczinsky, à peu près comme Alexandre avait nommé Abdalonime, il accourut auprès du roi de Suède, pour tâcher de faire changer cette résolution : il voulait faire tomber la couronne à un Lubomirsky. « Mais qu'avez-vous à alléguer contre Stanislas Leczinsky? dit le conquérant. — Sire, dit le primat, il est trop jeune. » Le roi répliqua sèchement : « Il est à peu près de mon âge, » tourna le dos au prélat, et aussitôt envoya le comte de Hoorn signifier à l'assemblée de Varsovie qu'il fallait élire un roi dans cinq jours, et qu'il fallait élire Stanislas Leczinsky. Le comte de Hoorn arriva le 7 juillet; il fixa le jour de l'élection au 12, comme il aurait ordonné le décampement d'un bataillon. Le cardinal primat, frustré du fruit de tant d'intrigues, retourna à l'assemblée, où il remua tout pour faire échouer une élection à laquelle il n'avait point de part : mais le roi de Suède arriva lui-même *incognito* à Varsovie; alors il fallut se taire. Tout ce que put faire le primat fut de ne point se trouver à l'élection; il se réduisit à une neutralité inutile, ne pouvant s'opposer au vainqueur, et ne voulant pas le seconder.

Le samedi 12 juillet, jour fixé pour l'élection, étant venu, on s'assembla à trois heures après midi au Colo, champ destiné pour cette cérémonie : l'évêque de Posnanie vint présider à l'assemblée à la place du cardinal primat. Il arriva suivi des gentilshommes du parti. Le comte de Hoorn et deux autres officiers généraux assistaient publiquement à cette solennité, comme ambassadeurs extraordinaires de Charles auprès de la république. La séance dura jusqu'à neuf heures du soir; l'évêque de Posnanie la finit en déclarant au nom de la diète Stanislas élu roi de Pologne : tous les bonnets sautèrent en l'air, et le bruit des acclamations étouffa le cri des opposants.

Il ne servit de rien au cardinal primat, et à ceux qui avaient voulu demeurer neutres, de s'être absentés de l'élection; il fallut que dès le lendemain ils vinssent tous rendre hommage au nouveau roi : la plus grande mortification qu'ils eurent fut d'être obligés de le suivre au quartier du roi de Suède. Ce prince rendit au souverain qu'il venait

de faire tous les honneurs dus à un roi de Pologne; et pour donner plus de poids à sa nouvelle dignité, on lui assigna de l'argent et des troupes.

Charles XII partit aussitôt de Varsovie pour aller achever la conquête de la Pologne. Il avait donné rendez-vous à son armée devant Léopold, capitale du grand palatinat de Russie, place importante par elle-même, et plus encore par les richesses dont elle était remplie. On croyait qu'elle tiendrait quinze jours, à cause des fortifications que le roi Auguste y avait faites. Le conquérant l'investit le 5 septembre, et le lendemain la prit d'assaut. Tout ce qui osa résister fut passé au fil de l'épée. Les troupes victorieuses, et maîtresses de la ville, ne se débandèrent point pour courir au pillage, malgré le bruit des trésors qui étaient dans Léopold : elles se rassemblèrent en bataille dans la grande place. Là ce qui restait de la garnison vint se rendre prisonnier de guerre. Le roi fit publier à son de trompe, que tous ceux des habitants qui auraient des effets appartenant au roi Auguste, ou à ses adhérents, les apportassent eux-mêmes avant la fin du jour, sur peine de la vie. Les mesures furent si bien prises que cet ordre fut obéi : on apporta au roi quatre cents caisses remplies d'or et d'argent monnayé, de vaisselle, et de choses précieuses.

Le commencement du règne de Stanislas fut marqué presque le même jour par un événement bien différent. Quelques affaires qui demandaient absolument sa présence l'avaient obligé de demeurer dans Varsovie : il avait avec lui sa mère, sa femme, et ses deux filles; le cardinal primat, l'évêque de Posnanie, et quelques grands de Pologne, composaient sa nouvelle cour. Elle était gardée par six mille Polonais de l'armée de la couronne, depuis peu passés à son service, mais dont la fidélité n'avait point encore été éprouvée : le général Hoorn, gouverneur de la ville, n'avait d'ailleurs avec lui que quinze cents Suédois. On était à Varsovie dans une tranquillité profonde, et Stanislas comptait en partir dans peu jours pour aller à la conquête de Léopold. Tout à coup il apprend qu'une armée nombreuse approche de la ville : c'était le roi Auguste, qui, par un nouvel effort, et par une des plus belles marches que jamais général ait faites, ayant donné le change au roi de Suède, venait avec vingt mille hommes fondre dans Varsovie, et enlever son rival.

Varsovie n'était pas fortifiée, et les troupes polonaises qui la défendaient étaient peu sûres : Auguste avait des intelligences dans la ville; si Stanislas demeurait il était perdu. Il renvoya sa famille en Posnanie sous la garde des troupes polonaises auxquelles il se fiait le plus. Il crut dans ce désordre avoir perdu sa seconde fille, âgée d'un an; elle fut égarée par sa nourrice, qui, la retrouva dans une écurie où elle avait été abandonnée dans un village voisin : c'est ce que je lui ai entendu conter. Ce fut ce même enfant que la destinée, après de plus grandes vicissitudes, fit depuis reine de France. Plusieurs gentilshommes prirent des chemins différents, le nouveau roi partit lui-même pour aller trouver Charles XII, apprenant de bonne heure à souffrir des disgrâces, et forcé de quitter sa capitale six semaines après y avoir été élu souverain.

Auguste entra dans la capitale en souverain irrité et victorieux. Les habitants, déjà rançonnés par le roi de Suède, le furent encore davantage par Auguste; le palais du cardinal et toutes les maisons des seigneurs confédérés, tous leurs biens à la ville et à la campagne furent livrés au pillage. Ce qu'il y eut de plus étrange dans cette révolution passagère, c'est qu'un nonce du pape, qui était venu avec le roi Auguste, demanda au nom de son maître qu'on lui livrât l'évêque de Posnanie, comme justiciable de la cour de Rome, en qualité d'évêque et de fauteur d'un prince mis sur le trône par les armes d'un luthérien.

La cour de Rome, qui a toujours songé à augmenter son pouvoir temporel à la faveur du spirituel, avait depuis très-longtemps établi en Pologne une espèce de juridiction à la tête de laquelle est le nonce du pape. Ses ministres n'avaient pas manqué de profiter de toutes les conjonctures favorables pour étendre leur pouvoir révéré par la multitude, mais toujours contesté par les plus sages : ils s'étaient attribué le droit de juger toutes les causes des ecclésiastiques, et avaient, surtout dans les temps de troubles, usurpé beaucoup d'autres prérogatives dans lesquelles ils se sont maintenus jusque vers l'année 1728, où l'on a retranché ces abus qui ne sont jamais réformés que lorsqu'ils sont devenus tout à fait intolérables.

Le roi Auguste, bien aise de punir l'évêque de Posnanie avec bienséance et de plaire à la cour de Rome, contre laquelle il se serait élevé en tout autre temps, remit le prélat polonais entre les mains du nonce. L'évêque, après avoir vu piller sa maison, fut porté par des soldats chez le ministre italien et envoyé en Saxe, où il mourut. Le comte de Hoorn essuya dans le château où il était renfermé le feu continuel des ennemis; enfin la place n'étant pas tenable, il se rendit prisonnier de guerre avec ses quinze cents Suédois. Ce fut là le premier avantage qu'eut le roi Auguste dans le torrent de sa mauvaise fortune contre les armes victorieuses de son ennemi.

Ce dernier effort était l'éclat d'un feu qui s'éteint. Ses troupes, assemblées à la hâte, étaient des Polonais prêts à l'abandonner à la première disgrâce, des recrues de Saxons qui n'avaient point encore vu de guerres, des Cosaques vagabonds, plus propres à dépouiller des vaincus qu'à vaincre; tous tremblaient au seul nom du roi de Suède.

Ce conquérant, accompagné du roi Stanislas, alla chercher son ennemi à la tête de l'élite de ses troupes. L'armée saxonne fuyait partout devant lui; les villes lui envoyaient leurs clefs de trente milles à la ronde; il n'y avait point de jour qui ne fût signalé par quelque avantage. Les succès devenaient trop familiers à Charles : il disait que c'était aller à la chasse plutôt que faire la guerre, et se plaignait de ne point acheter la victoire.

Auguste confia pour quelque temps le commandement de son armée au comte Schullembourg, général très-habile, et qui avait besoin de toute son expérience à la tête d'une armée découragée. Il songea plus à conserver les troupes de son maître qu'à les vaincre : il faisait la guerre avec adresse et les deux rois avec vivacité. Il leur déroba des marches, occupa des passages avantageux, sacrifia quelque cavalerie pour donner le temps à son infanterie de se retirer en sûreté. Il sauva ses troupes par des retraites glorieuses devant un ennemi avec lequel on ne pouvait guère alors acquérir que cette espèce de gloire.

A peine arrivé dans le palatinat de Posnanie, il apprend que les deux rois, qu'il croyait à cinquante lieues de lui, avaient fait ces cinquante lieues en neuf jours. Il n'avait que huit mille fantassins et mille cavaliers; il fallait se soutenir contre une armée supérieure, contre le nom du roi de Suède et contre la crainte naturelle que tant de défaites inspiraient aux Saxons. Il avait toujours prétendu, malgré l'avis des généraux allemands, que l'infanterie pouvait résister en pleine campagne, même sans chevaux de frise, à la cavalerie : il en osa faire ce jour-là l'expérience contre cette cavalerie victorieuse commandée par deux rois et par l'élite des généraux suédois. Il se posta si avantageusement qu'il ne put être entouré : son premier rang mit le genou en terre; il était armé de piques et de fusils, les soldats extrêmement serrés présentaient aux chevaux des ennemis une espèce de rempart hérissé de piques et de baïonnettes : le second rang, un peu courbé sur les épaules du premier, tirait par-dessus; et le troisième debout faisait feu en même temps derrière les deux autres. Les Suédois fondirent avec leur impétuosité ordinaire sur les Saxons, qui les attendirent sans s'ébranler : les coups de fusil, de pique et de baïonnette effarouchèrent les chevaux, qui se cabraient au lieu d'avancer; par ce moyen les Suédois n'attaquèrent qu'en désordre, et les Saxons se défendirent en gardant leurs rangs.

Il en fit un bataillon carré long; et, quoique chargé de cinq blessures, il se retira en bon ordre en cette forme, au milieu de la nuit, dans la petite ville de Gurau, à trois lieues du champ de bataille. A peine commençait-il à respirer dans cet endroit que les deux rois paraissent tout à coup derrière lui.

Au delà de Gurau, en tirant vers le fleuve de l'Oder, était un bois épais, au travers duquel le général saxon sauva son infanterie fatiguée; les Suédois, sans se rebuter, le poursuivirent par le bois même, avançant avec difficulté dans des routes à peine praticables pour les gens de pied : les Saxons n'eurent traversé le bois que cinq heures avant la cavalerie suédoise. Au sortir de ce bois coule la rivière de Parts, au pied d'un village nommé Rutsen. Schullembourg avait envoyé en diligence rassembler des bateaux; il fait passer la rivière à sa troupe, qui était déjà diminuée de moitié; les Suédois arrivent dans le temps que Schullembourg était à l'autre bord; jamais vainqueur n'avait poursuivi si vivement son ennemi. La réputation de Schullembourg dépendait d'échapper au roi de Suède; le roi, de son côté, croyait sa gloire intéressée à prendre Schullembourg et le reste de son armée : il ne perd point de temps, il fait passer la cavalerie à un gué. Les Saxons se trouvaient enfermés entre cette rivière de Parts et le grand fleuve de l'Oder, qui prend sa source dans la Silésie et qui est déjà profond et rapide en cet endroit.

La perte de Schullembourg paraissait inévitable; cependant, après avoir sacrifié peu de soldats, il sauva l'Oder pendant la nuit. Il sauva ainsi son armée; et Charles ne put s'empêcher de dire : « Aujourd'hui » Schullembourg nous a vaincus. »

C'est ce même Schullembourg qui fut depuis général des Vénitiens, et à qui la république a érigé une statue dans Corfou pour avoir défendu contre les Turcs ce rempart de l'Italie. Il n'y a que les républiques qui rendent de tels honneurs; les rois ne donnent que des récompenses.

Mais ce qui faisait la gloire de Schullembourg n'était guère utile au roi Auguste. Ce prince abandonna encore une fois la Pologne à ses ennemis; il se retira en Saxe et fit réparer avec précipitation les fortifications de Dresde, craignant déjà, non sans raison, pour la capitale de ses États héréditaires.

Charles XII voyait la Pologne soumise; ses généraux, à son exemple, venaient de battre en Courlande plusieurs petits corps saxons qui, depuis la grande bataille de Narva, ne se montraient plus que par pelotons, et qui dans ces quartiers ne faisaient la guerre que comme des Tartares vagabonds, qui pillent, qui fuient, et qui reparaissent pour fuir encore.

Partout où se trouvaient les Suédois ils se croyaient sûrs de la victoire quand ils étaient vingt contre cent. Dans de si heureuses conjonctures, Stanislas prépara son couronnement. La fortune, qui l'avait fait élire à Varsovie, et qui l'en avait chassé, l'y rappela encore aux acclamations d'une foule de noblesse que le sort des armes lui attachait; une diète y fut convoquée, tous les obstacles y furent aplanis; il n'y eut que la cour de Rome seule qui la traversa.

Il était naturel qu'elle se déclarât pour le roi Auguste, qui de protestant s'était fait catholique pour monter sur le trône, contre Stanislas placé sur le même trône par un grand ennemi de la religion catholique. Clément XI, alors pape, envoya des brefs à tous les prélats de Pologne, et surtout au cardinal primat, par lesquels il les menaçait de l'excommunication, s'ils osaient assister au sacre de Stanislas, et attenter en rien contre les droits du roi Auguste.

Si ces brefs parvenaient aux évêques qui étaient à Varsovie, il était à craindre que quelques-uns n'obéissent par faiblesse, et que la plupart ne s'en prévalussent pour se rendre plus difficiles à mesure qu'ils seraient plus nécessaires. On avait donc pris toutes les précautions pour empêcher que les lettres du pape ne fussent reçues dans Varsovie. Un franciscain reçut secrètement les brefs pour les délivrer en mains propres aux prélats : il en donna d'abord un au suffragant de Chelm; ce prélat, très-attaché à Stanislas, le porta au roi tout cacheté. Le roi fit venir le religieux, et lui demanda comment il avait osé se charger d'une telle pièce. Le franciscain répondit que c'était par l'ordre de son général. Stanislas lui ordonna d'écouter désormais les ordres de son roi préférablement à ceux du général des franciscains, et le fit sortir dans le moment de la ville.

Le même jour on publia un placard du roi de Suède par lequel il était défendu à tous ecclésiastiques séculiers et réguliers dans Varsovie, sous des peines très-grièves, de se mêler des affaires d'État : pour plus de sûreté il fit mettre des gardes aux portes de tous les prélats, et défendit qu'aucun étranger entrât dans la ville. Il prenait sur lui ces petites sévérités, afin que Stanislas ne fût point brouillé avec le clergé à son avénement : il disait qu'il se délassait de ses fatigues militaires en arrêtant les intrigues de la cour romaine; et qu'on se battait contre elle avec du papier, au lieu qu'il fallait attaquer les autres souverains avec des armes véritables.

Le cardinal primat était sollicité par Charles et par Stanislas de venir faire la cérémonie du couronnement. Il ne crut pas devoir quitter Dantzick pour sacrer un roi qu'il n'avait point voulu élire; mais comme sa politique était de ne jamais rien faire sans prétexte, il voulut préparer une excuse légitime à son refus : il fit afficher pendant la nuit le bref du pape à la porte de sa propre maison; le magistrat de Dantzick indigné fit chercher les coupables, qu'on ne trouva point : le primat feignait d'être irrité, et était fort content; il avait une raison pour ne point sacrer le nouveau roi, et se ménageait en même temps avec Charles XII, Auguste, Stanislas et le pape. Il mourut peu de jours après, laissant son pays dans une confusion affreuse, et n'ayant réussi par toutes ses intrigues qu'à se brouiller à la fois avec les trois rois, Charles, Auguste et Stanislas, avec sa république, et avec le pape, qui lui avait ordonné de venir à Rome rendre compte de sa conduite; mais comme les politiques même ont quelquefois des remords dans leurs derniers moments, il écrivit au roi Auguste, en mourant, pour lui demander pardon.

Le sacre se fit tranquillement et avec pompe dans la ville de Varsovie, malgré l'usage où l'on est en Pologne de couronner les rois à Cracovie. Stanislas Leczinsky et sa femme Charlotta Opalinska furent sacrés roi et reine de Pologne par les mains de l'archevêque de Léopold, assisté de beaucoup d'autres prélats. Charles XII vit cette cérémonie *incognito*, unique fruit qu'il retirait de ses conquêtes.

Tandis qu'il donnait un roi à la Pologne soumise, que le Danemark n'osait le troubler, que le roi de Prusse recherchait son amitié, et que le roi Auguste se retirait dans ses États héréditaires, le czar devenait de jour en jour plus redoutable; il avait faiblement secouru Auguste en Pologne, mais il avait fait de puissantes diversions en Ingrie.

Pour lui, non-seulement il commençait à être grand homme de guerre, mais même à montrer l'art à ses Moscovites : la discipline s'établissait dans ses troupes; il avait de bons ingénieurs, une artillerie bien servie, beaucoup de bons officiers; il savait le grand art de faire subsister des armées : quelques-uns de ses généraux avaient appris et à bien combattre, et, selon le besoin, à ne combattre pas; bien plus, il avait formé une marine capable de faire tête aux Suédois dans la mer Baltique.

Fort de tous ces avantages dus à son seul génie, et de l'absence du roi de Suède, il prit Narva d'assaut après un siége régulier, et après avoir empêché qu'elle ne fût secourue par mer et par terre. Les soldats, maîtres de la ville, coururent au pillage; ils s'abandonnèrent aux barbaries les plus énormes : le czar courait de tous côtés pour arrêter le désordre et le massacre; il arracha lui-même des femmes des mains des soldats qui les allaient égorger après les avoir violées, il fut même obligé de tuer de sa main quelques Moscovites qui n'écoutaient point ses ordres. On montre encore à Narva, dans l'hôtel de ville, la table sur laquelle il posa son épée en entrant, et l'on se ressouvient des paroles qu'il adressa aux citoyens qui s'y rassemblèrent : « Ce n'est point du sang des habitants que cette épée est teinte, mais » de celui des Moscovites que j'ai répandu pour sauver vos vies. »

Si le czar avait toujours eu cette humanité, c'était le premier des hommes. Il aspirait à plus qu'à détruire des villes, il en fondait une alors, peu loin de Narva même, au milieu de ses nouvelles conquêtes; c'était la ville de Pétersbourg, dont il fit depuis sa résidence et le centre du commerce : elle est située, entre la Finlande et l'Ingrie, dans une île marécageuse, autour de laquelle la Néva se divise en plusieurs

bras avant de tomber dans le golfe de Finlande ; lui-même traça le
plan de la ville, de la forteresse, du port, des quais qui l'embellissent
et des forts qui en défendent l'entrée. Cette île inculte et déserte, qui
n'était qu'un amas de boue pendant le court été de ces climats, et
dans l'hiver qu'un étang glacé, où l'on ne pouvait aborder par terre
qu'à travers des forêts sans route et des marais profonds, et qui n'avait
été jusqu'alors que le repaire des loups et des ours, fut remplie, en
1703, de plus de trois cent mille hommes, que le czar avait rassem-
biés de ses États. Les paysans du royaume d'Astracan, et ceux qui
habitent les frontières de la Chine, furent transportés à Pétersbourg.
Il fallut percer des forêts, faire des chemins, sécher des marais, élever
des digues, avant de jeter les fondements de la ville : la nature fut
forcée partout. Le czar s'obstina à peupler un pays qui semblait n'être

Charles XII a son cheval tué sous lui.

pas destiné pour des hommes : ni les inondations qui ruinèrent ses
ouvrages, ni la stérilité du terrain, ni l'ignorance des ouvriers, ni la
mortalité même, qui fit périr deux cent mille hommes dans ces commencements, ne lui firent point changer de résolution ; la ville fut
fondée parmi les obstacles que la nature, le génie des peuples et une
guerre malheureuse y apportaient. Pétersbourg était déjà une ville en
1705, et son port était rempli de vaisseaux : l'empereur y attirait les
étrangers par des bienfaits, distribuant des terres aux uns, donnant
des maisons aux autres, et encourageant tous les arts, qui venaient
adoucir ce climat sauvage. Surtout il avait rendu Pétersbourg inaccessible aux efforts des ennemis : les généraux suédois, qui battaient souvent ses troupes partout ailleurs, n'avaient pu endommager cette co-
lonie naissante ; elle était tranquille au milieu de la guerre qui l'en-
vironnait.
    Le czar, en se créant ainsi de nouveaux États, tendait toujours la
main au roi Auguste qui perdait les siens : il lui persuada par le général Patkul, passé depuis peu au service de Moscovie, et alors ambassadeur du czar en Saxe, de venir à Grodno conférer encore une
fois avec lui sur l'état malheureux de ses affaires. Le roi Auguste y
vint avec quelques troupes, accompagné du général Schullembourg,
que son passage de l'Oder avait rendu illustre dans le Nord, et en
qui il mettait sa dernière espérance. Le czar y arriva, faisant marcher
après lui une armée de soixante et dix mille hommes. Les deux monarques firent de nouveaux plans de guerre. Le roi Auguste détrôné
ne craignait plus d'irriter les Polonais en abandonnant leur pays aux
troupes moscovites : il fut résolu que l'armée du czar se diviserait en
plusieurs corps pour arrêter le roi de Suède à chaque pas. Ce fut dans
le temps de cette entrevue que le roi Auguste renouvela l'ordre de
l'Aigle Blanc ; faible ressource alors pour lui attacher quelques seigneurs polonais plus avides d'avantages réels que d'un vain honneur,
qui devient ridicule quand on le tient d'un prince qui n'est roi que de
nom. La conférence des deux rois finit d'une manière extraordinaire :
le czar partit soudainement, et laissa ses troupes à son allié, pour

courir éteindre lui-même une rébellion dont il était menacé à Astracan. A peine était-il parti que le roi Auguste ordonna que Patkul fût
arrêté à Dresde. Toute l'Europe fut surprise qu'il osât, contre le droit
des gens, et en apparence contre ses intérêts, mettre en prison l'ambassadeur du seul prince qui le protégeait.
    Voici le nœud secret de cet événement, selon ce que le maréchal
de Saxe, fils du roi Auguste, m'a fait l'honneur de me dire. Patkul,
proscrit en Suède pour avoir soutenu les priviléges de la Livonie, sa
patrie, avait été général du roi Auguste ; mais son esprit vif et altier
s'accommodant mal des hauteurs du général Fleming, favori du roi,
plus impérieux et plus vif que lui, il avait passé au service du czar,
dont il était alors général et ambassadeur auprès d'Auguste. C'était un
esprit pénétrant ; il avait démêlé que les vues de Fleming et du
chancelier de Saxe étaient de proposer la paix au roi de Suède à quelque prix que ce fût : il forma aussitôt le dessein de les prévenir, de
ménager un accommodement entre le czar et la Suède. Le chancelier
éventa son projet, et obtint qu'on se saisit de sa personne : le roi
Auguste dit au czar que Patkul était un perfide qui les trahissait tous
deux. Il n'était pourtant coupable que d'avoir trop bien servi son nouveau maître ; mais un service rendu mal à propos est souvent puni
comme une trahison.
    Cependant, d'un côté, les soixante mille Russes, divisés en plusieurs
petits corps, brûlaient et ravageaient les terres des partisans de Stanislas ; de l'autre, Schullembourg s'avançait avec ses nouvelles troupes :
la fortune des Suédois dissipa ces deux armées en moins de deux mois.
Charles XII et Stanislas attaquèrent les corps séparés des Moscovites
l'un après l'autre, mais si vivement qu'un général moscovite était
battu avant qu'il sût la défaite de son compagnon.
    Nul obstacle n'arrêtait le vainqueur ; s'il se trouvait une rivière en-
tre les ennemis et lui, Charles XII et ses Suédois la passaient à la nage.
Un parti suédois prit le bagage d'Auguste, où il y avait deux cent
mille écus d'argent monnayé ; Stanislas saisit huit cent mille ducats
appartenant au prince Menzikoff, général moscovite : Charles, à la
tête de sa cavalerie, fit trente lieues en vingt-quatre heures, chaque
cavalier menant un cheval en main pour le monter quand le sien serait
rendu. Les Moscovites épouvantés, et réduits à un petit nombre,
fuyaient en désordre au delà du Borysthène.

Charles XII et le g'néral Lieven.

    Tandis que Charles chassait devant lui les Moscovites jusqu'au fond
de la Lithuanie, Schullembourg repassa enfin l'Oder et vint à la tête
de vingt mille hommes présenter la bataille au grand maréchal Renschild, qui passait pour le meilleur général de Charles XII, et que l'on
appelait le Parménion de l'Alexandre du Nord. Ces deux illustres généraux, qui semblaient participer à la destinée de leurs maîtres, se
rencontrèrent, assez près de Punits, dans un lieu nommé Frauenstad,
territoire déjà fatal aux troupes d'Auguste. Renschild y avait treize
bataillons et vingt-deux escadrons, qui faisaient en tout près de dix
mille hommes ; Schullembourg en avait une fois autant. Il est à
marquer qu'il y avait dans son armée un corps de six à sept mille Mos-

covites, que l'on avait longtemps disciplinés, et sur lesquels on comptait comme sur des soldats aguerris. Cette bataille de Frauenstad se donna le 12 février 1706; mais ce même général Schullembourg, qui avec quatre mille hommes avait en quelque façon troublé la fortune du roi de Suède, succomba sous celle du général Renschild. Le combat ne dura pas un quart d'heure; les Saxons ne résistèrent pas un moment; les Moscovites jetèrent leurs armes dès qu'ils virent les Suédois : l'épouvante fut si subite, et le désordre si grand, que les vainqueurs trouvèrent sur le champ de bataille sept mille fusils tout chargés qu'on avait jetés à terre sans tirer. Jamais déroute ne fut plus prompte, plus complète, et plus honteuse; et cependant jamais général n'avait fait une si belle disposition que Schullembourg, de l'aveu de tous les officiers saxons et suédois, qui virent en cette journée combien la prudence humaine est peu maîtresse des événements.

Parmi les prisonniers se trouva un régiment entier de Français. Ces infortunés avaient été pris par les troupes de Saxe, l'an 1704, à cette fameuse bataille de Hochstet, si funeste à la grandeur de Louis XIV : ils avaient passé depuis au service du roi Auguste, qui en avait fait un régiment de dragons, et en avait donné le commandement à un Français de la maison de Joyeuse. Le colonel fut tué à la première ou plutôt à la seule décharge des Suédois; le régiment tout entier fut fait prisonnier de guerre. Dès le jour même ces Français demandèrent à servir Charles XII; et ils furent reçus à son service, par une destinée singulière qui les réservait à changer encore de vainqueur et de maître.

À l'égard des Moscovites, ils demandèrent la vie à genoux; mais on les massacra inhumainement plus de six heures après le combat, pour punir sur eux les violences de leurs compatriotes, et pour se débarrasser de ces prisonniers dont on n'eût su que faire.

Auguste se vit alors sans ressources. Il ne lui restait plus que Cracovie, où il s'était enfermé avec deux régiments de Moscovites, deux de Saxons, et quelques troupes de l'armée de la couronne, par lesquelles même il craignait d'être livré au vainqueur; mais son malheur fut au comble quand il sut que Charles XII était enfin entré en Saxe le 1er septembre 1706.

Il avait traversé la Silésie sans daigner seulement en faire avertir la cour de Vienne. L'Allemagne était consternée : la diète de Ratisbonne, qui représente l'Empire, mais dont les résolutions sont souvent aussi infructueuses que solennelles, déclara le roi de Suède ennemi de l'Empire s'il passait au delà de l'Oder avec son armée; cela même le détermina à venir plus tôt en Allemagne.

À son approche les villages furent déserts; les habitants fuyaient de tous côtés. Charles en usa alors comme à Copenhague; il fit afficher partout qu'il n'était venu que pour donner la paix, que tous ceux qui reviendraient chez eux et qui payeraient les contributions qu'il ordonnerait, seraient traités comme ses propres sujets, et les autres poursuivis sans quartier. Cette déclaration d'un prince qu'on savait n'avoir jamais manqué à sa parole, fit revenir en foule tous ceux que la peur avait écartés. Il choisit son camp à Altranstadt, près de la campagne de Lutzen, champ de bataille fameux par la victoire et par la mort de Gustave-Adolphe. Il alla voir la place où ce grand homme avait été tué. Quand on l'eut conduit sur le lieu : « J'ai tâché, dit-il, de vivre comme lui; Dieu m'accordera peut-être un jour une mort aussi glorieuse. »

De ce camp il ordonna aux états de Saxe de s'assembler, et de lui envoyer sans délai les registres des finances de l'électorat. Dès qu'il les eut en son pouvoir, et qu'il fut informé au juste de ce que la Saxe pouvait fournir, il la taxa à six cent vingt-cinq mille risdales par mois.

Charles XII combattant au milieu des Russes.

Outre cette contribution, les Saxons furent obligés de fournir à chaque soldat suédois deux livres de viande, deux livres de pain, deux pots de bière, et quatre sous par jour, avec du fourrage pour la cavalerie. Les contributions ainsi réglées, le roi établit une nouvelle police pour garantir les Saxons des insultes de ses soldats : il ordonna, dans toutes les villes où il mit garnison, que chaque hôte chez qui les soldats logeraient donnerait des certificats tous les mois de leur conduite, faute de quoi le soldat n'aurait point sa paye; de plus, des inspecteurs allaient tous les quinze jours de maison en maison s'informer si les Suédois n'avaient point commis de dégât : ils avaient soin de dédommager les hôtes et de punir les coupables.

On sait sous quelle discipline sévère vivaient les troupes de Charles XII; qu'elles ne pillaient pas les villes prises d'assaut avant d'en avoir reçu la permission, qu'elles allaient même au pillage avec ordre, et le quittaient au premier signal. Les Suédois se vantent aujourd'hui de la discipline qu'ils observèrent en Saxe, et cependant les Saxons se plaignent des dégâts affreux qu'ils y commirent; contradictions qu'il serait impossible de concilier, si l'on ne savait combien les hommes voient différemment les mêmes objets : il était bien difficile que les vainqueurs n'abusassent quelquefois de leurs droits, et que les vaincus ne prissent les plus légères lésions pour des brigandages barbares. Un jour le roi se promenant à cheval près de Leipsik, un paysan saxon vint se jeter à ses pieds pour lui demander justice d'un grenadier qui venait de lui enlever ce qui était destiné pour le dîner de sa famille. Le roi fit venir le soldat : « Est-il vrai, dit-il d'un visage sévère, que vous avez volé cet homme? — Sire, dit le soldat, je ne lui ai pas fait tant de mal que Votre Majesté en a fait à son maître; vous lui avez ôté un royaume, et je n'ai pris à ce manant qu'un dindon. » Le roi donna dix ducats de sa main au paysan, et pardonna au soldat en faveur de la hardiesse du bon mot, en lui disant : « Souviens-toi, mon ami, que si j'ai ôté un royaume au roi Auguste, je n'en ai rien pris pour moi. »

La grande foire de Leipsik se tint comme à l'ordinaire; les marchands y vinrent avec une sûreté entière : on ne vit pas un seul soldat suédois dans la foire; on eût dit que l'armée du roi de Suède n'était en Saxe que pour veiller à la conservation du pays. Il commandait dans tout l'électorat avec un pouvoir aussi absolu et une tranquillité aussi profonde que dans Stokholm.

Le roi Auguste, errant dans la Pologne, privé à la fois de son royaume et de son électorat, écrivit enfin une lettre de sa main à Charles XII pour lui demander la paix. Il chargea le baron d'Imbof d'aller porter la lettre, conjointement avec M. Fingsten, référendaire du conseil privé; il leur donna à tous deux ses pleins pouvoirs et son blanc signé : « Allez, leur dit-il en propres mots, tâchez de m'obtenir des conditions raisonnables et chrétiennes. » Il était réduit à la nécessité de cacher ses démarches pour la paix, et de ne recourir à la médiation d'aucun prince; car étant alors en Pologne à la merci des Moscovites, il craignait avec raison que le dangereux allié qu'il abandonnait ne se vengeât sur lui de sa soumission au vainqueur. Ses deux plénipotentiaires arrivèrent de nuit au camp de Charles XII: ils eurent une audience secrète. Le roi lut la lettre : « Messieurs, dit-il aux plénipotentiaires, vous aurez dans un moment ma réponse. » Il se retira aussitôt dans son cabinet, et il écrivit ce qui suit :

« Je consens de donner la paix aux conditions suivantes, auxquelles il ne faut pas s'attendre que je change rien :

» I. Que le roi Auguste renonce pour jamais à la couronne de Pologne; qu'il reconnaisse Stanislas pour légitime roi; et qu'il promette de ne jamais songer à remonter sur le trône, même après la mort de Stanislas.

» II. Qu'il renonce à tous autres traités, et particulièrement à ceux qu'il a faits avec la Moscovie.

» III. Qu'il renvoie avec honneur en mon camp les princes Sobiesky, et tous les prisonniers qu'il a pu faire.

» Qu'il me livre tous les déserteurs qui ont passé à son service, et nommément Jean Patkul, et qu'il cesse toute procédure contre ceux qui de son service ont passé dans le mien. »

Il donna ce papier au comte Piper, le chargeant de négocier le reste avec les plénipotentiaires du roi Auguste. Ils furent épouvantés de la dureté de ces propositions : ils mirent en usage le peu d'art qu'on peut employer quand on est sans pouvoir, pour tâcher de fléchir la rigueur du roi de Suède. Ils eurent plusieurs conférences avec le comte Piper. Ce ministre ne répondit autre chose à toutes leurs insinuations, sinon : « Telle est la volonté du roi mon maître ; il ne change jamais ses résolutions. »

Tandis que cette paix se négociait sourdement en Saxe, la fortune sembla mettre le roi Auguste en état d'en obtenir une plus honorable, et de traiter avec son vainqueur sur un pied égal.

Le prince Menzikoff, généralissime des armées moscovites, vint avec trente mille hommes le trouver en Pologne, dans le temps que non-seulement il ne souhaitait plus ses secours, mais que même il les craignait ; il avait avec lui quelques troupes polonaises et saxonnes, qui faisaient en tout six mille hommes. Environné avec ce petit corps de l'armée du prince Menzikoff, il avait tout à redouter en cas qu'on découvrît sa négociation ; il se voyait en même temps détrôné par son ennemi, et en danger d'être arrêté prisonnier par son allié. Dans cette circonstance délicate, l'armée se trouva en présence d'un des généraux suédois, nommé Meyerfeld, qui était à la tête de dix mille hommes à Calish, près du palatinat de Posnanie. Le prince Menzikoff pressa le roi Auguste de donner bataille. Le roi, très-embarrassé, différa sous divers prétextes ; car quoique les ennemis fussent trois fois moins forts que lui, il y avait quatre mille Suédois dans l'armée de Meyerfeld, et c'en était assez pour rendre l'événement douteux. Donner bataille aux Suédois pendant les négociations, la perdre, c'était creuser l'abîme où il était. Il prit le parti d'envoyer un homme de confiance au général ennemi, pour lui donner part du secret de la paix, et l'avertir de se retirer ; mais cet avis eut un effet tout contraire à ce qu'il en attendait : le général Meyerfeld crut qu'on lui tendait un piège pour l'intimider, et sur cela seul il se résolut à risquer le combat.

Les Russes vainquirent ce jour-là les Suédois en bataille rangée pour la première fois. Cette victoire, que le roi Auguste remporta presque malgré lui, fut complète : il entra triomphant, au milieu de sa mauvaise fortune, dans Varsovie, autrefois sa capitale, ville alors démantelée et ruinée, prête à recevoir le vainqueur quel qu'il fût, et à reconnaître le plus fort pour son roi. Il fut tenté de saisir ce moment de prospérité, et d'aller attaquer en Saxe le roi de Suède avec l'armée moscovite ; mais ayant réfléchi que Charles XII était à la tête d'une armée suédoise jusqu'alors invincible ; que les Russes l'abandonneraient au premier bruit de son traité commencé ; que la Saxe, son pays héréditaire, déjà épuisée d'argent et d'hommes, serait ravagée également par les Suédois et par les Moscovites ; que l'Empire, occupé de la guerre contre la France, ne pouvait le secourir ; qu'il demeurerait sans États, sans argent, sans amis : il conçut qu'il fallait fléchir sous la loi qu'imposait le roi de Suède. Cette loi ne devint que plus dure quand Charles eut appris que le roi Auguste avait attaqué ses troupes pendant la négociation. Sa colère et le plaisir d'humilier davantage un ennemi qui venait de le vaincre, le rendirent plus inflexible sur tous les articles du traité. Ainsi la victoire du roi Auguste ne servit qu'à mettre sa situation plus malheureuse ; ce qui peut-être n'était jamais arrivé qu'à lui.

Il venait de faire chanter le Te Deum dans Varsovie, lorsque Fingsten, l'un de ses plénipotentiaires, arriva de Saxe avec le traité de paix qui lui ôtait la couronne. Auguste hésita, mais il signa, et partit pour la Saxe, dans la vaine espérance que sa présence pourrait fléchir le roi de Suède, et que son ennemi se souviendrait peut-être des anciennes alliances de leurs maisons et du sang qui les unissait.

Ces deux princes se virent pour la première fois dans un lieu nommé Gutersdorf, au quartier du comte Piper, sans aucune cérémonie. Charles XII était en grosses bottes, ayant pour cravate un taffetas noir qui lui serrait le cou ; son habit était, comme à l'ordinaire, d'un gros drap bleu, avec des boutons de cuivre doré. Il portait au côté une longue épée qui lui avait servi à la bataille de Narva, et sur le pommeau de laquelle il s'appuyait souvent. La conversation ne roula que sur ses grosses bottes ; Charles XII dit au roi Auguste qu'il ne les avait quittées depuis six ans que pour se coucher : ces bagatelles furent le seul entretien de deux rois dont l'un ôtait une couronne à l'autre. Auguste surtout parlait avec un air de complaisance et de satisfaction, que les princes et les hommes accoutumés aux grandes affaires savent prendre au milieu des mortifications les plus cruelles. Les deux rois dînèrent deux fois ensemble. Charles XII affecta toujours de donner la droite au roi Auguste ; mais loin de rien relâcher de ses demandes, il en fit encore de plus dures. C'était déjà beaucoup qu'un souverain fût forcé à livrer un général d'armée, un ministre public ; c'était un grand abaissement d'être obligé d'envoyer

à son successeur Stanislas les pierreries et les archives de la couronne : mais ce fut le comble à cet abaissement, d'être réduit enfin à féliciter de son avénement au trône celui qui allait s'y asseoir à sa place. Charles exigea une lettre d'Auguste à Stanislas : le roi détrôné se le fit dire plus d'une fois ; mais Charles voulait cette lettre, et il fallait l'écrire. La voici telle que je l'ai vue depuis peu, copiée fidèlement sur l'original, que le roi Stanislas garde encore.

« MONSIEUR ET FRÈRE,

» Nous avions jugé qu'il n'était pas nécessaire d'entrer dans un commerce particulier de lettres avec Votre Majesté ; cependant, pour faire plaisir à Sa Majesté Suédoise, et afin qu'on ne nous impute pas que nous faisons difficulté de satisfaire à son désir, nous vous félicitons par celle-ci de votre avénement à la couronne, et vous souhaitons que vous trouviez dans votre patrie des sujets plus fidèles que ceux que nous y avons laissés. Tout le monde nous fera la justice de croire que nous n'avons été payé que d'ingratitude pour tous nos bienfaits, et que la plupart de nos sujets ne sont appliqués qu'à avancer notre ruine. Nous souhaitons que vous ne soyez pas exposé à de pareils malheurs, vous remettant à la protection de Dieu.

» A Dresde, le 8 avril 1707.

» Votre frère et voisin, AUGUSTE roi. »

Il fallut qu'Auguste ordonnât lui-même à tous ses officiers de magistrature de ne plus le qualifier de roi de Pologne, et qu'il fît effacer des prières publiques ce titre auquel il renonçait. Il eut moins de peine à élargir les Sobiesky ; ces princes au sortir de leur prison refusèrent de le voir ; mais le sacrifice de Patkul fut ce qui dut lui coûter davantage : d'un côté le czar le redemandait hautement, comme son ambassadeur ; de l'autre le roi de Suède exigeait en menaçant qu'on le lui livrât. Patkul était alors enfermé dans le château de Kœnigstein en Saxe. Le roi Auguste crut pouvoir satisfaire Charles XII et son honneur en même temps : il envoya des gardes pour livrer ce malheureux aux troupes suédoises ; mais auparavant il envoya au gouverneur de Kœnigstein un ordre secret de laisser échapper son prisonnier. La mauvaise fortune de Patkul l'emporta sur le soin qu'on prenait de le sauver. Le gouverneur sachant que Patkul était très-riche, voulut lui faire acheter sa liberté. Le prisonnier, comptant encore sur le droit des gens, et informé des intentions du roi Auguste, refusa de payer ce qu'il pensait devoir obtenir pour rien. Pendant cet intervalle les gardes commandés pour saisir le prisonnier arrivèrent, et le livrèrent immédiatement à quatre capitaines suédois, qui l'emmenèrent d'abord au quartier général d'Altranstad, où il demeura trois mois attaché à un poteau avec une grosse chaîne de fer ; de là il fut conduit à Casimir.

Charles XII oubliant que Patkul était ambassadeur du czar, et se souvenant seulement qu'il était né son sujet, ordonna au conseil de guerre de le juger avec la dernière rigueur. Il fut condamné à être rompu vif et à être mis en quartiers. Un chapelain vint lui annoncer qu'il fallait mourir, sans lui apprendre le genre du supplice. Alors cet homme qui avait bravé la mort dans tant de batailles, se trouvant seul avec un prêtre, et son courage n'étant plus soutenu par la gloire ni par la colère, sources de l'intrépidité des hommes, répandit amèrement des larmes dans le sein du chapelain. Il était fiancé avec une dame saxonne nommée mad. d'Einsiedel, qui avait de la naissance, du mérite et de la beauté, et qu'il avait compté d'épouser à peu près dans le temps même qu'on le livra au supplice. Il recommanda au chapelain d'aller la trouver pour la consoler, et de l'assurer qu'il mourrait plein de tendresse pour elle. Quand on l'eut conduit au lieu du supplice, et qu'il vit les roues et les pieux dressés, il tomba dans des convulsions de frayeur, et se rejeta dans les bras du ministre, qui l'embrassa en le couvrant de son manteau et en pleurant. Alors un officier suédois lut à haute voix un papier dans lequel étaient ces paroles :

« On fait savoir que l'ordre très-exprès de Sa Majesté, notre seigneur très-clément, est que cet homme, qui est traître à la patrie, soit roué et écartelé pour réparation de ses crimes et pour l'exemple des autres. Que chacun se donne de garde de la trahison et serve son roi fidèlement. » A ces mots de « prince très-clément : » « Quelle clémence ! dit Patkul ; et à ceux de « traître à la patrie » : « Hélas ! dit-il, je l'ai trop bien servie. » Il reçut seize coups, et souffrit le supplice le plus long et le plus affreux qu'on puisse imaginer. Ainsi périt l'infortuné Jean-Reginold Patkul, ambassadeur et général de l'empereur de Russie.

Ceux qui ne voyaient en lui qu'un sujet révolté contre son roi disaient qu'il avait mérité la mort ; ceux qui le regardaient comme un Livonien, né dans une province toujours jalouse de ses priviléges à défendre, et qui se souvenaient qu'il n'était sorti de la Livonie que pour en avoir soutenu les droits, l'appelaient le martyr de la liberté de son pays : tous convenaient d'ailleurs que le titre d'ambassadeur du czar devait rendre sa personne sacrée. Le seul roi de Suède, élevé dans les principes du despotisme, crut n'avoir fait qu'un acte de justice, tandis que toute l'Europe condamnait sa cruauté.

Ses membres coupés en quartiers restèrent exposés sur des poteaux jusqu'en 1713, qu'Auguste étant remonté sur son trône, fit rassembler ces témoignages de la nécessité où il avait été réduit à Altranstad : on les lui apporta à Varsovie dans une cassette, en présence de Buzenval, envoyé de France. Le roi de Pologne montrant la cassette à ce ministre : « Voilà, lui dit-il simplement, les membres de Patkul, » sans rien ajouter pour blâmer ou pour plaindre sa mémoire, et sans que personne de ceux qui étaient présents osât parler sur un sujet si délicat et si triste.

Environ ce temps-là un Livonien nommé Paikel, officier dans les troupes saxonnes, fait prisonnier les armes à la main, venait d'être jugé à mort à Stockholm par arrêt du sénat; mais il n'avait été condamné qu'à perdre la tête. Cette différence de supplices dans le même cas faisait trop voir que Charles, en faisant périr Patkul d'une mort si cruelle, avait plus songé à se venger qu'à punir. Quoi qu'il en soit, Paikel, après sa condamnation, fit proposer au sénat de donner au roi le secret de faire de l'or si on voulait lui pardonner : il fit faire l'expérience de son secret dans la prison en présence du colonel Hamilton et des magistrats de la ville; et soit qu'il eût en effet découvert quelque art utile, soit qu'il n'eût que celui de tromper habilement, ce qui est beaucoup plus vraisemblable, on porta à la monnaie de Stockholm l'or qui se trouva dans le creuset à la fin de l'expérience, et on en fit au sénat un rapport si juridique, et qui parut si important, que la reine aïeule de Charles ordonna de suspendre l'exécution jusqu'à ce que le roi, informé de cette singularité, envoyât ses ordres à Stockholm.

Le roi répondit qu'il avait refusé à ses amis la grâce du criminel, et qu'il n'accorderait jamais à l'intérêt ce qu'il n'avait pas donné à l'amitié. Cette inflexibilité eut quelque chose d'héroïque dans un prince qui d'ailleurs croyait le secret possible. Le roi Auguste, qui en fut informé, dit : « Je ne m'étonne pas que le roi de Suède ait tant d'indifférence pour la pierre philosophale, il l'a trouvée en Saxe. »

Quand le czar eut appris l'étrange paix que le roi Auguste, malgré leurs traités, avait conclue à Altranstad, et que Patkul, son ambassadeur plénipotentiaire, avait été livré au roi de Suède au mépris des lois des nations, il fit éclater ses plaintes dans toutes les cours de l'Europe : il écrivit à l'empereur d'Allemagne, à la reine d'Angleterre, aux états généraux des Provinces-Unies; il appelait lâcheté et perfidie la nécessité douloureuse sous laquelle Auguste avait succombé; il conjura toutes les puissances d'interposer leur médiation pour lui faire rendre son ambassadeur, et pour prévenir l'affront qu'on allait faire en sa personne à toutes les têtes couronnées; il les pressa par le motif de leur honneur de ne pas s'avilir jusqu'à donner à la paix d'Altranstad une garantie que Charles XII leur arrachait en menaçant. Ces lettres n'eurent d'autre effet que de mieux faire voir la puissance du roi de Suède. L'empereur, l'Angleterre et la Hollande avaient alors à soutenir contre la France une guerre ruineuse; ils ne jugèrent pas à propos d'irriter Charles XII par le refus de la vaine cérémonie de la garantie d'un traité. A l'égard du malheureux Patkul, il n'y eut pas une puissance qui interposât ses bons offices en sa faveur, et qui ne fît voir combien peu un sujet doit compter sur des rois, et combien tous les rois alors craignaient celui de Suède.

On proposa dans le conseil du czar d'user de représailles envers les officiers suédois prisonniers à Moscou : le czar ne voulut point consentir à une barbarie qui eût eu des suites si funestes; il y avait plus de Moscovites prisonniers en Suède que de Suédois en Moscovie.

Il chercha une vengeance plus utile. La grande armée de son ennemi était en Saxe sans agir. Levenhaupt, général du roi de Suède, qui était resté en Pologne à la tête d'environ vingt mille hommes, ne pouvait garder les passages dans un pays sans forteresses et plein de factions. Stanislas était au camp de Charles XII. L'empereur moscovite saisit cette conjoncture, et rentre en Pologne avec plus de soixante mille hommes : il les sépare en plusieurs corps, et marche avec un camp volant jusqu'à Léopold, où il n'y avait point de garnison suédoise. Toutes les villes de Pologne sont à celui qui se présente à leurs portes avec des troupes. Il fit convoquer une assemblée à Léopold, telle à peu près que celle qui avait détrôné Auguste à Varsovie.

La Pologne avait alors deux primats aussi bien que deux rois, l'un de la nomination d'Auguste, l'autre de Stanislas. Le primat nommé par Auguste convoqua l'assemblée de Léopold, où se rendirent tous ceux qui se trouvaient alors abandonnés par la paix d'Altranstad et ceux que l'argent du czar avait gagnés. On proposa d'élire un nouveau souverain. Il s'en fallut peu que la Pologne n'eût alors trois rois sans qu'on eût pu dire quel était le véritable.

Pendant les conférences de Léopold, le czar, lié d'intérêt avec l'empereur d'Allemagne par la crainte commune où ils étaient du roi de Suède, obtint secrètement qu'on lui envoyât beaucoup d'officiers allemands. Ceux-ci venaient de jour en jour augmenter considérablement ses forces en apportant avec eux la discipline et l'expérience. Il les engageait à son service par des libéralités; et, pour mieux encourager ses propres troupes, il donna son portrait enrichi de diamants aux officiers généraux et aux colonels qui avaient combattu à la bataille de Calish; les officiers subalternes eurent des médailles d'or; les simples soldats en eurent d'argent. Ces monuments de la victoire de Calish furent tous frappés dans sa nouvelle ville de Pétersbourg, où les arts fleurissaient à mesure qu'il apprenait à ses troupes à connaître l'émulation et la gloire.

La confusion, la multiplicité des factions, les ravages continuels en Pologne empêchèrent la diète de Léopold de prendre aucune résolution. Le czar la fit transférer à Lublin. Le changement de lieu ne diminua rien des troubles et de l'incertitude où tout le monde était; l'assemblée se contenta de ne reconnaître ni Auguste, qui avait abdiqué, ni Stanislas, élu malgré eux; mais ils ne furent ni assez unis ni assez hardis pour nommer un roi. Pendant ces délibérations inutiles le parti des princes Sapieha, celui d'Oginsky, ceux qui tenaient en secret pour le roi Auguste, les nouveaux sujets de Stanislas se faisaient tous la guerre, pillaient les terres les uns des autres et achevaient la ruine de leur pays. Les troupes suédoises, commandées par Levenhaupt, dont une partie était en Livonie, une autre en Lithuanie, une autre en Pologne, cherchaient toutes les troupes moscovites : elles brûlaient tout ce qui était ennemi de Stanislas. Les Russes ruinaient également amis et ennemis, ne voyaient que des villes en cendres et des troupes errantes de Polonais dépouillés de tout, qui détestaient également et leurs deux rois, et Charles XII, et le czar.

Le roi Stanislas partit d'Altranstad avec le général Renschild, seize régiments suédois et beaucoup d'argent, pour apaiser tous ces troubles en Pologne et se faire reconnaître paisiblement. Il fut reconnu partout où il passa : la discipline de ses troupes, qui faisait mieux sentir la barbarie des Moscovites, lui gagna les esprits; son extrême affabilité lui réunit presque toutes les factions à mesure qu'elle fut connue; son argent lui donna la plus grande partie de l'armée de la couronne. Le czar, craignant de manquer de vivres dans un pays que ses troupes avaient désolé, se retira en Lithuanie, où était le rendez-vous de ses corps d'armée et où il devait établir ses magasins. Cette retraite laissa le roi Stanislas paisible souverain de presque toute la Pologne.

Le seul qui le troublât alors dans ses États était le comte Siniawski, grand général de la couronne de la nomination du roi Auguste. Cet homme, qui avait d'assez grands talents et beaucoup d'ambition, était à la tête d'un tiers parti, il ne reconnaissait ni Auguste ni Stanislas; et après avoir tout tenté pour se faire élire lui-même, il se contentait d'être chef de parti, ne pouvant pas être roi. Les troupes de la couronne, qui étaient demeurées sous ses ordres, n'avaient guère d'autre solde que la liberté de piller impunément leur propre pays. Tous ceux qui craignaient ces brigandages ou qui en souffraient se donnèrent bientôt à Stanislas, dont la puissance s'affermissait de jour en jour.

Le roi de Suède recevait alors dans son camp d'Altranstad les ambassadeurs de presque tous les princes de la chrétienté. Les uns venaient le supplier de quitter les terres de l'Empire; les autres eussent bien voulu qu'il eût tourné ses armes contre l'empereur; le bruit s'était même répandu partout qu'il devait se joindre à la France pour accabler la maison d'Autriche. Parmi tous ces ambassadeurs vint le fameux Jean, duc de Marlborough, de la part d'Anne, reine de la Grande-Bretagne. Cet homme, qui n'a jamais assiégé de ville qu'il n'ait prise, ni donné de bataille qu'il n'ait gagnée, était à Saint-James un adroit courtisan, dans le parlement un chef de parti, dans les pays étrangers le plus habile négociateur de son siècle. Il avait fait autant de mal à la France que son esprit que par ses armes. On a entendu dire au secrétaire des états généraux, M. Fagel, homme d'un très-grand mérite, que d'une fois les états généraux ayant résolu de s'opposer à ce que le duc de Marlborough devait leur proposer, le duc arrivait, leur parlait en français, langue dans laquelle il s'exprimait très-mal, et les persuadait tous : c'est ce que lord Bolingbroke m'a confirmé.

Il soutenait avec le prince Eugène, compagnon de ses victoires, et avec Heinsius, grand pensionnaire de Hollande, tout le poids des entreprises des alliés contre la France. Il savait que Charles était aigri contre l'Empire et contre l'empereur; qu'il était sollicité secrètement par les Français, et que si ce conquérant embrassait le parti de Louis XIV les alliés seraient opprimés.

Il est vrai que Charles avait donné sa parole de ne se mêler en rien de la guerre de Louis XIV contre les alliés; mais le duc de Marlborough ne croyait pas qu'il y eût un prince assez esclave de sa parole pour ne la pas sacrifier à sa grandeur et à son intérêt. Il partit donc de la Haie dans le dessein d'aller sonder les intentions du roi de Suède. M. Fabrice, qui était alors auprès de Charles XII, m'a assuré que le duc de Marlborough, en arrivant, s'adressa secrètement, non pas au comte Piper, premier ministre, mais au baron de Gortz, qui commençait à partager avec Piper la confiance du roi; il arriva même dans le carrosse de ce baron au quartier de Charles XII, et il y eut des froideurs marquées entre lui et le chancelier Piper. Présenté ensuite par Piper, avec Robinson, ministre d'Angleterre, il parla au roi en français : il lui dit qu'il s'estimerait heureux de pouvoir apprendre sous ses ordres ce qu'il ignorait de l'art de la guerre. Le roi ne répondit à ce compliment par aucune civilité, et parut oublier que c'était Marlborough qui lui parlait. Je suis même qu'il trouva que ce grand homme était vêtu d'une manière trop recherchée, et avait l'air trop peu guerrier. La conversation fut fatiguante et générale, Charles XII s'exprimant en suédois et Robinson servant d'interprète. Marlborough, qui ne se hâtait jamais de faire ses propositions et qui avait, par une longue habitude, acquis l'art de démêler les hommes et de pénétrer les rapports qui sont entre leurs plus secrètes pensées, leurs actions, leurs gestes, leurs discours, étudia attentivement le roi. En lui parlant de guerre en général il crut apercevoir dans Charles XII une aversion naturelle pour la France; il remarqua qu'il se plaisait à parler des conquêtes des alliés. Il lui prononça le nom du czar, et vit que les yeux du roi s'allumaient toujours à ce nom, malgré la modération de cette conférence: il aperçut de plus sur une table une carte de Moscovie. Il ne lui en fallut pas davantage pour juger que le véritable dessein du roi de Suède et sa seule ambition étaient de détrôner le czar après le roi de Pologne. Il comprit que si ce prince restait en Saxe c'était pour imposer quelques conditions un peu dures à l'empereur d'Allemagne. Il savait bien que l'empereur ne résisterait pas, et qu'ainsi les affaires se termineraient aisément. Il laissa Charles XII à son penchant naturel; et, satisfait de l'avoir pénétré, il ne lui fit aucune proposition. Ces particularités m'ont été confirmées par madame la duchesse de Marlborough, sa veuve, encore vivante [1].

Comme peu de négociations s'achèvent sans argent et qu'on voit quelquefois des ministres qui vendent la haine ou la faveur de leur maître, on crut dans toute l'Europe que le duc de Marlborough n'avait réussi auprès du roi de Suède qu'en donnant à propos une grosse somme au comte Piper; et la mémoire de ce Suédois est restée flétrie jusqu'aujourd'hui. Pour moi, qui ai remonté autant qu'il m'a été possible à la source de ce bruit, j'ai su que Piper avait reçu un présent médiocre de l'empereur par les mains du comte de Wratislau, avec le consentement du roi son maître, et rien du duc de Marlborough. Il est certain que Charles était inflexible dans le dessein d'aller détrôner l'empereur des Russes, qu'il ne recevait alors conseil de personne, et qu'il n'avait pas besoin des avis du comte Piper pour prendre de Pierre Alexiowitz une vengeance qu'il cherchait depuis si longtemps.

Enfin ce qui achève de justifier ce ministre, c'est l'honneur rendu longtemps après à sa mémoire par Charles XII, qui, ayant appris que Piper était mort en Russie, fit transporter son corps à Stockholm, et lui ordonna à ses dépens des obsèques magnifiques.

Le roi, qui n'avait point encore éprouvé de revers, ni même de retardement dans ses succès, croyait qu'une année lui suffirait pour détrôner le czar, et qu'il pourrait ensuite revenir sur ses pas s'ériger en arbitre de l'Europe; mais il voulait auparavant humilier l'empereur d'Allemagne.

Le baron de Stralheim, envoyé de Suède à Vienne, avait eu dans un repas une querelle avec le comte de Zobor, chambellan de l'empereur: celui-ci ayant refusé de boire à la santé du roi de Suède, et ayant dit durement que ce prince en usait trop mal avec son maître, Stralheim lui avait donné un démenti et un soufflet, et avait osé, après cette insulte, demander réparation à la cour impériale. La crainte de déplaire au roi de Suède avait forcé l'empereur à bannir son sujet, qu'il devait venger. Charles XII ne fut pas satisfait; il voulut qu'on lui livrât le comte de Zobor. La fierté de la cour de Vienne fut obligée de fléchir; on mit le comte entre les mains du roi, qui le renvoya, après l'avoir gardé quelque temps prisonnier à Stettin.

Il demanda de plus, contre toutes les lois des nations, qu'on lui livrât quinze cents malheureux Moscovites, qui, ayant échappé à ses armes, avaient fui jusque au sein de l'Empire. Il fallut encore que la cour de Vienne consentît à cette étrange demande; et si l'envoyé moscovite à Vienne n'avait adroitement fait évader ces malheureux par divers chemins, ils étaient tous livrés à leur ennemi.

La troisième et la dernière de ses demandes fut la plus forte. Il se déclara le protecteur des sujets protestants de l'empereur en Silésie, province appartenant à la maison d'Autriche, non à l'Empire. Il voulut que l'empereur leur accordât les libertés et les privilèges, établis à la vérité par les traités de Westphalie, mais éteints, ou du moins diminués par ceux de Rysvick. L'empereur, qui ne cherchait qu'à éloigner un voisin si dangereux, plia encore, et accorda tout ce qu'on voulut. Les luthériens de Silésie eurent plus de cent églises, que les catholiques furent obligés de leur céder par ce traité; mais beaucoup de ces concessions, que leur assurait la fortune du roi de Suède, leur furent ravies dès qu'il ne fut plus en état d'imposer des lois.

L'empereur, qui fit ces concessions forcées, et qui plia en tout sous la volonté de Charles XII, s'appelait Joseph; il était fils aîné de Léopold, et frère de Charles VI, qui lui succéda depuis. L'internonce du pape, qui résidait alors auprès de Joseph, lui fit des reproches fort vifs de ce qu'un empereur catholique comme lui avait fait céder l'intérêt de sa propre religion à ceux des hérétiques. « Vous êtes bien heureux, lui répondit l'empereur en riant, que le roi de Suède ne m'ait pas proposé de me faire luthérien; car, s'il l'avait voulu, je ne sais pas ce que j'aurais fait. »

Le comte de Wratislau, son ambassadeur auprès de Charles XII, apporta à Leipsick le traité en faveur des Silésiens, signé de la main de son maître. Alors Charles dit qu'il était le meilleur ami de l'empereur: cependant il ne sut pas sans dépit que Rome eût traversé autant qu'elle l'avait pu. Il regardait avec mépris la faiblesse de cette cour, qui, ayant aujourd'hui la moitié de l'Europe pour ennemie irréconciliable, est toujours en défiance de l'autre, et ne soutient son crédit que par l'habileté des négociations; cependant il songeait à se venger d'elle. Il dit au comte de Wratislau que les Suédois avaient

autrefois subjugué Rome, et qu'ils n'avaient pas dégénéré comme elle. Il fit avertir le pape qu'il lui redemanderait un jour les effets que la reine Christine avait laissés à Rome. On ne sait jusqu'où ce jeune conquérant eût porté ses ressentiments et ses armes, si la fortune eût secondé ses desseins. Rien ne lui paraissait alors impossible: il avait même envoyé secrètement plusieurs officiers en Asie, et jusque dans l'Égypte, pour lever le plan des villes, et l'informer des forces de ces États. Il est certain que si quelqu'un eût pu renverser l'Empire des Persans et des Turcs, et passer ensuite en Italie, c'était Charles XII. Il était aussi jeune qu'Alexandre, aussi guerrier, aussi entreprenant, plus infatigable, plus robuste et plus tempérant, et les Suédois valaient peut-être mieux que les Macédoniens; mais de pareils projets, qui sont traités de divins quand ils réussissent, ne sont regardés que comme des chimères quand on est malheureux.

Enfin, toutes les difficultés étant aplanies, toutes ses volontés exécutées, après avoir humilié l'empereur, donné la loi dans l'Empire, avoir protégé sa religion luthérienne au milieu des catholiques, détrôné un roi, couronné un autre, se voyant la terreur de tous les princes, il se prépara à partir. Les délices de la Saxe, où il était resté oisif une année, n'avaient en rien adouci sa manière de vivre. Il montait à cheval trois fois par jour, se levait à quatre heures du matin, s'habillait seul, ne buvait point de vin, ne restait à table qu'un quart d'heure, exerçait ses troupes tous les jours, et ne connaissait d'autre plaisir que celui de faire trembler l'Europe.

Les Suédois ne savaient point encore où le roi voulait les mener: on se doutait seulement dans l'armée que Charles pourrait aller à Moscou. Il ordonna, quelques jours avant son départ, à son grand maréchal des logis de lui donner par écrit la route depuis Leipsick... il s'arrêta à ce mot; et, de peur que le maréchal des logis ne pût rien deviner de ses projets, il ajouta en riant, jusqu'à toutes les capitales de l'Europe. Le maréchal lui apporta une liste de toutes ces routes, à la tête desquelles il avait affecté de mettre en grosses lettres: *Route de Leipsick à Stockholm.* La plupart des Suédois n'aspiraient qu'à y retourner; mais le roi était bien éloigné de songer à leur faire revoir leur patrie. « Monsieur le maréchal, dit-il, je vois bien où vous voudriez me mener; mais nous ne retournerons pas à Stockholm sitôt. »

L'armée était déjà en marche, et passait auprès de Dresde; Charles était à la tête, courant toujours selon sa coutume deux ou trois cents pas devant ses gardes. On le perdit tout d'un coup de vue; quelques officiers s'avancèrent à bride abattue, pour savoir où il pouvait être: on courut de tous côtés; on ne le trouva point: l'alarme est en un moment dans toute l'armée; on fait halte; les généraux s'assemblent; on était déjà dans la consternation: on apprit enfin par un Saxon qui passait ce qu'était devenu le roi.

L'envie lui avait pris, en passant si près de Dresde, d'aller rendre une visite au roi Auguste: il était entré à cheval dans la ville, suivi de trois ou quatre officiers généraux. On leur demanda leur nom à la barrière: Charles dit qu'il s'appelait Carl, et qu'il était draban; chacun prit un nom supposé. Le comte Fleming, qui n'ayant passé dans la place, n'eut pas le temps de courir avertir son maître. Tout ce qu'on pouvait faire dans une occasion pareille s'était déjà présenté à l'idée du ministre: il en parlait à Auguste; Charles entra tout botté dans la chambre, avant qu'Auguste eût même le temps de revenir de sa surprise. Auguste malade alors, et en robe de chambre: il s'habilla en hâte. Charles déjeuna avec lui comme un voyageur qui vient prendre congé de son ami; ensuite il voulut voir les fortifications. Pendant le peu de temps qu'il l'employa à les parcourir, un Livonien proscrit en Suède, qui servait dans les troupes de Saxe, crut que jamais il ne s'offrirait une occasion plus favorable d'obtenir sa grâce; il conjura le roi Auguste de la demander à Charles, bien sûr que ce roi ne refuserait pas cette légère condescendance à un prince à qui il venait d'ôter une couronne, et entre les mains duquel il était dans ce moment. Auguste se chargea aisément de cette affaire. Il tira un peu éloigné du roi de Suède, et s'entretenait avec Hord, général suédois. « Je crois, lui dit-il en souriant, que votre maître ne me refusera pas. — Vous ne le connaissez pas, repartit le général Hord; il vous refusera plutôt ici que partout ailleurs. » Auguste ne laissa pas de demander en lui, en termes pressants, la grâce du Livonien: Charles la refusa d'une manière à ne se la pas faire demander une seconde fois. Après avoir passé quelques heures dans cette étrange visite, il embrassa le roi Auguste, et partit. Il trouva, en rejoignant son armée, tous ses généraux encore en alarmes: ils lui dirent qu'ils comptaient assiéger Dresde, en cas qu'on eût retenu Sa Majesté prisonnière. Bon! dit le roi, on n'oserait. Le lendemain, sur la nouvelle qu'on reçut que le roi Auguste tenait conseil extraordinaire à Dresde: « Vous verrez, dit le baron de Stralheim, qu'ils délibèrent sur ce qu'ils devaient faire hier. » À quelques jours de là, Renschild étant venu trouver le roi, lui parla avec étonnement de ce voyage de Dresde: « Je me suis fié, dit Charles, sur ma bonne fortune: j'ai vu cependant un moment qui n'était pas bien net; Fleming n'avait nulle envie que je sortisse de Dresde sitôt. »

LIVRE QUATRIÈME.

ARGUMENT.

Charles victorieux quitte la Saxe, poursuit le czar, s'enfonce dans l'Ukraine. Ses pertes. Sa blessure. Bataille de Pultava. Suites de cette bataille. Charles réduit à fuir en Turquie. Sa réception en Bessarabie.

Charles partit enfin de Saxe en septembre 1707, suivi d'une armée de quarante-trois mille hommes, autrefois couverte de fer, et alors brillante d'or et d'argent, et enrichie des dépouilles de la Pologne et de la Saxe; chaque soldat emportait avec lui cinquante écus d'argent comptant; non-seulement tous les régiments étaient complets, mais il y avait dans chaque compagnie plusieurs surnuméraires. Outre cette armée, le comte Levenhaupt, l'un de ses meilleurs généraux, l'attendait en Pologne avec vingt mille hommes; il avait encore une autre armée de quinze mille hommes en Finlande, et de nouvelles recrues lui venaient de Suède. Avec toutes ces forces on ne douta pas qu'il ne dût détrôner le czar.

Cet empereur était alors en Lithuanie, occupé à ranimer un parti auquel le roi Auguste semblait avoir renoncé : ses troupes, divisées en plusieurs corps, fuyaient de tous côtés au premier bruit de l'approche du roi de Suède : il avait recommandé lui-même à tous ses généraux de ne jamais attendre ce conquérant avec des forces inégales; et il était bien fondé.

Le roi de Suède, au milieu de sa marche victorieuse, reçut un ambassadeur de la part des Turcs. L'ambassadeur eut son audience au quartier du comte Piper; c'était toujours chez ce ministre que se faisaient les cérémonies d'éclat : il soutenait la dignité de son maître par des dehors qui avaient alors un peu de magnificence et le roi, toujours plus mal logé, plus mal servi et plus simplement vêtu que le moindre officier de son armée, disait que son palais était le quartier de Piper. L'ambassadeur turc présenta à Charles cent soldats suédois qui, ayant été pris par les Calmouks et vendus en Turquie, avaient été rachetés par le Grand Seigneur et que cet empereur envoyait au roi comme le présent le plus agréable qu'il pût lui faire; non que la fierté ottomane prétendît rendre hommage à la gloire de Charles XII, mais parce que le sultan, ennemi naturel des empereurs de Moscovie et d'Allemagne, voulait se fortifier contre eux de l'amitié de la Suède et de l'alliance de la Pologne. L'ambassadeur complimenta Stanislas sur son avénement : ainsi ce roi fut reconnu en peu de temps par l'Allemagne, la France, l'Angleterre, l'Espagne et la Turquie : il n'y eut que le pape qui voulut attendre pour le reconnaître que le temps eût affermi sur sa tête cette couronne qu'une disgrâce pouvait faire tomber.

A peine Charles eut-il donné audience à l'ambassadeur de la Porte ottomane qu'il court chercher les Moscovites. Les troupes du czar étaient sorties de Pologne, et y étaient rentrées plus de vingt fois pendant le cours de la guerre : ce pays, ouvert de tous parts, n'ayant point de places fortes qui coupent la retraite d'une armée, laissait aux Russes la liberté de reparaître souvent au même endroit où ils avaient été battus, et même de pénétrer dans le pays aussi avant que le vainqueur. Pendant le séjour de Charles en Saxe le czar s'était avancé jusqu'à Léopold, à l'extrémité méridionale de la Pologne : il était alors vers le nord, à Grodno en Lithuanie, à cent lieues de Léopold.

Charles laissa en Pologne Stanislas, qui, assisté de dix mille Suédois et de ses nouveaux sujets, avait à conserver son nouveau royaume contre les ennemis étrangers et domestiques : pour lui, il se mit à la tête de sa cavalerie, et marcha vers Grodno au milieu des glaces, au mois de janvier 1708.

Il avait déjà passé le Niemen à deux lieues de la ville, et le czar ne savait encore rien de sa marche. A la première nouvelle que les Suédois arrivent, le czar sort par la porte du nord, et Charles entre par celle-ci est au midi. Le roi n'avait avec lui que six cents gardes; le reste n'avait pu le suivre. Le czar fuyait avec plus de deux mille hommes, dans l'opinion que toute une armée entrait dans Grodno. Il apprend le jour même par un transfuge polonais qu'il n'a quitté la place qu'à six cents hommes, et que le gros de l'armée ennemie était encore éloigné de plus de cinq lieues : il ne perd point de temps; il détache quinze cents chevaux de sa troupe à l'entrée de la nuit pour aller surprendre le roi de Suède dans la ville. Les quinze cents Moscovites arrivent à la faveur de l'obscurité jusqu'à la première garde suédoise sans être reconnus. Trente hommes composaient cette garde; ils soutinrent seuls un demi-quart d'heure l'effort de quinze cents hommes. Le roi, qui était à l'autre bout de la ville, accourut bientôt avec le reste de ses six cents gardes; les Russes s'enfuirent avec précipitation. Son armée ne fut pas longtemps sans le joindre, ni lui sans poursuivre l'ennemi. Tous les corps moscovites répandus dans la Lithuanie se retiraient en hâte du côté de l'orient, dans le palatinat de Minski, près des frontières de la Moscovie, où était leur rendez-vous. Les Suédois, que le roi partagea aussi en divers corps, ne cessèrent de les suivre pendant plus de trente lieues de chemin; ceux qui fuyaient et ceux qui poursuivaient faisaient des marches forcées presque tous les jours, quoiqu'on fût au milieu de l'hiver. Il y avait déjà longtemps que toutes

les saisons étaient devenues égales pour les soldats de Charles et pour ceux du czar : la seule terreur qu'inspirait le nom du roi Charles mettait alors de la différence entre les Russes et les Suédois.

Depuis Grodno jusqu'au Borysthène, en tirant vers l'orient, ce sont des marais, des déserts, des forêts immenses; dans les endroits qui sont cultivés, on ne trouve point de vivres; les paysans enfouissent dans la terre tous les grains et tout ce qui peut s'y conserver : il faut sonder la terre avec de grandes perches ferrées pour découvrir leurs magasins souterrains. Les Moscovites et les Suédois se servirent tour à tour de ces provisions; mais on n'en trouvait pas toujours, et elles n'étaient pas suffisantes.

Le roi de Suède, qui avait prévu ces extrémités, avait fait apporter du biscuit pour la subsistance de son armée : rien ne l'arrêtait dans sa marche. Après qu'il eut traversé la forêt de Minski, où il fallut abattre à tout moment des arbres pour faire un chemin à ses troupes et à son bagage, il se trouva, le 25 juin 1708, devant la rivière de Bérézine, vis-à-vis Borislou.

Le czar avait rassemblé en cet endroit la plus grande partie de ses forces; il y était avantageusement retranché : son dessein était d'empêcher les Suédois de passer la rivière. Charles posta quelques régiments sur le bord de la Bérézine, à l'opposite de Borislou, comme s'il avait voulu tenter le passage à la vue de l'ennemi. Dans le même temps, il remonte avec son armée trois lieues au delà vers la source de la rivière; il y fait jeter un pont, passe sur le ventre à un corps de trois mille hommes qui défendait ce poste, et marche à l'armée ennemie sans s'arrêter. Les Russes ne l'attendirent pas; ils décampent, et se retirèrent vers le Borysthène, gâtant tous les chemins et détruisant tout sur leur route pour retarder au moins les Suédois.

Charles surmonta tous les obstacles, avançant toujours vers le Borysthène. Il rencontra sur son chemin vingt mille Moscovites retranchés dans un lieu nommé Hollosin, derrière un marais, auquel on ne pouvait aborder qu'en passant une rivière. Charles n'attendit pas pour les attaquer que le reste de son infanterie fût arrivé; il se jette dans l'eau à la tête de ses gardes à pied; il traverse la rivière et le marais ayant souvent de l'eau au-dessus des épaules. Pendant qu'il allait ainsi aux ennemis, il avait ordonné à sa cavalerie de faire le tour du marais pour prendre les ennemis en flanc. Les Moscovites, étonnés qu'aucune barrière ne pût les défendre, furent enfoncés en même temps par le roi, qui les attaquait à pied, et par la cavalerie suédoise.

Cette cavalerie s'étant fait jour à travers les ennemis, joignit le roi au milieu du combat; alors il monta à cheval; mais quelque temps après il trouva dans la mêlée un jeune gentilhomme suédois nommé Gyllenstiern, qu'il aimait beaucoup, blessé et hors d'état de marcher; il le força à prendre son cheval, et continua de commander à pied à la tête de son infanterie. De toutes les batailles qu'il avait données, celle-ci était peut-être la plus glorieuse, celle où il avait essuyé les plus grands dangers, et celle où il avait montré le plus d'habileté : on en conserva la mémoire par une médaille où on lisait d'un côté : *Silvæ, paludes, aggeres, hostes victi*; et de l'autre ce vers de Lucain : *Victrices copias alium laturus in orbem*.

Les Russes, chassés partout, repassèrent le Borysthène, qui sépare la Pologne de leur pays. Charles ne tarda pas à les poursuivre; il passa ce grand fleuve après eux à Mohilou, dernière ville de la Pologne, qui appartient tantôt aux Polonais, tantôt aux czars : destinée commune aux places frontières.

Le czar, qui vit alors son empire, où il venait de faire naître les arts et le commerce, en proie à une guerre capable de renverser dans peu tous ses grands desseins, et peut-être son trône, songea à parler de paix : il fit hasarder quelques propositions par un gentilhomme polonais qui vint à l'armée de Suède. Charles XII, accoutumé à n'accorder la paix à ses ennemis que dans leurs capitales, répondit : « Je traiterai avec le czar à Moscou. » Quand on rapporta au czar cette réponse hautaine : « Mon frère Charles, dit-il, prétend faire toujours l'Alexandre; mais je me flatte qu'il ne trouvera pas en moi un Darius. »

De Mohilou, place où le roi traversa le Borysthène, si vous remontez au nord le long de ce fleuve, toujours sur les frontières de Pologne et de Moscovie, vous trouverez à trente lieues de là le pays de Smolensko, par où passe la grande route qui va de Pologne à Moscou. Le czar fuyait par ce chemin : le roi le suivait à grandes journées. Une partie de l'arrière-garde moscovite fut plus d'une fois aux prises avec les dragons de l'avant-garde suédoise. L'avantage demeurait presque toujours à ces derniers; mais ils s'affaiblissaient à force de vaincre dans de petits combats qui ne décidaient rien et où ils perdaient toujours du monde.

Le 22 septembre de cette année, 1708, le roi attaqua auprès de Smolensko un corps de dix mille hommes de cavalerie et de six mille Calmouks.

Ces Calmouks sont des Tartares qui habitent entre le royaume d'Astracan, domaine du czar, et celui de Samarcande, pays des Tartares Usbecks, et patrie de Timur, connu sous le nom de Tamerlan. Le pays des Calmouks s'étend à l'orient jusqu'aux montagnes qui séparent le Mogol de l'Asie occidentale : ceux qui habitent vers Astracan sont tributaires du czar : il prétend sur eux un empire absolu; mais leur vie vagabonde l'empêche d'en être le maître, et fait qu'il se conduit avec eux comme le Grand Seigneur avec les Arabes, tantôt souffrant leurs brigandages, et tantôt les punissant. Il y a toujours de ces Calmouks dans les troupes de Moscovie; le czar était même parvenu à les discipliner comme le reste de ses soldats.

Le roi fondit sur cette armée n'ayant avec lui que six régiments de cavalerie et quatre mille fantassins. Il enfonça d'abord les Moscovites à la tête de son régiment d'Ostrogotie; les ennemis se retirèrent. Le roi avança sur eux par des chemins creux et inégaux où les Calmouks étaient cachés : ils parurent alors et se jetèrent entre le régiment où le roi combattait et le reste de l'armée suédoise. A l'instant et Russes et Calmouks entourèrent ce régiment, et percèrent jusqu'au roi; ils tuèrent deux aides de camp qui combattaient auprès de sa personne. Le cheval du roi fut tué sous lui : un écuyer lui en présentant un autre; l'écuyer et le cheval furent percés de coups. Charles combattit à pied entouré de quelques officiers qui accoururent incontinent autour de lui.

Plusieurs furent pris, blessés ou tués, ou entraînés loin du roi par la foule qui se jetait sur eux; il ne restait que cinq hommes auprès de Charles : il avait tué plus de douze ennemis de sa main sans avoir reçu une seule blessure, par ce bonheur inexplicable qui jusqu'alors l'avait accompagné partout, et sur lequel il compta toujours. Enfin un colonel nommé Dardof se fait jour à travers des Calmouks avec seulement une compagnie de son régiment; il arrive à temps pour dégager le roi : le reste des Suédois fit main basse sur ces Tartares. L'armée reprit ses rangs : Charles monta à cheval; et, tout fatigué qu'il était, il poursuivit les Russes pendant deux lieues.

Le vainqueur était toujours dans le grand chemin de la capitale de la Moscovie. Il y a de Smolensko, auprès duquel se donna ce combat, jusqu'à Moscou, environ cent de nos lieues françaises : l'armée n'avait presque plus de vivres. On prit fortement le roi d'attendre que le général Levenhaupt, qui devait lui en amener avec un renfort de quinze mille hommes, vînt le joindre. Non-seulement le roi, qui rarement prenait conseil, n'écouta point cet avis judicieux, mais, au grand étonnement de toute l'armée, il quitta le chemin de Moscou et fit marcher au midi vers l'Ukraine, pays des Cosaques, situé entre la petite Tartarie, la Pologne et la Moscovie. Ce pays a environ cent de nos lieues du midi au septentrion, et presque autant de l'orient au couchant; il est partagé en deux parties à peu près égales par le Borysthène, qui le traverse en coulant du nord-ouest au sud-est : la principale ville est Bathurin, sur la petite rivière de Sem. La partie la plus septentrionale de l'Ukraine est cultivée et riche; la plus méridionale, située près du quarante-huitième degré, est un des pays les plus fertiles du monde et les plus déserts; le mauvais gouvernement y étouffait le bien que la nature s'efforce de faire aux hommes. Les habitants de ces cantons voisins de la petite Tartarie ne semaient ni ne plantaient, parce que les Tartares de Budziac, ceux de Précop, les Moldaves, tous peuples brigands, auraient ravagé leurs moissons.

L'Ukraine a toujours aspiré à être libre; mais étant entourée de la Moscovie, des États du Grand Seigneur et de la Pologne, il lui a fallu chercher un protecteur, et par conséquent un maître dans l'un de ces trois États. Elle se mit d'abord sous la protection de la Pologne, qui la traita trop en sujette; elle se donna depuis au Moscovite, qui la gouverna en esclave autant qu'il le put. D'abord les Ukrainiens jouirent du privilège d'élire un prince sous le nom de général; mais bientôt ils furent dépouillés de ce droit, et leur général fut nommé par la cour de Moscovie.

Celui qui remplissait alors cette place était un gentilhomme polonais nommé Mazeppa, né dans le palatinat de Podolie; il avait été élevé page de Jean Casimir, et avait pris à sa cour quelque teinture des belles-lettres. Une intrigue qu'il eut dans sa jeunesse avec la femme d'un gentilhomme polonais ayant été découverte, le mari le fit lier tout nu sur un cheval farouche, et le laissa aller en cet état. Le cheval, qui était du pays de l'Ukraine, y retourna, et y porta Mazeppa demi-mort de fatigue et de faim. Quelques paysans le secoururent : il resta longtemps parmi eux, et se signala dans plusieurs courses contre les Tartares. La supériorité de ses lumières lui donna une grande considération parmi les Cosaques : sa réputation s'augmentant de jour en jour, obligea le czar à le faire prince de l'Ukraine.

Un jour, étant à table à Moscou avec le czar, cet empereur lui proposa de discipliner les Cosaques et de rendre ces peuples plus dépendants. Mazeppa répondit que la situation de l'Ukraine et le génie de cette nation étaient des obstacles insurmontables. Le czar, qui commençait à être échauffé par le vin, et qui ne commandait pas toujours à sa colère, l'appela traître et le menaça de le faire empaler.

Mazeppa de retour en Ukraine forma le projet d'une révolte : l'armée de Suède, qui parut bientôt après sur les frontières, lui en facilita les moyens : il prit la résolution d'être indépendant et de se former un puissant royaume de l'Ukraine et des débris de l'empire de Russie. C'était un homme courageux, entreprenant et d'un travail infatigable, quoique dans une grande vieillesse. Il se ligua secrètement avec le roi de Suède pour hâter la chute du czar et pour en profiter.

Le roi lui donna rendez-vous auprès de la rivière de Desna; Mazeppa promit de s'y rendre avec trente mille hommes, des munitions de guerre, des provisions de bouche et ses trésors qui étaient immenses. L'armée suédoise marcha donc de ce côté au grand regret de tous les officiers, qui ne savaient rien du traité du roi avec les Cosaques.

Charles envoya ordre à Le enhaupt de lui amener en diligence ses troupes et des provisions dans l'Ukraine, où il projetait de passer l'hiver, afin que s'étant assuré de ce pays il pût conquérir la Moscovie au printemps suivant; et cependant il s'avança vers la rivière de Desna, qui tombe dans le Borysthène à Kiovie.

Les obstacles qu'on avait trouvés jusqu'alors dans la route étaient légers en comparaison de ceux qu'on rencontra dans ce nouveau chemin; il fallut traverser une forêt de cinquante lieues, pleine de marécages. Le général Lagercron, qui marchait devant avec cinq mille hommes et des pionniers, égara l'armée vers l'orient, à trente lieues de la véritable route. Le roi s'aperçut trois jours de marche le roi reconnut la faute de Lagercron : on se remit avec peine dans le chemin; mais presque toute l'artillerie et tous les chariots restèrent embourbés ou abîmés dans les marais.

Enfin, après douze jours d'une marche si pénible, pendant laquelle les Suédois avaient consommé le peu de biscuit qui leur restait, cette armée, exténuée de lassitude et de faim, arrive sur les bords de la Desna, dans l'endroit où Mazeppa avait marqué le rendez-vous; mais, au lieu d'y trouver ce prince, on trouva un corps de Moscovites qui avançait vers l'autre bord de la rivière. Le roi fut étonné; mais il résolut sur-le-champ de passer la Desna et d'attaquer les ennemis. Les bords de cette rivière étaient si escarpés qu'on fut obligé de descendre les soldats avec des cordes. Ils traversèrent la rivière selon leur manière accoutumée, les uns sur des radeaux faits à la hâte, les autres à la nage. Le corps des Moscovites, qui arrivait dans ce temps-là, n'était que de huit mille hommes; il ne résista pas longtemps, et cet obstacle fut encore surmonté.

Charles avançant dans ces pays perdus, incertain de sa route et de la fidélité de Mazeppa : ce Cosaque parut enfin, mais plutôt comme un fugitif que comme un allié puissant. Les Moscovites avaient découvert et prévenu ses desseins. Ils étaient venus fondre sur ses Cosaques, qu'ils avaient taillés en pièces : ses principaux amis, pris les armes à la main, avaient péri au nombre de trente par le supplice de la roue; ses villes étaient réduites en cendres, ses trésors pillés, les provisions qu'il préparait au roi de Suède saisies : à peine avait-il pu échapper avec six mille hommes et quelques chevaux chargés d'or et d'argent. Toutefois il apportait au roi l'espérance de se soutenir par ses intelligences dans ce pays inconnu, et l'affection de tous les Cosaques, qui, enragés contre les Russes, arrivaient par troupes au camp et le firent subsister.

Charles espérait au moins que son général Levenhaupt viendrait réparer cette mauvaise fortune. Il devait amener environ quinze mille Suédois, qui valaient mieux que cent mille Cosaques, et apporter des provisions de guerre et de bouche. Il arriva à peu près dans le même état que Mazeppa.

Il avait déjà passé le Borysthène au-dessus de Mohilou, et s'était avancé vingt de nos lieues au delà, sur le chemin de l'Ukraine. Il amenait au roi un convoi de huit mille chariots, avec l'argent qu'il avait levé en Lithuanie sur sa route. Quand il fut vers le bourg de Lesno, près de l'endroit où les rivières de Pronia et Sossa se joignent pour aller tomber loin au-dessous dans le Borysthène, le czar parut à la tête de près de quarante mille hommes.

Le général suédois, qui n'avait pas seize mille complets, ne voulut pas se retrancher. Tant de victoires avaient donné aux Suédois une si grande confiance, qu'ils ne s'informaient jamais du nombre de leurs ennemis, mais seulement du lieu où ils étaient. Levenhaupt marcha donc à eux sans balancer, le 7 d'octobre après midi. Dans le premier choc les Suédois tuèrent quinze cents Moscovites. La confusion se mit dans l'armée du czar : on fuyait de tous côtés. L'empereur des Russes vit le moment où il allait être entièrement défait : il sentait que le salut de ses États dépendait de cette journée, et qu'il était perdu si Levenhaupt joignait le roi de Suède avec une armée victorieuse.

Dès qu'il vit que ses troupes commençaient à reculer, il courut à l'arrière-garde, où étaient des Cosaques et des Calmouks : « Je vous » ordonne, leur dit-il, de tirer sur quiconque fuira, et de me tuer » moi-même, si j'étais assez lâche pour me retirer. » De là il retourna à l'avant-garde, et rallia ses troupes lui-même, aidé du prince Menzikoff et du prince Gallitzin. Levenhaupt, qui avait des ordres pressants de rejoindre son maître, aima mieux continuer sa marche que recommencer le combat, croyant en avoir assez fait pour ôter aux ennemis la résolution de le poursuivre.

Dès le lendemain à onze heures le czar l'attaqua au bord d'un marais, et étendit son armée pour l'envelopper. Les Suédois firent face partout : on se battit pendant deux heures avec une opiniâtreté égale. Les Moscovites perdirent trois fois plus de monde; mais aucun ne lâcha pied, et la victoire fut indécise.

A quatre heures le général Bayer amena au czar un renfort de troupes. La bataille recommença pour la troisième fois avec plus de furie et d'acharnement; elle dura jusqu'à la nuit : enfin le nombre l'emporta, les Suédois furent rompus, enfoncés et poussés jusqu'à leur bagage. Levenhaupt rallia ses troupes derrière ses chariots. Les Suédois étaient vaincus, mais ils ne s'enfuirent point. Ils étaient environ neuf mille hommes, dont aucun ne s'écarta : le général les mit en ordre de bataille aussi facilement que s'ils n'avaient point été vaincus.

Le czar, de l'autre côté, passa la nuit sous les armes : il défendit aux officiers, sous peine d'être cassés, et aux soldats, sous peine de mort, de s'écarter pour piller.

Le lendemain encore il commanda au point du jour une nouvelle attaque. Levenhaupt s'était retiré à quelques milles, dans un lieu avantageux, après avoir encloué une partie de son canon et mis le feu à ses chariots.

Les Moscovites arrivèrent assez à temps pour empêcher tout le convoi d'être consumé par les flammes; ils se saisirent de plus de six mille chariots qu'ils sauvèrent. Le czar, qui voulait achever la défaite des Suédois, envoya un de ses généraux, nommé Phlug, les attaquer encore pour la cinquième fois : ce général leur offrit une capitulation honorable. Levenhaupt la refusa, et livra un cinquième combat, aussi sanglant que les premiers. De neuf mille soldats qu'il avait encore, il en perdit environ la moitié; l'autre ne put être forcée : enfin, la nuit survenant, Levenhaupt, après avoir soutenu cinq combats contre quarante mille hommes, passa la Sossa avec environ cinq mille combattants qui lui restaient. Le czar perdit près de dix mille hommes dans ces cinq combats, où il eut la gloire de vaincre les Suédois, et Levenhaupt celle de disputer trois jours la victoire, et de se retirer sans avoir été forcé dans son dernier poste. Il vint donc au camp de son maître avec l'honneur de s'être si bien défendu, mais n'amenant avec lui ni munitions ni armée.

Le roi de Suède se trouva ainsi sans provisions et sans communication avec la Pologne, entouré d'ennemis, au milieu d'un pays où il n'avait guère de ressource que son courage.

Dans cette extrémité, le mémorable hiver de 1709, plus terrible encore aux frontières de l'Europe que nous ne l'avons senti en France, détruisit une partie de son armée. Charles voulait braver les saisons comme il faisait ses ennemis; il osait faire de longues marches de troupes pendant ce froid mortel : ce fut dans une de ces marches que deux mille hommes tombèrent morts de froid sous ses yeux. Les cavaliers n'avaient plus de bottes, les fantassins étaient sans souliers et presque sans habits : ils étaient réduits à se faire des chaussures de peaux de bêtes, comme ils pouvaient; souvent ils manquaient de pain. On avait été réduit à jeter presque tous les canons dans des marais et dans des rivières, faute de chevaux pour les traîner. Cette armée, auparavant si florissante, était réduite à vingt-quatre mille hommes prêts à mourir de faim. On ne recevait plus de nouvelles de la Suède, et on ne pouvait y en faire tenir. Dans cet état un seul officier se plaignit : « Hé quoi! lui dit le roi, vous ennuyez-vous d'être loin de » votre femme? Si vous êtes un vrai soldat, je vous mènerai si loin » que vous pourrez à peine recevoir des nouvelles de Suède une fois » en trois ans. »

Le marquis de Brancas, depuis ambassadeur en Suède, m'a conté qu'un soldat osa présenter au roi avec murmure, en présence de toute l'armée, un morceau de pain noir et moisi, fait d'orge et d'avoine, seule nourriture qu'ils avaient alors et dont ils n'avaient pas même suffisamment. Le roi reçut le morceau de pain sans s'émouvoir, le mangea tout entier, et dit ensuite froidement au soldat : « Il n'est pas bon, mais il peut se manger. » Ce trait, tout petit qu'il est, si ce qui augmente le respect et la confiance peut être petit, contribua plus que tout le reste à faire supporter à l'armée suédoise des extrémités qui auraient été intolérables pour tout autre général.

Dans cette situation il reçut enfin des nouvelles de Stockholm; elles lui apprirent la mort de la duchesse de Holstein, sa sœur, que la petite vérole enleva au mois de décembre 1708, dans la vingt-septième année de son âge. C'était une princesse aussi douce et aussi compatissante que son frère était impérieux dans ses volontés et implacable dans ses vengeances. Il avait toujours eu pour elle beaucoup de tendresse; il fut d'autant plus affligé de sa perte, que, commençant alors à devenir malheureux, il devenait un peu plus sensible.

Il apprit aussi qu'on avait levé des troupes et de l'argent en exécution de ses ordres; mais rien ne pouvait arriver jusqu'à son camp, puisque entre lui et Stockholm il y avait près de cinq cents lieues à traverser et des ennemis supérieurs en nombre à combattre.

Le czar, aussi agissant que lui, après avoir envoyé de nouvelles troupes au secours des confédérés en Pologne, réunis sous Stanislas sous le général Siniawski, s'avança bientôt dans l'Ukraine, au milieu de ce rude hiver, pour faire tête au roi de Suède; il continua dans la politique d'affaiblir son ennemi par de petits combats, jugeant bien que l'armée suédoise périrait entièrement à la longue, puisqu'elle ne pouvait être recrutée. Il fallait que le froid fût bien excessif, puisque les deux ennemis furent contraints de s'accorder une suspension d'armes. Mais, dès le premier février, on recommença à se battre au milieu des glaces et des neiges.

Après plusieurs petits combats et quelques désavantages, le roi vit au mois d'avril qu'il ne lui restait plus que dix-huit mille Suédois. Mazeppa seul, ce prince des Cosaques, les faisait subsister; sans ce secours l'armée eût péri de faim et de misère. Le czar, dans cette conjoncture, fit proposer à Mazeppa de rentrer sous sa domination; mais le Cosaque fut fidèle à son nouvel allié, soit que le supplice affreux de la roue, dont avaient péri ses amis, lui fît craindre pour lui-même, soit qu'il voulût les venger.

Charles, avec ses dix-huit mille Suédois, n'avait perdu ni le dessein

ni l'espérance de pénétrer jusqu'à Moscou. Il alla, vers la fin de mai, investir Pultava, sur la rivière Vorskla, à l'extrémité orientale de l'Ukraine, à treize grandes lieues du Borysthène; ce terrain est celui des Zaporaviens, le plus étrange peuple qui soit sur la terre. C'est un ramas d'anciens Russes, Polonais et Tartares faisant tous profession d'une espèce de christianisme et d'un brigandage semblable à celui des flibustiers. Ils élisent un chef qu'ils déposent ou qu'ils égorgent souvent; ils ne souffrent point de femmes chez eux, mais ils vont enlever tous les enfants à vingt et trente lieues à la ronde et les élèvent dans leurs mœurs. L'été ils sont toujours en campagne; l'hiver ils couchent dans des granges spacieuses qui contiennent quatre ou cinq cents hommes. Ils ne craignent rien; ils vivent libres; ils affrontent la mort pour le plus léger butin, avec la même intrépidité que Charles XII la bravait pour donner des couronnes. Le czar leur fit donner soixante mille florins dans l'espérance qu'ils prendraient son parti; ils prirent son argent et se déclarèrent pour Charles XII, par les soins de Mazeppa; mais ils servirent très-peu, parce qu'ils trouvent ridicule de combattre pour autre chose que pour piller. C'était beaucoup qu'ils ne nuisissent pas; il y en eut environ deux mille tout au plus qui firent le service. On présenta dix de leurs chefs un matin au roi, mais on eut bien de la peine à obtenir d'eux qu'ils ne fussent point ivres; car c'est par là qu'ils commencent la journée. On les mena à la tranchée; ils y firent paraître leur adresse à tirer avec de longues carabines; car, étant montés sur le revers, ils tuaient à la distance de six cents pas les ennemis qu'ils choisissaient. Charles ajouta à ces bandits quelques mille hommes que lui vendit le kan de la petite Tartarie; il assiégeait donc Pultava avec toutes ses troupes de Zaporaviens, de Cosaques, de Valaques, qui, jointe à ses dix-huit mille Suédois, faisaient une armée d'environ trente mille hommes, mais une armée délabrée, manquant de tout. Le czar avait fait de Pultava un magasin. Si le roi le prenait, il se rouvrait le chemin de Moscou, et pouvait au moins attendre dans l'abondance de toutes choses les secours qu'il espérait encore de Suède, de Livonie, de Poméranie et de Pologne. Sa seule ressource étant donc dans la prise de Pultava, il en pressa le siège avec ardeur. Mazeppa, qui avait des intelligences dans la ville, l'assura qu'il en serait bientôt le maître; l'espérance renaissait dans l'armée; les soldats regardaient la prise de Pultava comme la fin de toutes leurs misères.

Le roi s'aperçut dès le commencement du siège qu'il avait enseigné l'art de la guerre à ses ennemis. Le prince Menzikoff, malgré toutes ses précautions, jeta du secours dans la ville; la garnison par ce moyen se trouva forte de cinq mille hommes.

On faisait des sorties et quelquefois avec succès; on fit jouer une mine; ce qui rendait la ville imprenable, c'était l'approche du czar, qui s'avançait avec soixante-dix mille combattants. Charles XII alla les reconnaître le 27 mai, jour de sa naissance, et battit un de leurs détachements; mais comme il retournait à son camp, il reçut un coup de carabine qui lui perça la botte et lui fracassa l'os du talon. On ne remarqua pas sur son visage le moindre changement qui pût faire soupçonner qu'il était blessé; il continua à donner tranquillement ses ordres et demeura encore près de six heures à cheval. Un de ses domestiques s'apercevant que le soulier de la botte du prince était tout sanglant, courut chercher des chirurgiens; la douleur du roi commençait à être si cuisante qu'il fallut l'aider à descendre de cheval et l'emporter dans sa tente. Les chirurgiens visitèrent sa plaie : ils furent d'avis de lui couper la jambe. La consternation de l'armée était inexprimable. Un chirurgien, nommé Neuman, plus habile et plus hardi que les autres, assura qu'en faisant de profondes incisions il sauverait la jambe du roi. « Travaillez donc tout à l'heure, lui dit » le roi; taillez hardiment; ne craignez rien. » Il tenait lui-même sa jambe avec les deux mains, regardant les incisions qu'on lui faisait, comme si l'opération eût été faite sur un autre.

Dans le temps même qu'on lui mettait un appareil il ordonna un assaut pour le lendemain; mais à peine avait-il donné cet ordre qu'on vint lui apprendre que toute l'armée ennemie s'avançait sur lui. Il fallut alors prendre un autre parti. Charles, blessé et incapable d'agir, se voyait entre le Borysthène et la rivière qui passe à Pultava, dans un pays désert, sans places de sûreté, sans munitions, avec une armée qui lui coupait la retraite et les vivres. Dans cette extrémité il n'assembla point de conseil de guerre, comme tant de relations l'ont débité; mais la nuit du 7 au 8 de juillet il fit venir le feld-maréchal Renschild dans sa tente, et lui ordonna sans délibération comme sans inquiétude de tout disposer pour attaquer le czar le lendemain : Renschild ne contesta point et sortit pour obéir. A la porte de la tente du roi il rencontra le comte Piper, avec qui il était fort mal depuis longtemps, comme il arrive souvent entre le ministre et le général. Piper lui demanda s'il n'y avait rien de nouveau : Non, dit le général froidement; il passa outre pour aller donner ses ordres. Dès que le comte Piper fut entré dans la tente : Renschild ne vous a-t-il rien appris? lui dit le roi. — Rien, répondit Piper. — Hé bien, je vous apprends donc, reprit le roi, que demain nous donnons bataille. Le comte Piper fut effrayé d'une résolution si désespérée; mais il savait bien qu'on ne faisait jamais changer son maître d'idée; il ne marqua son étonnement que par son silence, et laissa Charles dormir jusqu'à la pointe du jour.

Ce fut le 8 juillet de l'année 1709 que se donna cette bataille décisive de Pultava, entre les deux plus singuliers monarques qui fussent alors dans le monde : Charles XII illustre par neuf années de victoires, Pierre Alexiowitz par neuf années de peines prises pour former des troupes égales aux troupes suédoises; l'un glorieux d'avoir donné des Etats, l'autre d'avoir civilisé les siens; Charles aimant les dangers et ne combattant que pour la gloire, Alexiowitz ne fuyant point le péril et ne faisant la guerre que pour ses intérêts; le monarque suédois libéral par grandeur d'âme, le moscovite ne donnant jamais que par quelque vue; celui-là d'une sobriété et d'une continence sans exemple, d'un naturel magnanime, et qui n'avait été barbare qu'une fois; celui-ci n'ayant pas dépouillé la rudesse de son éducation et de son pays, aussi terrible à ses sujets qu'admirable aux étrangers, et trop adonné à des excès qui ont même abrégé ses jours. Charles avait le titre d'Invincible qu'un moment pouvait lui ôter; les nations avaient déjà donné à Pierre Alexiowitz le nom de Grand qu'une défaite ne pouvait lui faire perdre, parce qu'il ne le devait pas à des victoires.

Massacre fait par les Russes après la prise de Narva.

Pour avoir une idée nette de cette bataille, et du lieu où elle fut donnée, il faut se figurer Pultava au nord, le camp du roi de Suède au sud, tirant un peu vers l'orient, son bagage derrière lui à environ un mille, et la rivière de Pultava au nord de la ville, coulant de l'orient à l'occident.

Le czar avait passé la rivière à une lieue de Pultava, du côté de l'occident, et commençait à former son camp.

A la pointe du jour les Suédois parurent hors de leurs tranchées avec quatre canons de fer pour toute artillerie; le reste fut laissé dans le camp avec environ trois mille hommes; quatre mille demeurèrent au bagage : de sorte que l'armée suédoise marcha aux ennemis forte d'environ vingt et un mille hommes, dont il y avait environ seize mille Suédois.

Les généraux Renschild, Roos, Levenhaupt, Slipenbak, Hoorn, Sparre, Hamilton, le prince de Wirtemberg, parent du roi, et quelques autres, dont la plupart avaient vu la bataille de Narva, faisaient tous souvenir les officiers subalternes de cette journée où huit mille Suédois avaient détruit une armée de quatre-vingt mille Moscovites dans un camp retranché : les officiers le disaient aux soldats; tous s'encourageoient en marchant.

Le roi conduisait la marche, porté sur un brancard à la tête de son infanterie. Une partie de la cavalerie s'avança par son ordre pour attaquer celle des ennemis; la bataille commença par cet engagement à quatre heures et demie du matin : la cavalerie ennemie était à l'occident, à la droite du camp moscovite, le prince Menzikoff et le comte Gelowin l'avaient disposée par intervalles entre des redoutes garnies de canons : le général Slipenbak, à la tête des Suédois, fondit sur cette cavalerie. Tous ceux qui ont servi dans les troupes suédoises

savent qu'il était presque impossible de résister à la fureur de leur premier choc; les escadrons moscovites furent rompus et enfoncés : le czar accourut lui-même pour les rallier; son chapeau fut percé d'une balle de mousquet; Menzikoff eut trois chevaux tués sous lui : les Suédois crièrent victoire.

Charles ne douta pas que la bataille ne fût gagnée; il avait envoyé au milieu de la nuit le général Creuts avec cinq mille cavaliers ou dragons, qui devaient prendre les ennemis en flanc tandis qu'il les attaquerait de front; mais son malheur voulut que Creuts s'égarât, et ne parût point. Le czar, qui s'était cru perdu, eut le temps de rallier sa cavalerie : il fondit à son tour sur celle du roi, qui, n'étant point soutenue par le détachement de Creuts, fut rompue à son tour; Slipenbak même fut fait prisonnier dans cet engagement : en même temps soixante et douze canons tiraient du camp sur la cavalerie suédoise; et l'infanterie russienne, débouchant de ses lignes, venait attaquer celle de Charles.

Le czar détacha alors le prince Menzikoff pour aller se poster entre Pultava et les Suédois : le prince Menzikoff exécuta avec habileté et avec promptitude l'ordre de son maître; non-seulement il coupa la communication entre l'armée suédoise et les troupes restées au camp devant Pultava, mais ayant rencontré un corps de réserve de trois mille hommes, il l'enveloppa et le tailla en pièces. Si Menzikoff fit cette manœuvre de lui-même, la Russie lui dut son salut; si le czar l'ordonna, il était un digne adversaire de Charles XII. Cependant l'infanterie moscovite sortait de ses lignes, et s'avançait en bataille dans la plaine : d'un autre côté la cavalerie suédoise se ralliait à un quart de lieue de l'armée ennemie; et le roi, aidé de son feld-maréchal Renschild, ordonnait tout pour un combat général.

Il rangea sur deux lignes ce qui lui restait de troupes, son infanterie occupant le centre, sa cavalerie les deux ailes. Le czar disposa son armée de même : il avait l'avantage du nombre et celui de soixante et douze canons, tandis que les Suédois ne lui en opposaient que quatre, et qu'ils commençaient à manquer de poudre.

L'empereur moscovite était au centre de son armée, n'ayant alors que le titre de major général, et semblait obéir au général Czeremetoff; mais il allait, comme empereur, de rang en rang, monté sur un cheval turc, qui était un présent du Grand-Seigneur, exhortant les capitaines et les soldats, et promettant à chacun des récompenses.

A neuf heures du matin la bataille recommença : une des premières volées du canon moscovite emporta les deux chevaux du brancard de Charles : il en fit atteler deux autres; une seconde volée mit le brancard en pièces, et renversa le roi : de vingt-quatre drabans qui se relayaient pour le porter, vingt et un furent tués. Les Suédois consternés s'ébranlèrent, et, le canon ennemi continuant à les écraser, la première ligne se replia sur la seconde, et la seconde s'enfuit. Ce ne fut en cette dernière action qu'une ligne de dix mille hommes de l'infanterie russe qui mit en déroute l'armée suédoise, tant les choses étaient changées!

Tous les écrivains suédois disent qu'ils auraient gagné la bataille si on n'avait point fait de fautes; mais tous les officiers prétendent que c'en était une grande de la donner, et une plus grande encore de s'enfermer dans ces pays perdus, malgré l'avis des plus sages, contre un ennemi aguerri, trois fois plus fort que Charles XII par le nombre d'hommes, et par les ressources qui manquaient aux Suédois. Le souvenir de Narva fut la principale cause du malheur de Charles à Pultava.

Déjà le prince de Wirtemberg, le général Renschild, et plusieurs officiers principaux étaient prisonniers, le camp devant Pultava forcé, et tout dans une confusion à laquelle il n'y avait plus de ressource. Le comte Piper et quelques officiers de la chancellerie étaient sortis de ce camp, et ne savaient ni ce qu'ils devaient faire, ni ce qu'était devenu le roi; ils couraient de côté et d'autre dans la plaine : un major, nommé Bere, s'offrit de les conduire au bagage; mais les nuages de poussière et de fumée qui couvraient la campagne, et l'égarement d'esprit naturel dans cette désolation, les conduisirent droit sur la contrescarpe de la ville même, où ils furent tous pris par la garnison.

Le roi ne voulut point fuir, et ne pouvait se défendre. Il avait en ce moment auprès de lui le général Poniatowski, colonel de la garde suédoise du roi Stanislas, homme d'un mérite rare, que son attachement pour la personne de Charles avait engagé à le suivre en Ukraine sans aucun commandement : c'était un homme qui, dans toutes les occurrences de sa vie, et dans les dangers où les autres n'ont que plus de valeur, prit toujours son parti sur-le-champ, et bien et avec bonheur : il fit signe à deux drabans, qui prirent le roi par-dessous les bras, et le mirent à cheval malgré les douleurs extrêmes de sa blessure.

Poniatowski, quoiqu'il n'eût point de commandement dans l'armée, devenu en cette occasion général par nécessité, rallia cinq cents cavaliers auprès de la personne du roi; les uns étaient des drabans, les autres des officiers, quelques-uns de simples cavaliers : cette troupe rassemblée, et ranimée par le malheur de son prince, se fit jour à travers dix régiments moscovites, et conduisit Charles au milieu des ennemis l'espace d'une lieue, jusqu'au bagage de l'armée suédoise.

Le roi fuyant et poursuivi eut son cheval tué sous lui; le colonel Gieta, blessé et perdant tout son sang, lui donna le sien. Ainsi on remit deux fois à cheval dans sa fuite ce conquérant qui n'avait pu y monter pendant la bataille.

Cette retraite étonnante était beaucoup dans un si grand malheur; mais il fallait fuir plus loin : on trouva dans le bagage le carrosse du comte Piper; car le roi n'en eut jamais depuis qu'il sortit de Stockholm : on le mit dans cette voiture, et l'on prit avec précipitation la route du Borysthène. Le roi, qui, depuis le moment où on l'avait mis à cheval jusqu'à son arrivée au bagage, n'avait pas dit un seul mot, demanda alors ce qu'était devenu le comte Piper. Il est pris avec toute la chancellerie, lui répondit-on. Et le général Renschild, et le duc de Wirtemberg? ajouta-t-il. Ils sont aussi prisonniers, et Poniatowski. « Prisonniers chez des Russes! reprit Charles en haussant les épaules; allons donc, allons plutôt chez les Turcs. » On ne remarquait pourtant point d'abattement sur son visage; et quiconque l'eût vu alors, et eût ignoré son état, n'eût point soupçonné qu'il était vaincu et blessé.

L'armée de Charles XII fuyant après avoir jeté ses canons dans les marais.

Pendant qu'il s'éloignait, les Russes saisirent son artillerie dans le camp devant Pultava, son bagage, sa caisse militaire, où ils trouvèrent six millions en espèces, dépouilles des Polonais et des Saxons. Près de neuf mille hommes, Suédois ou Cosaques, furent tués dans la bataille; environ six mille furent pris. Il restait encore environ seize mille hommes, tant Suédois et Polonais que Cosaques, qui fuyaient vers le Borysthène, sous la conduite du général Levenhaupt; il marcha d'un côté avec ses troupes fugitives : le roi alla par un autre chemin avec quelques cavaliers. Le carrosse où il était rompit dans la marche; on le remit à cheval. Pour comble de disgrâce il s'égara pendant la nuit dans un bois; là, son courage ne pouvant plus suppléer à ses forces épuisées, les douleurs de sa blessure devenues plus insupportables par la fatigue, son cheval étant tombé de lassitude, il se coucha quelques heures au pied d'un arbre, en danger d'être surpris à tout moment par les vainqueurs qui le cherchaient de tous côtés.

Enfin la nuit du 9 au 10 juillet, il se trouva vis-à-vis le Borysthène : Levenhaupt venait d'arriver avec les débris de l'armée : les Suédois revirent avec une joie mêlée de douleur leur roi, qu'ils croyaient mort. L'ennemi approchait, on n'avait ni pont pour passer le fleuve, ni temps pour en faire, ni poudre pour se défendre, ni provisions pour empêcher de mourir de faim une armée qui n'avait mangé depuis deux jours. Cependant les restes de cette armée étaient des Suédois, et ce roi vaincu était Charles XII. Presque tous les officiers croyaient qu'on attendrait là de pied ferme les Russes, et qu'on périrait ou qu'on vaincrait sur le bord du Borysthène. Charles eût pris sans doute cette résolution s'il n'eût été accablé de faiblesse : sa plaie suppurait, il avait la fièvre; et on a remarqué que la plupart des hommes les plus intrépides perdent dans la fièvre de la suppuration cet instinct de valeur qui, comme les autres vertus, demande une tête libre. Charles

n'était plus lui-même; c'est ce qu'on m'a assuré, et qui est plus vraisemblable. On l'entraîna comme un malade qui ne se connaît plus. Il y avait encore par bonheur une mauvaise calèche qu'on avait amenée à tout hasard jusqu'à cet endroit; on l'embarqua sur un petit bateau : le roi se mit dans un autre avec le général Mazeppa. Celui-ci avait sauvé plusieurs coffres pleins d'argent; mais le courant étant trop rapide, et un vent violent commençant à souffler, ce Cosaque jeta plus des trois quarts de ses trésors dans le fleuve pour soulager le bateau. Mullern, chancelier du roi, et le comte Poniatowski, homme plus que jamais nécessaire au roi par les ressources que son esprit lui fournissait dans ses disgrâces, passèrent dans d'autres barques avec quelques officiers. Trois cents cavaliers et un très-grand nombre de Polonais et de Cosaques, se fiant sur la bonté de leurs chevaux, hasardèrent de passer le fleuve à la nage : leur troupe bien serrée résistait au courant, et rompait les vagues; mais tous ceux qui s'écartèrent un peu au-dessous furent emportés et abîmés dans le fleuve. De tous les fantassins qui risquèrent le passage aucun n'arriva à l'autre bord.

Tandis que les débris de l'armée étaient dans cette extrémité, le prince Menzikoff s'approchait avec dix mille cavaliers ayant chacun un fantassin en croupe. Les cadavres des Suédois morts sur le chemin, de leurs blessures, de fatigue et de faim, montraient assez au prince Menzikoff la route qu'avait prise le gros de l'armée fugitive : le prince envoya au général suédois un trompette pour lui offrir une capitulation; quatre officiers généraux furent aussitôt envoyés par Levenhaupt pour recevoir la loi du vainqueur. Avant ce jour seize mille soldats du roi Charles XII eussent attaqué toutes les forces de l'empire moscovite, et eussent péri jusqu'au dernier plutôt que de se rendre; mais après une bataille perdue, après avoir fui pendant deux jours, ne voyant plus leur prince, qui était contraint de fuir lui-même, les forces de chaque soldat étant épuisées, leur courage n'étant plus soutenu par aucune espérance, l'amour de la vie l'emporta sur l'intrépidité. Il n'y eut que le colonel Troutfetre qui, voyant approcher les

Charles XII blessé.

Moscovites, s'ébranla avec un bataillon suédois pour les charger, espérant entraîner le reste des troupes; mais Levenhaupt fut obligé d'arrêter ce mouvement inutile. La capitulation fut achevée; cette armée entière fut faite prisonnière de guerre. Quelques soldats, désespérés de tomber entre les mains des Moscovites, se précipitèrent dans le Borysthène; deux officiers du régiment de ce brave Troutfetre s'entretuèrent; le reste fut fait esclave. Ils défilèrent tous en présence du prince Menzikoff, mettant les armes à ses pieds, comme trente mille Moscovites avaient fait neuf ans auparavant devant le roi de Suède à Narva. Mais, au lieu que le roi avait alors renvoyé tous ces prisonniers moscovites, qu'il ne craignait pas, le czar retint les Suédois pris à Pultava.

Ces malheureux furent dispersés depuis dans les États du czar, mais particulièrement en Sibérie, vaste province de la grande Tartarie, qui, du côté de l'orient, s'étend jusqu'aux frontières de l'empire chinois. Dans ce pays barbare, où l'usage du pain n'était pas même connu, les Suédois, devenus ingénieux par le besoin, y exercèrent les métiers et les arts dont ils pouvaient avoir quelque teinture. Alors toutes les distinctions que la fortune met entre les hommes furent bannies : l'officier qui ne put exercer aucun métier fut réduit à fendre et à porter le bois du soldat devenu tailleur, drapier, menuisier, ou maçon, ou orfévre, et qui gagnait de quoi subsister. Quelques officiers devinrent peintres, d'autres architectes : il y en eut qui enseignèrent les langues, les mathématiques; ils y établirent même des écoles publiques, qui avec le temps devinrent si utiles et si connues qu'on y envoyait des enfants de Moscou.

Le comte Piper, premier ministre du roi de Suède, fut longtemps enfermé à Pétersbourg. Le czar était persuadé, comme le reste de l'Europe, que ce ministre avait vendu son maître au duc de Marlborough, et avait attiré sur la Moscovie les armes de la Suède, qui auraient pu pacifier l'Europe : il lui rendit sa captivité plus dure. Ce ministre mourut quelques années après en Moscovie, peu secouru par sa famille, qui vivait à Stockholm dans l'opulence, et plaint inutilement par son roi, qui ne voulut jamais s'abaisser à offrir pour son ministre une rançon qu'il craignait que le czar n'acceptât pas; car il n'y eut jamais de cartel d'échange entre Charles et le czar.

L'empereur moscovite, pénétré d'une joie qu'il ne se mettait pas en peine de dissimuler, recevait sur le champ de bataille les prisonniers qu'on lui amenait en foule, et demandait à tout moment : Où est donc mon frère Charles?

Il fit aux généraux suédois l'honneur de les inviter à sa table. Entre autres questions qu'il leur fit, il demanda au général Renschild à combien les troupes du roi son maître pouvaient monter avant la bataille. Renschild répondit que le roi seul en avait la liste, qu'il ne communiquait à personne; mais que pour lui il pensait que le tout pouvait aller à environ trente mille hommes; savoir dix-huit mille Suédois, et le reste Cosaques. Le czar parut surpris, et demanda comment ils avaient pu hasarder de pénétrer dans un pays si reculé, et d'assiéger Pultava avec si peu de monde. « Nous n'avons pas toujours été consultés, reprit le général suédois; mais, comme fidèles serviteurs, nous avons obéi aux ordres de notre maître, sans jamais le contredire. » Le czar se tourna à cette réponse vers quelques-uns de ses courtisans autrefois soupçonnés d'avoir trempé dans des conspirations contre lui : « Ah! dit-il, voilà comme il faut servir son souverain. » Alors prenant un verre de vin : « A la santé, dit-il, de mes maîtres dans l'art de la guerre. » Renschild lui demanda qui étaient ceux qu'il honorait d'un si beau titre. « Vous, messieurs les généraux suédois, » reprit le czar. « Votre Majesté est donc bien ingrate, reprit le comte, d'avoir tant maltraité ses maîtres! » Le roi, après le repas, fit rendre les épées à tous les officiers généraux, et les traita comme un prince qui voulait donner à ses sujets des leçons de générosité et de la politesse qu'il connaissait. Mais ce même prince, qui traita si bien les généraux suédois, fit rouer tous les Cosaques qui tombèrent dans ses mains.

Cependant cette armée suédoise, sortie de la Saxe si triomphante, n'était plus; la moitié avait péri de misère, l'autre moitié était esclave ou massacrée. Charles XII avait perdu en un jour le fruit de neuf ans de travaux et de près de cent combats : il fuyait dans une méchante calèche, ayant à son côté le major général Hord blessé dangereusement; le reste de sa troupe suivait, les uns à pied, les autres à cheval, quelques-uns dans des charrettes, à travers un désert où ils ne voyaient ni huttes, ni tentes, ni hommes, ni animaux, ni chemins; tout y manquait jusqu'à l'eau même. C'était dans le commencement de juillet. Le pays est situé au quarante-septième degré; le sable aride du désert rendait la chaleur du soleil plus insupportable; les chevaux tombaient; les hommes étaient près de mourir de soif. Un ruisseau d'eau bourbeuse fut l'unique ressource qu'on trouva vers la nuit; on remplit des outres de cette eau, qui sauva la vie à la petite troupe du roi de Suède. Après cinq jours de marche, il se trouva sur le rivage du fleuve Hippanis, aujourd'hui nommé le Bogh par les barbares, qui ont défiguré jusqu'au nom de ces pays, que des colonies grecques firent fleurir autrefois. Ce fleuve se joint à quelques milles de là au Borysthène, et tombe avec lui dans la mer Noire.

Au delà du Bogh, du côté du midi, est la petite ville d'Oczakou, frontière de l'empire des Turcs. Les habitants, voyant venir à eux une troupe de gens de guerre dont l'habillement et le langage leur étaient inconnus, refusèrent de les passer à Oczakou sans un ordre de Mehemet bacha, gouverneur de la ville. Le roi envoya un exprès à ce gouverneur pour lui demander le passage; ce Turc, incertain de ce qu'il devait faire, dans un pays où une fausse démarche coûte souvent la vie, n'osa rien prendre sur lui sans avoir auparavant la permission du séraskier de la province, qui réside à Bender dans la Bessarabie. Pendant qu'on attendait cette permission, les Russes, qui avaient suivi l'armée du roi prisonnière, avaient passé le Borysthène, et approchaient pour le prendre lui-même : enfin le bacha d'Oczakou envoya dire au roi qu'il lui fournirait une petite barque pour sa personne et pour deux ou trois hommes de sa suite. Dans cette extrémité, les Suédois prirent de force ce qu'ils ne pouvaient avoir de gré; quelques-uns allèrent à l'autre bord, dans une petite nacelle, se saisir de quelques

bateaux et les amenèrent à leur rivage : ce fut leur salut; car les patrons des barques turques, craignant de perdre une occasion de gagner beaucoup, vinrent en foule offrir leurs services : précisément dans le même temps la réponse favorable du séraskier de Bender arrivait aussi, et le roi eut la douleur de voir cinq cents hommes de sa suite saisis par ses ennemis, dont il entendait les bravades insultantes. Le bacha d'Oczakou lui demanda par un interprète pardon de ces retardements qui causèrent la prise de ces cinq cents hommes, et le supplia de vouloir bien ne point s'en plaindre au Grand Seigneur. Charles lui promit, non sans lui faire une réprimande comme s'il eût parlé à un de ses sujets.

Le commandant de Bender, qui était en même temps séraskier, titre qui répond à celui de général, et bacha de la province, qui signifie gouverneur et intendant, envoya en hâte un aga complimenter le roi, et lui offrir une tente magnifique, avec les provisions, le bagage, les chariots, les commodités, les officiers, toute la suite nécessaire pour le conduire avec splendeur jusqu'à Bender : car tel est l'usage des Turcs, non-seulement de défrayer les ambassadeurs jusqu'au lieu de leur résidence, mais de fournir tout abondamment aux princes réfugiés chez eux pendant le temps de leur séjour.

LIVRE CINQUIÈME.

ARGUMENT.

État de la Porte Ottomane. Charles séjourne près de Bender. Ses occupations. Ses intrigues à la Porte. Ses desseins. Auguste remonte sur son trône. Le roi de Danemark fait une descente en Suède. Tous les autres États de Charles sont attaqués. Le czar triomphe dans Moscou. Affaire du Pruth. Histoire de la czarine, paysanne devenue impératrice.

Achmet III gouvernait alors l'empire de Turquie : il avait été mis en 1703 sur le trône à la place de son frère Mustapha, par une révolution semblable à celle qui avait donné en Angleterre la couronne de Jacques II à son gendre Guillaume. Mustapha, gouverné par son muphti, que les Turcs abhorraient, souleva contre lui tout l'empire; son armée, avec laquelle il comptait punir les mécontents, se joignit à eux : il fut pris, déposé en cérémonie, et son frère tiré du sérail pour devenir sultan, sans qu'il y eût presque une goutte de sang de répandue. Achmet renferma le sultan déposé dans le sérail de Constantinople, où il vécut encore quelques années, au grand étonnement de la Turquie, accoutumée à voir la mort des princes suivre toujours leur détrônement.

Le nouveau sultan, pour toute récompense d'une couronne qu'il devait aux ministres, aux généraux, aux officiers des janissaires, enfin à ceux qui avaient perdu son frère, la révolution, les fit tous périr les uns après les autres, de peur qu'un jour ils n'en tentassent une seconde. Par le sacrifice de tant de braves gens il affaiblit les forces de l'empire; mais il affermit son trône, du moins pour quelques années. Il s'appliqua depuis à amasser des trésors. C'est le premier des Ottomans qui ait osé altérer un peu la monnaie et établir de nouveaux impôts; mais il a été obligé de s'arrêter dans ces deux entreprises de crainte d'un soulèvement : car la rapacité et la tyrannie du Grand Seigneur ne s'étendent presque jamais sur les officiers de l'empire, qui, quels qu'ils soient, sont esclaves domestiques du sultan; mais la multitude des musulmans vit dans une sécurité profonde, sans craindre ni pour leurs vies, ni pour leurs fortunes, ni pour leur liberté.

Tel était l'empereur des Turcs chez qui le roi de Suède vint chercher un asile. Il lui écrivit dès qu'il fut sur ses terres; sa lettre est du 13 juillet 1709 : il en courut plusieurs copies différentes, qui passent aujourd'hui pour infidèles; mais de toutes celles que j'ai vues il n'en est aucune qui me marquât de la hauteur, et qui ne fût conforme à son courage qu'à sa situation. Le sultan ne lui fit réponse que vers la fin de septembre : la fierté de la Porte Ottomane fit sentir à Charles XII la différence qu'elle mettait entre l'empereur turc et un roi d'une partie de la Scandinavie, chrétien, vaincu et fugitif. Au reste, toutes ces lettres, que les rois écrivent très-rarement eux-mêmes, ne sont que de vaines formalités qui ne font connaître ni le caractère des souverains ni leurs affaires.

Charles XII, en Turquie, n'était en effet qu'un captif honorablement traité. Cependant il concevait le dessein d'armer l'empire ottoman contre ses ennemis, et se flattait de ramener la Pologne sous le joug et de soumettre la Russie : il avait en envoyé à Constantinople; mais celui qui le servit le plus dans ses vastes projets fut le comte Poniatowski, lequel alla à Constantinople sans mission, et se rendit bientôt nécessaire au roi, agréable à la Porte, et enfin dangereux aux grands vizirs mêmes.

Un de ceux qui secondèrent plus adroitement ses desseins fut le médecin Fonseca, Portugais, juif établi à Constantinople, homme savant et délié, capable d'affaires, et le seul philosophe peut-être de sa nation : sa profession lui procurait des entrées à la Porte Ottomane, et souvent la confiance des vizirs. Je l'ai fort connu à Paris, il m'a confirmé toutes les particularités que je vais raconter. Le comte Poniatowski m'a dit lui-même et m'a écrit qu'il avait eu l'adresse de faire tenir des lettres à la sultane validé, mère de l'empereur régnant, autrefois maltraitée par son fils, mais qui commençait à prendre du crédit dans le sérail. Une Juive, qui approchait souvent de cette princesse, ne cessait de lui raconter les exploits du roi de Suède, et la charmait par ses récits. La sultane, par une secrète inclination dont presque toutes les femmes se sentent surprises en faveur des hommes extraordinaires, même sans les avoir vus, prenait hautement dans le sérail le parti de ce prince; elle ne l'appelait que son lion. « Quand voulez-vous donc, disait-elle quelquefois au grand seigneur son fils, aider mon lion à dévorer ce czar? » Elle passa même par-dessus les lois austères du sérail, au point d'écrire de sa main plusieurs lettres au comte Poniatowski, entre les mains duquel elles sont encore au temps qu'on écrit cette histoire.

Cependant on avait conduit le roi avec honneur à Bender, par le désert qui s'appelait autrefois la solitude des Gètes. Les Turcs eurent soin que rien ne manquât sur sa route de tout ce qui pouvait rendre son voyage plus agréable : beaucoup de Polonais, de Suédois, de Cosaques, échappés les uns auprès les autres des mains des Moscovites, venaient par différents chemins grossir sa suite sur la route : il avait avec lui dix-huit cents hommes quand il se trouva à Bender; tout ce monde était nourri, logé, eux et leurs chevaux, aux dépens du Grand Seigneur.

Le roi voulut camper auprès de Bender au lieu de demeurer dans la ville. Le séraskier Jussuf, bacha, lui fit dresser une tente magnifique, et on en fournit à tous les seigneurs de sa suite : quelque temps après le prince se fit bâtir une maison dans cet endroit; ses officiers en firent autant à son exemple; les soldats dressèrent des baraques : de sorte que ce camp devint insensiblement une petite ville. Le roi n'étant point encore guéri de sa blessure, il fallut lui tirer du pied un os carié; mais dès qu'il put monter à cheval il reprit ses fatigues ordinaires, toujours se levant avant le soleil, laissant trois chevaux par jour, faisant faire l'exercice à ses soldats. Pour tout amusement il jouait quelquefois aux échecs. Si les petites choses peignent les hommes, il est permis de rapporter qu'il faisait toujours marcher le roi à ce jeu; il s'en servait plus que des autres pièces, et par là il perdait toutes les parties.

Il se trouvait à Bender dans une abondance de toutes choses bien rare pour un prince vaincu et fugitif; car outre les provisions plus que suffisantes, et les cinq cents écus par jour qu'il recevait de la magnificence ottomane, il tirait encore de l'argent de la France, et il empruntait des marchands de Constantinople. Une partie de son argent servit à ménager des intrigues dans le sérail, à acheter la faveur des vizirs ou à procurer leur perte : il répandait l'autre partie avec profusion parmi ses officiers et les janissaires qui lui servaient de gardes à Bender. Grothusen, son favori et trésorier, était le dispensateur de ses libéralités : c'était un homme qui, contre l'usage de ceux qui sont en cette place, aimait autant à donner que son maître. Il lui apporta un jour un compte de soixante mille écus en deux lignes : Dix mille écus donnés aux Suédois et aux janissaires par les ordres généreux de Sa Majesté, et le reste mangé par moi. « Voilà comme j'aime que mes amis me rendent leurs comptes, dit ce prince : Mullern me fait lire des pages entières pour les sommes de dix mille francs; j'aime mieux le style laconique de Grothusen. » Un de ses vieux officiers, soupçonné d'être un peu avare, se plaignit à lui de ce que Sa Majesté donnait tout à Grothusen : « Je ne donne de l'argent, répondit le roi, qu'à ceux qui savent en faire usage. » Cette générosité se réduisait souvent à n'avoir pas de quoi donner. Plus d'économie dans ses libéralités eût été aussi honorable et plus utile; mais c'était le défaut de ce prince de pousser à l'excès toutes les vertus.

Beaucoup d'étrangers accouraient de Constantinople pour le voir. Les Turcs, les Tartares du voisinage y venaient en foule; tous le respectaient et l'admiraient. Son opiniâtreté à s'abstenir du vin, et sa régularité à assister deux fois par jour aux prières publiques, leur faisaient dire : « C'est un vrai musulman. » Ils brûlaient d'impatience de marcher avec lui à la conquête de la Moscovie.

Dans ce loisir de Bender, qui fut plus long qu'il ne pensait, il prit insensiblement du goût pour la lecture. Le baron Fabrice, gentilhomme du duc de Holstein, jeune homme aimable, qui avait dans l'esprit cette gaieté et ce tour aisé qui plaît aux princes, fut celui qui l'engagea à lire. Il était envoyé auprès de lui à Bender pour y ménager les intérêts du jeune duc de Holstein, et il y réussit en se rendant agréable. Il avait lu tous les auteurs français : il fit lire au roi les tragédies de Pierre Corneille, celles de Racine et les ouvrages de Despréaux. Le roi ne prit nul goût aux satires de ce dernier, qui en effet ne sont pas ses meilleures pièces; mais il aimait fort ses autres écrits. Quand on lui lut ce trait de la satire huitième où l'auteur traite Alexandre de fou et d'enragé, il déchira le feuillet.

De toutes les tragédies françaises Mithridate était celle qui lui plaisait davantage, parce que la situation de ce roi vaincu et respirant la vengeance était conforme à la sienne. Il montrait avec le doigt à M. Fabrice les endroits qui le frappaient; mais il n'en voulait rien lire aucun tout haut, ni hasarder jamais un mot en français. Même quand il vit depuis à Bender M. Désaleurs, ambassadeur de France à la Porte, homme d'un mérite distingué, mais qui ne savait que sa langue natu-

relle, il répondit à cet ambassadeur en latin; et sur ce que M. Désaleurs protesta qu'il n'entendait pas quatre mots de cette langue, le roi, plutôt que de parler français, fit venir un interprète.

Telles étaient les occupations de Charles XII à Bender, où il attendait qu'une armée de Turcs vînt à son secours. Son envoyé présentait des mémoires en son nom au grand vizir, et Poniotowski les soutenait par le crédit qu'il savait se donner. L'insinuation réussit partout : il ne paraissait vêtu qu'à la turque; il se procurait toutes les entrées. Le Grand Seigneur lui fit présent d'une bourse de mille ducats, et le grand vizir lui dit : « Je prendrai votre roi d'une main, et une épée dans l'autre, et je le mènerai à Moscou à la tête de deux cent mille hommes. » Ce grand vizir s'appelait Chourlouli Ali bacha : il était fils d'un paysan du village de Chourlou. Ce n'est point parmi les Turcs un reproche qu'une telle extraction; on n'y connaît point la noblesse, soit celle à laquelle les emplois soient attachés, soit celle qui ne consiste que dans des titres; les services seuls sont censés tout faire : c'est l'usage de presque tout l'Orient; usage très-naturel et très-bon, si les dignités pouvaient n'être données qu'au mérite; mais les vizirs ne sont d'ordinaire que des créatures d'un eunuque noir ou d'une esclave favorite.

Le premier ministre changea bientôt d'avis. Le roi ne pouvait que négocier, et le czar pouvait donner de l'argent : il en donna, et ce fut de celui même de Charles XII qu'il se servit; la caisse militaire prise à Pultava fournit de nouvelles armes contre le vaincu. Il ne fut alors plus question de faire la guerre aux Russes. Le crédit du czar fut tout puissant à la Porte : elle accorda à son envoyé des honneurs dont les ministres moscovites n'avaient point encore joui à Constantinople : on lui permit d'avoir un sérail, c'est-à-dire un palais dans le quartier des Francs, et de communiquer avec les ministres étrangers. Le czar crut même pouvoir demander qu'on lui livrât le général Mazeppa, comme Charles XII s'était fait livrer le malheureux Patkul. Chourlouli Ali bacha ne savait plus rien refuser à un prince qui demandait en donnant des millions : ainsi ce même grand vizir qui auparavant avait promis solennellement de mener le roi de Suède en Moscovie avec deux cent mille hommes, osa bien lui faire proposer de consentir au sacrifice du général Mazeppa, Charles fut outré de cette demande. On ne sait jusqu'où le vizir eût poussé l'affaire, si Mazeppa, âgé de soixante et dix ans, ne fût mort précisément dans cette conjoncture. La douleur et le dépit du roi augmentèrent quand il apprit que Tolstoi, devenu l'ambassadeur du czar à la Porte, était publiquement servi par des Suédois faits esclaves à Pultava, et qu'on vendait tous les jours ces braves soldats dans le marché de Constantinople. L'ambassadeur moscovite disait même hautement que les troupes musulmanes qui étaient à Bender y étaient plus pour s'assurer du roi que pour lui faire honneur.

Charles, abandonné par le grand vizir, vaincu par l'argent du czar en Turquie, après l'avoir été par ses armes dans l'Ukraine, se voyait trompé, dédaigné à la Porte, presque prisonnier parmi des Tartares. Sa suite commençait à désespérer : lui seul tint ferme et ne parut pas abattu un moment. Il crut que le sultan ignorait les intrigues de Chourlouli Ali, son grand vizir; il résolut de les lui apprendre, et Poniatowski se chargea de cette commission hardie. Le Grand Seigneur va tous les vendredis à la mosquée, entouré de ses solaks, espèces de gardes, dont les turbans sont ornés de plumes si hautes qu'elles dérobent le sultan à la vue du peuple. Quand on a quelque placet à présenter au Grand Seigneur on tâche de se mêler parmi ces gardes, et on lève en haut le placet : quelquefois le sultan daigne le prendre lui-même; mais le plus souvent il ordonne à un aga de s'en charger, et se fait ensuite représenter les placets au sortir de la mosquée. Il n'est pas à craindre qu'on ose l'importuner de mémoires inutiles, et de placets sur des bagatelles, puisqu'on écrit moins à Constantinople en toute une année qu'à Paris en un seul jour : on se hasarde encore moins à présenter des mémoires contre les ministres, à qui pour l'ordinaire le sultan les renvoie sans les lire. Poniatowski n'avait que cette voie pour faire passer jusqu'au Grand Seigneur les plaintes du roi de Suède : il dressa un mémoire accablant contre le grand vizir. M. de Fériol, alors ambassadeur de France, et qui m'a conté le fait, le traduire le mémoire en turc : on donna quelque argent à un Grec pour le présenter; ce Grec s'étant mêlé parmi les gardes du Grand Seigneur leva le papier si haut, si longtemps, et fit tant de bruit, que le sultan l'aperçut et prit lui-même le mémoire.

On se servit plusieurs fois de ce moyen pour présenter au sultan des mémoires contre les vizirs; un Suédois, nommé Lelong, en donna encore un autre bientôt après. Charles XII, dans l'empire des Turcs, était réduit à employer les ressources d'un sujet opprimé.

Quelques jours après le sultan envoya au roi de Suède, pour toute réponse à ses plaintes, vingt-cinq chevaux arabes dont l'un, qui avait porté Sa Hautesse, était couvert d'une selle et d'une housse couvertes de pierreries, avec des étriers d'or massif. Ce présent fut accompagné d'une lettre obligeante, mais conçue en termes généraux, et qui faisait soupçonner que le ministre n'avait rien fait que du consentement du sultan. Chourlouli, qui savait dissimuler, envoya aussi cinq chevaux très-rares au roi. Charles dit fièrement à celui qui les amenait : « Retournez vers votre maître, et dites-lui que je ne reçois point de présents de mes ennemis. »

M. Poniatowski ayant déjà osé faire présenter un mémoire contre le grand vizir, conçut alors le hardi dessein de le faire déposer; il savait que ce vizir déplaisait à la sultane mère, que le kislar aga, chef des eunuques noirs, et l'aga des janissaires le haïssaient; il les excita tous trois à parler contre lui. C'était une chose bien surprenante de voir un chrétien, un Polonais, un agent sans caractère d'un roi suédois réfugié chez les Turcs, cabaler presque ouvertement à la Porte contre un vice-roi de l'empire ottoman, qui de plus était utile et agréable à son maître. Poniatowski n'eût jamais réussi, et l'idée seule du projet lui eût coûté la vie, si une puissance plus forte que toutes celles qui étaient dans ses intérêts n'eût porté les derniers coups à la fortune du grand vizir Chourlouli.

Le sultan avait un jeune favori qui a depuis gouverné l'empire ottoman et a été tué en Hongrie, en 1716, à la bataille de Pétervaradin, gagnée sur les Turcs par le prince Eugène de Savoie; son nom était Coumourgi Ali bacha; sa naissance n'était guère différente de celle de Chourlouli; il était fils d'un porteur de charbon, comme Coumourgi le signifie, car coumour veut dire charbon en turc. L'empereur Achmet II, oncle d'Achmet III, ayant rencontré dans un petit bois, près d'Andrinople, Coumourgi encore enfant dont l'extrême beauté le frappa, le fit conduire dans son sérail. Il plut à Mustapha, fils aîné et successeur de Mahomet. Achmet III en fit son favori; il n'avait alors que la charge de selictar aga, porte-épée de la couronne. Son extrême jeunesse ne lui permettait pas de prétendre à l'emploi de grand vizir; mais il avait l'ambition d'en faire. La faction de Suède ne put jamais gagner l'esprit de ce favori; il ne fut en aucun temps l'ami de Charles, ni d'aucun prince chrétien, ni d'aucun de leurs ministres; mais en cette occasion il servait le roi Charles XII sans le vouloir; il s'unit avec la sultane validé et les grands officiers de la Porte pour faire tomber Chourlouli, qu'ils haïssaient tous. Ce vieux ministre, qui avait longtemps et bien servi son maître, fut la victime du caprice d'un enfant et des intrigues d'un étranger; on le dépouilla de sa dignité et de ses richesses; on lui ôta sa femme, qui était fille du dernier sultan Mustapha; et il fut relégué à Caffa, autrefois Théodosie, dans la Tartarie de Crimée. On donna le bât, c'est-à-dire le sceau de l'empire, à Numan Couprougli, petit-fils du grand Couprogli qui prit Candie. Ce nouveau vizir était tel que les chrétiens mal instruits ont peine à se figurer un Turc: homme d'une vertu inflexible, scrupuleux observateur de la loi, il opposait souvent la justice aux volontés du sultan. Il ne voulut point entendre parler de la guerre contre le Moscovite, qu'il traitait d'injuste et d'inutile; mais le même attachement à sa loi qui l'empêchait de faire la guerre au czar malgré la foi des traités, lui fit respecter les devoirs de l'hospitalité envers le roi de Suède. Il disait à son maître: « La loi te défend d'attaquer le czar qui ne t'a point offensé, mais elle t'ordonne de secourir le roi de Suède qui est malheureux chez toi. » Il fit tenir à ce prince huit cents bourses (une bourse vaut cinq cents écus), et lui conseilla de s'en retourner paisiblement dans ses États par les terres de l'empereur d'Allemagne ou par des vaisseaux français qui étaient alors au port de Constantinople, et que M. de Fériol, ambassadeur de France à la Porte, offrait à Charles pour le transporter à Marseille. Le comte Poniatowski négocia plus que jamais avec ce ministre, et acquit dans les négociations une supériorité que l'or des Moscovites ne pouvait plus lui disputer auprès d'un vizir incorruptible. La faction russe crut que la meilleure ressource pour elle était d'empoisonner ce négociateur si dangereux. On gagna un de ses domestiques qui devait lui donner du poison dans du café: le crime fut découvert avant l'exécution; on trouva le poison entre les mains du domestique, dans une petite fiole que l'on porta au Grand Seigneur. L'empoisonneur fut jugé en plein divan et condamné aux galères, parce que la justice des Turcs ne punit jamais de mort les crimes qui n'ont pas été exécutés.

Charles XII, toujours persuadé que tôt ou tard il réussirait à faire déclarer l'empire turc contre celui de Russie, n'accepta aucune des propositions qui tendaient à un retour paisible dans ses États; il ne cessait de représenter comme formidable aux Turcs ce même czar qu'il avait si longtemps méprisé; ses émissaires insinuaient sans cesse que Pierre Alexiowitz voulait se rendre maître de la navigation de la mer Noire; qu'après avoir subjugué les Cosaques, il en voulait à la Tartarie Crimée. Tantôt ses représentations animaient la Porte, tantôt les ministres russes les rendaient sans effet.

Tandis que Charles XII faisait ainsi dépendre sa destinée des volontés des vizirs, qu'il recevait des bienfaits et des affronts d'une puissance étrangère, qu'il faisait présenter des placets au sultan, qu'il subsistait de ses libéralités dans un désert, tous ses ennemis réveillés attaquaient ses États.

La bataille de Pultava fut d'abord le signal d'une révolution dans la Pologne. Le roi Auguste y retourna, protestant contre son abdication, contre la paix d'Altranstad, et accusant publiquement de brigandage et de barbarie Charles XII qu'il ne craignait plus. Il mit en prison Fingsten et Imhof, ses plénipotentiaires, qui avaient signé son abdication, comme s'ils avaient en cela passé leurs ordres et trahi leur maître. Ses troupes saxonnes, qui avaient été le prétexte de son détrônement, le ramenèrent à Varsovie, accompagné de la plupart des palatins polonais qui, lui ayant autrefois juré fidélité, avaient fait depuis les mêmes serments à Stanislas, et revenaient en faire de nouveaux à Auguste. Siniawski même rentra dans son parti; et, perdant l'idée de

se faire roi, se contenta de rester grand général de la couronne. Fleming, son premier ministre, qui avait été obligé de quitter pour un temps la Saxe, de peur d'être livré avec Patkul, contribua alors par son adresse à ramener à son maître une grande partie de la noblesse polonaise.

Le pape releva ses peuples du serment de fidélité qu'ils avaient fait à Stanislas; cette démarche du saint-père faite à propos et appuyée des forces d'Auguste, fut d'un assez grand poids; elle affermit le crédit de la cour de Rome en Pologne, où l'on n'avait nulle envie de contester alors aux premiers pontifes le droit chimérique de se mêler du temporel des rois; chacun retournait volontiers sous la domination d'Auguste, et recevait sans répugnance une absolution inutile que le nonce ne manqua pas de faire valoir comme nécessaire.

La puissance de Charles et la grandeur de la Suède touchèrent alors à leur dernier période. Plus de dix têtes couronnées voyaient depuis longtemps avec crainte et avec envie la domination suédoise s'étendant loin de ses bornes naturelles, au delà de la mer Baltique, depuis la Duna jusqu'à l'Elbe. La chute de Charles et son absence réveillèrent les intérêts et les jalousies de tous ces princes, assoupies longtemps par des traités et par l'impuissance de les rompre.

Le czar, plus puissant qu'eux tous ensemble, profitant de la victoire, prit Vibourg et toute la Carélie, inonda la Finlande de troupes, mit le siége devant Riga, et envoya un corps d'armée en Pologne pour aider Auguste à remonter sur le trône. Cet empereur était alors ce que Charles avait été autrefois, l'arbitre de la Pologne et du Nord; mais il ne consultait que ses intérêts, au lieu que Charles n'avait jamais écouté que ses idées de vengeance et de gloire. Le monarque suédois avait secouru ses alliés et accablé ses ennemis sans exiger le moindre fruit de ses victoires; le czar, se conduisant plus en prince et moins en héros, ne voulut secourir le roi de Pologne qu'à condition qu'on lui céderait la Livonie, et que cette province, pour laquelle Auguste avait allumé la guerre, resterait aux Moscovites pour toujours.

Le roi de Danemark, oubliant le traité de Travendal, comme Auguste celui d'Altranstad, songea dès lors à se rendre maître des duchés de Holstein et de Brême, sur lesquels il renouvela ses prétentions. Le roi de Prusse avait d'anciens droits sur la Poméranie suédoise, qu'il voulait faire revivre; le duc de Mecklembourg voyait avec dépit que la Suède possédait encore Vismar, la plus belle ville du duché; ce prince devait épouser une nièce de l'empereur moscovite; et le czar ne demandait qu'un prétexte pour s'établir en Allemagne, à l'exemple des Suédois; Georges, électeur de Hanover, cherchait de son côté à s'enrichir des dépouilles de Charles; l'évêque de Munster aurait bien voulu faire valoir quelques droits, s'il en avait eu le pouvoir.

Douze à treize mille Suédois défendaient la Poméranie et les autres pays que Charles possédait en Allemagne: c'était là que les alliés n'avaient qu'à porter. Cet orage alarma l'empereur et ses alliés. C'est une loi de l'Empire que quiconque attaque une de ses provinces est réputé l'ennemi de tout le corps germanique.

Mais il y avait encore un plus grand embarras; tous ces princes, à la réserve du czar, étaient réunis alors contre Louis XIV, dont la puissance avait été quelque temps aussi redoutable à l'empire que celle de Charles.

L'Allemagne s'était trouvée au commencement du siècle pressée du midi au nord entre les armées de la France et de la Suède. Les Français avaient passé le Danube, et les Suédois l'Oder: à leurs forces, alors victorieuses, s'étaient jointes, l'Empire eût été perdu. Mais la même fatalité qui accabla la Suède avait aussi humilié la France: toutefois la Suède avait encore des ressources, et Louis XIV faisait la guerre avec vigueur, quoique malheureusement. Si la Poméranie et le duché de Brême devenaient le théâtre de la guerre, il était à craindre que l'Empire n'en souffrît, et qu'étant affaibli de ce côté, il n'en fût moins fort contre Louis XIV. Pour prévenir ce danger, l'empereur, les princes d'Allemagne, Anne, reine d'Angleterre, les états généraux des Provinces-Unies, conclurent à la Haie, sur la fin de l'année 1709, un des plus singuliers traités qui aient jamais en été signés.

Il fut stipulé par ces puissances que la guerre contre les Suédois ne se ferait que en Poméranie et dans les autres provinces de l'Allemagne, et que les ennemis de Charles XII pourraient l'attaquer partout ailleurs. Le roi de Pologne et les Suédois eux-mêmes à ce traité; ils y firent insérer un article aussi extraordinaire que le traité même, ce fut que les douze mille Suédois qui étaient en Poméranie n'en pourraient sortir pour aller défendre leurs autres provinces.

Pour assurer l'exécution de ce traité, on proposa d'assembler une armée conservatrice de cette neutralité imaginaire: elle devait camper sur le bord de l'Oder. C'eût été une nouveauté singulière qu'une armée levée pour empêcher une guerre: ceux même qui devaient la soudoyer avaient la plupart beaucoup d'intérêt à faire cette guerre, qu'on prétendait écarter. Le traité portait qu'elle serait composée des troupes de l'empereur, du roi de Prusse, de l'électeur de Hanover, du landgrave de Hesse, et de l'évêque de Munster.

Il arriva ce qu'on devait naturellement attendre d'un pareil projet: il ne fut point exécuté: les princes qui devaient fournir leur contingent pour lever cette armée, ne donnèrent rien; il n'y eut pas deux régiments formés: on parla beaucoup de neutralité, personne ne la garda; et tous les princes du Nord qui avaient des intérêts à démêler avec le roi de Suède restèrent en pleine liberté de se disputer les dépouilles de ce prince.

Dans ces conjonctures, le czar, après avoir laissé ses troupes en quartier dans la Lithuanie, et avoir ordonné le siége de Riga, s'en retourna à Moscou étaler à ses peuples un appareil aussi nouveau que tout ce qu'il avait fait jusqu'alors dans ses Etats : ce fut un triomphe tel à peu près que celui des anciens Romains. Il fit son entrée dans Moscou sous sept arcs triomphaux dressés dans les rues, ornées de tout ce que le climat peut fournir, et de ce que le commerce florissant par ses soins y avait pu apporter : un régiment des gardes commençait la marche, suivi des pièces d'artillerie prises sur les Suédois à Lesno et à Pultava; chacune était traînée par huit chevaux couverts de housses d'écarlate pendantes à terre : ensuite venaient les étendards, les timbales, les drapeaux gagnés à ces deux batailles, portés par les officiers et par les soldats qui les avaient pris; toutes ces dépouilles étaient suivies des plus belles troupes du czar. Après qu'elles eurent défilé on vit sur un char fait exprès paraître le brancard de Charles XII, trouvé sur le champ de bataille de Pultava tout brisé de deux coups de canon; derrière ce brancard marchaient à deux tous les prisonniers : on y voyait le comte Piper, premier ministre de Suède; le célèbre maréchal Renschild, le comte de Levenhaupt, les généraux Sliipenbak, Stakelberg, Hamilton, tous les officiers et les soldats, qu'on dispersa depuis dans la grande Russie. Le czar paraissait immédiatement après eux sur le même cheval qu'il avait monté à la bataille de Pultava : à quelques pas de lui on voyait les généraux qui avaient eu part au succès de cette journée; un autre régiment des gardes venait ensuite : les chariots de munitions des Suédois fermaient la marche.

Cette pompe passa au bruit de toutes les cloches de Moscou, au son des tambours, des timbales, des trompettes, et d'un nombre infini d'instruments de musique qui se faisaient entendre par reprises, avec les salves de deux cents pièces de canon, et les acclamations de cinq cent mille hommes, qui s'écriaient : « Vive l'empereur notre père! » à chaque pause que faisait le czar dans cette entrée triomphale.

Cet appareil imposant augmenta la vénération de ses peuples pour sa personne : tout ce qu'il avait fait d'utile en leur faveur le rendait peut-être moins grand à leurs yeux. Il fit cependant continuer le blocus de Riga. Les généraux s'emparèrent du reste de la Livonie et d'une partie de la Finlande, en même temps le roi de Danemarck vint avec toute sa flotte faire une descente en Suède : il y débarqua dix-sept mille hommes, qu'il laissa sous la conduite du comte de Reventlau.

La Suède était alors gouvernée par une régence composée de quelques sénateurs que le roi établit quand il partit de Stockholm. Le corps du sénat, qui croyait que le gouvernement lui appartenait de droit, était jaloux de la régence. L'Etat souffrit de ces divisions; mais quand, après la bataille de Pultava, la première nouvelle qu'on apprit dans Stockholm fut que le roi était à Bender à la merci des Tartares et des Turcs, et que les Danois étaient descendus en Scanie, où ils avaient pris la ville d'Helsinbourg, alors les jalousies cessèrent; on ne songea qu'à sauver la Suède. Elle paraissait à être épuisée de troupes réglées; car quoique Charles eût toujours fait ses grandes expéditions à la tête de petites armées, cependant les combats innombrables qu'il avait livrés pendant neuf années, la nécessité de recruter continuellement ses troupes, d'entretenir ses garnisons, et les corps d'armée qu'il fallait toujours avoir sur pied dans la Finlande, dans l'Ingrie, la Livonie, la Poméranie, Brême, Verden, tout cela avait coûté à la Suède pendant le cours de la guerre plus de deux cent cinquante mille soldats : il ne restait pas huit mille hommes d'anciennes troupes, qui, avec les milices nouvelles, étaient les seules ressources de la Suède.

La nation est née belliqueuse, et tout peuple prend insensiblement le génie de son roi. On ne s'entretenait d'un bout du pays à l'autre que des actions prodigieuses de Charles, de ses généraux et ses vieux corps qui avaient combattu sous eux à Narva, à la Duna, à Clissau, à Pultask, à Hollosin; les moindres Suédois en prenaient un esprit d'émulation et de gloire : la tendresse pour leur roi, la pitié, la haine irréconciliable contre les Danois, s'y joignirent encore. Dans bien d'autres pays, les paysans sont esclaves ou traités comme tels; ceux-ci, faisant un corps dans l'Etat, se regardaient comme citoyens, et se formaient des sentiments plus grands : de sorte que ces milices devenaient en peu de temps les meilleures troupes du Nord.

Le général Steinbock se mit par ordre de la régence à la tête de huit mille hommes d'anciennes troupes, et d'environ douze mille de ces nouvelles milices pour aller chasser les Danois, qui ravageaient toute la côte d'Helsinbourg, et qui étendaient déjà leurs contributions fort avant dans les terres.

On n'eut ni le temps ni les moyens de donner aux milices des habits d'ordonnance; la plupart de ces laboureurs vinrent vêtus de leurs sarraux de toile, ayant à leurs ceintures des pistolets attachés avec des cordes. Steinbock, à la tête de cette armée extraordinaire, se trouva en présence des Danois à trois lieues d'Helsinbourg. Il voulut laisser à ses troupes quelques jours de repos, se retrancher, et donner à ces nouveaux soldats le temps de s'accoutumer à l'ennemi; mais tous ces paysans demandèrent la bataille le même jour qu'ils arrivèrent.

Des officiers qui y étaient m'ont dit les avoir vus alors presque tous

écumer de colère, tant la haine nationale des Suédois contre les Danois est extrême! Steinbock profita de cette disposition des esprits, qui dans un jour de bataille vaut autant que la discipline militaire; on attaqua les Danois, et c'est là qu'on vit, ce dont il n'y a peut-être pas deux exemples de plus, des milices toutes nouvelles égaler dans le premier combat l'intrépidité des vieux corps. Deux régiments de ces paysans armés à la hâte taillèrent en pièces le régiment des gardes du roi de Danemarck, dont il ne resta que six hommes.

Les Danois, entièrement défaits, se retirèrent sous le canon d'Helsinbourg. Le trajet de Suède en Zeeland est si court que le roi de Danemarck apprit le même jour à Copenhague la défaite de son armée en Suède : il envoya sa flotte pour embarquer les débris de ses troupes. Les Danois quittèrent la Suède avec précipitation cinq jours après la bataille; mais ne pouvant emmener leurs chevaux et ne voulant pas les laisser à l'ennemi, ils les tuèrent tous aux environs d'Helsinbourg, et mirent le feu à leurs provisions, brûlant leurs grains et leurs bagages, et laissant dans Helsinbourg quatre mille blessés, dont la plus grande partie mourut par l'infection de tant de chevaux tués, et par le défaut de provisions, dont leurs compatriotes même les privaient pour empêcher que les Suédois n'en jouissent.

Dans le même temps, les paysans de la Dalécarlie ayant ouï dire dans le fond des forêts que le roi était prisonnier chez les Turcs, députèrent à la régence de Stockholm, et offrirent d'aller à leurs dépens, au nombre de vingt mille, délivrer leur maître des mains de ses ennemis. Cette proposition, qui marquait plus de courage et d'affection qu'elle n'était utile, fut écoutée avec plaisir, quoique rejetée, et on ne manqua pas d'en instruire le roi en lui envoyant le détail de la bataille d'Helsinbourg.

Charles reçut dans son camp, près de Bender, ces nouvelles consolantes au mois de juillet 1710. Peu de temps après, un autre événement le confirma dans ses espérances.

Le grand vizir Couprougli, qui s'opposait à ses desseins, fut déposé après deux mois de ministère. La petite cour de Charles XII, et ceux qui tenaient encore pour lui en Pologne, publiaient que Charles faisait et défaisait les vizirs, et qu'il gouvernait l'empire turc du fond de sa retraite de Bender : mais il n'avait aucune part à la disgrâce de ce favori; la rigide probité du vizir fut, dit-on, la seule cause de sa chute : son prédécesseur ne payait point les janissaires du trésor impérial, mais de l'argent qu'il faisait venir par ses extorsions; Couprougli nels paya de l'argent du trésor. Achmet lui reprocha qu'il préférait l'intérêt des sujets à celui de l'empereur : « Ton prédécesseur Chourlouli, lui dit-il, savait bien trouver d'autres moyens de payer mes troupes. » Le grand vizir répondit : « S'il avait l'art d'enrichir Ta Hautesse par des rapines, c'est un art que je fais gloire d'ignorer. »

Le discours profond du sérail sont rarement que de pareils discours transpirent dans le public; mais celui-ci fut su avec la disgrâce de Couprougli. Ce vizir ne paya point sa hardiesse de sa vie, parce que la vraie vertu se fait quelquefois respecter lors même qu'elle déplaît : on lui permit de se retirer dans l'île de Négrepont. J'ai su ces particularités par les lettres de M. Bru, mon parent, premier drogman à la Porte Ottomane, et je les rapporte pour faire connaître l'esprit de ce gouvernement.

Le Grand Seigneur fit alors revenir d'Alep Baltagi Mehemet, bacha de Syrie, qui avait déjà été grand vizir avant Chourlouli. Les baltagis du sérail, ainsi nommés de balta qui signifie cognée, sont des esclaves qui coupent le bois pour l'usage des princes du sang ottoman et des sultanes. Ce vizir avait été baltagi dans sa jeunesse, et en avait toujours retenu le nom, selon la coutume des Turcs, qui prennent sans rougir le nom de leur première profession, ou celle de leur père, ou du lieu de leur naissance.

Dans le temps que Baltagi Mehemet était valet dans le sérail, il fut assez heureux pour rendre quelques petits services au prince Achmet, alors prisonnier d'État sous l'empire de son frère Mustapha : on laisse aux princes du sang ottoman, pour leurs plaisirs, quelques femmes d'un âge le plus avoir d'enfants (et cet âge arrive de bonne heure en Turquie), mais assez belles encore pour plaire. Achmet, devenu sultan, donna une de ses esclaves qu'il avait beaucoup aimée en mariage à Baltagi Mehemet. Cette femme, par ses intrigues, fit son mari grand vizir; une autre intrigue le déplaça et une troisième le fit encore grand vizir.

Quand Baltagi Mehemet vint recevoir le bul de l'empire il trouva le parti du roi de Suède dominant dans le sérail. La sultane validé, Ali Coumourgi favori du Grand Seigneur, le kislar aga, chef des eunuques noirs, et l'aga des janissaires voulaient la guerre contre le czar : le sultan y était déterminé. Le premier ordre qu'il donna au grand vizir fut d'aller combattre les Moscovites avec deux cent mille hommes. Baltagi Mehemet n'avait jamais fait la guerre; mais ce n'était point un imbécile, comme les Suédois mécontents de lui l'ont représenté. Il dit au Grand Seigneur, en recevant de sa main un sabre garni de pierreries : « Ta Hautesse sait que j'ai été élevé à me servir d'une hache pour fendre du bois, et non d'une épée pour commander tes armées : je tâcherai de te bien servir; mais, si je ne réussis pas, souviens-toi que je t'ai supplié de ne me le point imputer. » Le sultan l'assura de son amitié, et le vizir se prépara à obéir.

La première démarche de la Porte Ottomane fut de mettre au château des Sept-Tours l'ambassadeur moscovite. La coutume des Turcs est de commencer d'abord par faire arrêter les ministres des princes auxquels ils déclarent la guerre : observateurs de l'hospitalité en tout le reste, ils violent en cela le droit le plus sacré des nations. Ils commettent cette injustice sous prétexte d'équité, s'imaginant, ou voulant faire croire qu'ils n'entreprennent jamais que de justes guerres, parce qu'elles sont consacrées par l'approbation de leur muphti. Sur ce principe, ils se croient armés pour châtier les violateurs de traités que souvent ils rompent eux-mêmes, et croient punir les ambassadeurs des rois leurs ennemis comme complices des infidélités de leurs maîtres.

A cette raison se joint le mépris ridicule qu'ils affectent pour les princes chrétiens et pour les ambassadeurs, qu'ils ne regardent d'ordinaire que comme des consuls de marchands.

Le han des Tartares de Crimée, que nous nommons le kan, reçut ordre de se tenir prêt avec quarante mille Tartares. Ce prince gouverne le Nagaï, le Bulziack, avec une partie de la Circassie, et toute la Crimée, province connue dans l'antiquité sous le nom de Chersonèse taurique, où les Grecs portèrent leur commerce et leurs armes, et fondèrent de puissantes villes, et où les Génois pénétrèrent depuis, lorsqu'ils étaient les maîtres du commerce de l'Europe. On voit en ce pays des ruines des villes grecques, et quelques monuments des Génois, qui subsistent encore au milieu de la désolation et de la barbarie.

Le kan est appelé par ses sujets empereur ; mais avec ce grand titre il n'en est pas moins l'esclave de la Porte. Le sang ottoman dont les kans sont descendus, et le droit qu'ils prétendent à l'empire des Turcs, au défaut de la race du Grand Seigneur, rendent leur famille respectable au sultan même, et leurs personnes redoutables : c'est pourquoi le Grand Seigneur n'ose détruire la race des kans tartares ; mais il ne laisse presque jamais vieillir ces princes sur le trône. Leur conduite est toujours éclairée par les bachas voisins, leurs Etats entourés de janissaires, leurs volontés traversées par les grands vizirs, leurs desseins toujours suspects. Si les Tartares se plaignent du kan, la Porte le dépose sur ce prétexte ; s'il en est trop aimé, c'est un plus grand crime dont il est plus tôt puni : ainsi presque tous passent de la souveraineté à l'exil, et finissent leurs jours à Rhodes, qui est d'ordinaire leur prison et leur tombeau.

Les Tartares leurs sujets sont les peuples les plus brigands de la terre, et en même temps, ce qui semble inconcevable, les plus hospitaliers : ils vont à cinquante lieues de leur pays attaquer une caravane, détruire des villages ; mais qu'un étranger quel qu'il soit passe dans leur pays, non-seulement il est reçu partout, logé et défrayé, mais dans quelque lieu qu'il passe, les habitants se disputent l'honneur de l'avoir pour hôte ; le maître de la maison, sa femme, ses filles, le servent à l'envi. Les Scythes, leurs ancêtres, leur ont transmis ce respect inviolable pour l'hospitalité, qu'ils ont conservé, parce que le peu d'étrangers qui voyagent chez eux et le bas prix de toutes les denrées ne leur rendent point cette vertu trop onéreuse.

Quand les Tartares vont à la guerre avec l'armée ottomane ils sont nourris par le Grand Seigneur ; le butin qu'ils font est leur seule paye : aussi sont-ils plus propres à piller qu'à combattre régulièrement.

Le kan, gagné par les présents et les intrigues du roi de Suède, obtint d'abord que le rendez-vous général des troupes serait à Bender même, sous les yeux de Charles XII, afin de lui marquer mieux que c'était pour lui qu'on faisait la guerre.

Le nouveau vizir Baltagi Mehemet n'ayant pas les mêmes engagements, ne voulait pas flatter à ce point un prince étranger : il changea l'ordre, et ce fut à Andrinople que s'assembla cette grande armée. C'est toujours dans les vastes et fertiles plaines d'Andrinople qu'est le rendez-vous pour les armées turques, quand ce peuple fait la guerre aux chrétiens ; les troupes venues d'Asie et d'Afrique s'y reposent et s'y rafraîchissent quelques semaines : mais le grand vizir, pour prévenir le czar, ne laissa reposer l'armée que trois jours et marcha vers le Danube, et de là vers la Bessarabie.

Les troupes des Turcs ne sont plus aujourd'hui si formidables qu'autrefois lorsqu'elles conquirent tant d'Etats dans l'Asie, dans l'Afrique et dans l'Europe ; alors à la force du corps, la valeur et le nombre des Turcs triomphaient d'ennemis moins robustes qu'eux et plus mal disciplinés ; mais aujourd'hui que les chrétiens entendent mieux l'art de la guerre, ils battent presque toujours les Turcs en bataille rangée, même à forces inégales. Si l'empire ottoman a depuis fait quelques conquêtes, ce n'est que sur la république de Venise, estimée plus sage que guerrière, défendue par des étrangers et mal secourue par les princes chrétiens, toujours divisés entre eux.

Les janissaires et les spahis attaquent en désordre, incapables d'écouter le commandement et de se rallier : leur cavalerie, qui devrait être excellente, attendu la bonté et la légèreté de leurs chevaux, ne saurait soutenir le choc de la cavalerie allemande : l'infanterie ne savait point encore faire un usage avantageux de la baïonnette au bout du fusil ; de plus, les Turcs n'ont pas eu un grand général de terre parmi eux depuis Couprougli, qui conquit l'île de Candie. Un esclave nourri dans l'oisiveté et dans le silence du sérail, fait vizir par faveur, et général malgré lui, conduisait une armée levée à la hâte, sans expérience, sans discipline, contre des troupes moscovites aguerries par douze ans de guerre et fières d'avoir vaincu les Suédois.

Le czar, selon toutes les apparences, devait vaincre Baltagi Mehemet : mais il fit la même faute avec les Turcs que le roi de Suède avait commise avec lui ; il méprisa trop son ennemi. Sur la nouvelle de l'armement des Turcs il quitta Moscou ; et ayant ordonné qu'on changeât le siége de Riga en blocus, il assembla sur les frontières de Pologne quatre-vingt mille hommes de ses troupes. Avec cette armée il prit son chemin par la Moldavie et la Valachie, autrefois le pays des Daces, aujourd'hui habité par des chrétiens grecs tributaires du Grand Seigneur.

La Moldavie était gouvernée alors par le prince Cantemir, Grec d'origine, qui réunissait les talents des anciens Grecs, la science des lettres et celle des armes. On le faisait descendre du fameux Timur, connu sous le nom de Tamerlan ; cette origine paraissait plus belle qu'une grecque : on prouvait cette descendance par le nom de ce conquérant : Timur, dit-on, ressemble à Témir : le titre de kan, que possédait Timur avant de conquérir l'Asie, se retrouve dans le nom de Cantemir ; ainsi le prince Cantemir est descendant de Tamerlan. Voilà les fondements de la plupart des généalogies.

De quelque maison que fût Cantemir, il devait toute sa fortune à la Porte Ottomane. A peine avait-il reçu l'investiture de sa principauté qu'il trahit l'empereur turc son bienfaiteur, pour le czar dont il espérait davantage. Il se flattait que le vainqueur de Charles XII triompherait aisément d'un vizir peu estimé, qui n'avait jamais fait la guerre, et qui avait choisi pour son kiaia, c'est-à-dire pour son lieutenant, l'intendant des douanes de Turquie ; il comptait que tous ses gens se rangeraient de son parti : les patriarches grecs l'encouragèrent à cette défection. Le czar ayant donc fait un traité secret avec ce prince, et l'ayant reçu dans son armée, s'avança dans le pays, et arriva au mois de juin 1711 sur le bord septentrional du fleuve Hierase, aujourd'hui le Pruth, près d'Yassi, capitale de la Moldavie.

Dès que le grand vizir eut appris que Pierre Alexiowitz marchait de ce côté, il quitta aussi son camp, et suivant le cours du Danube, il alla passer ce fleuve sur un pont de bateaux, près d'un bourg nommé Saccia, au même endroit où Darius fit construire autrefois le pont qui porta son nom. L'armée turque fit tant de diligence qu'elle parut bientôt en présence des Moscovites, la rivière de Pruth entre deux.

Le czar, sûr du prince de Moldavie, ne s'attendait pas que les Moldaves dussent lui manquer : mais souvent les princes et les sujets ont des intérêts très-différents. Ceux-ci aimaient la domination turque, qui n'est jamais fatale qu'aux grands, et qui affecte de la douceur pour les peuples tributaires ; ils redoutaient les chrétiens, et surtout les Moscovites, qui les avaient toujours traités avec inhumanité : ils portèrent toutes leurs provisions à l'armée ottomane. Les entrepreneurs, qui s'étaient engagés à fournir des vivres aux Moscovites, exécutèrent avec le grand vizir le marché même qu'ils avaient fait avec le czar. Les Valaques, voisins des Moldaves, montrèrent aux Turcs la même affection ; tant l'ancienne idée de la barbarie moscovite avait aliéné tous les esprits.

Le czar ainsi trompé dans ses espérances, peut-être trop légèrement prises, vit tout d'un coup son armée sans vivres et sans fourrages. Les soldats désertaient par troupes, et bientôt cette armée se trouva réduite à moins de trente mille hommes près de périr de misère. Le czar éprouvait sur le Pruth, pour s'être livré à Cantemir, ce que Charles XII avait éprouvé à Pultava pour avoir trop compté sur Mazeppa. Cependant les Turcs passent la rivière, enferment les Russes et forment devant eux un camp retranché. Il est surprenant que le czar ne disputa point le passage de la rivière, ou du moins qu'il ne répara pas cette faute en livrant bataille aux Turcs immédiatement après le passage, au lieu de leur donner le temps de faire périr son armée de faim et de fatigue. Il semble que ce prince fit dans cette campagne tout ce qu'il fallait pour être perdu ; il se trouva sans provisions, ayant la rivière de Pruth derrière lui, cent cinquante mille Turcs devant lui, et quarante mille Tartares qui le harcelaient continuellement à droite et à gauche. Dans cette extrémité il dit publiquement : « Me » voilà du moins aussi mal que mon frère Charles l'était à Pultava. »

Le comte Poniatowski, infatigable agent du roi de Suède, était dans l'armée du grand vizir avec quelques Polonais et quelques Suédois, qui tous croyaient la perte du czar inévitable.

Dès que Poniatowski vit que les armées seraient infailliblement en présence, il le manda au roi de Suède, puis partit aussitôt de Bender, suivi de quarante officiers, jouissant par avance du plaisir de combattre l'empereur moscovite. Après beaucoup de pertes et de marches ruineuses, le czar, poussé vers le Pruth, n'avait pour tout retranchement que des chevaux de frise et des chariots : quelques troupes de janissaires et de spahis vinrent fondre sur son armée si mal retranchée ; mais ils attaquèrent en désordre, et les Moscovites se défendirent avec une vigueur que la présence de leur prince et le désespoir leur donnaient.

Les Turcs furent deux fois repoussés. Le lendemain M. Poniatowski conseilla au grand vizir d'affamer l'armée moscovite, qui, manquant de tout, serait obligée dans un jour de se rendre à discrétion avec son empereur.

Le czar a depuis avoué plus d'une fois qu'il n'avait jamais rien senti de si cruel dans sa vie que les inquiétudes qui l'agitèrent cette nuit ; il roulait dans son esprit tout ce qu'il avait fait depuis tant d'années pour la gloire et le bonheur de sa nation ; tant de grands ouvrages, toujours interrompus par des guerres, allaient peut-être périr avec lui avant d'avoir été achevés ; il fallait ou être détruit par la faim, ou attaquer près de cent quatre-vingt mille hommes avec des troupes languissantes, diminuées de la moitié, une cavalerie presque toute démontée, et des fantassins exténués de faim et de fatigue.

Il appela le général Czeremetof vers le commencement de la nuit, et lui ordonna, sans balancer et sans prendre conseil, que tout fût prêt à la pointe du jour pour aller attaquer les Turcs la baïonnette au bout du fusil.

Il donna de plus ordre exprès qu'on brûlât tous les bagages, et que chaque officier ne réservât qu'un seul chariot, afin que, s'ils étaient vaincus ; les ennemis ne pussent du moins profiter du butin qu'ils espéraient.

Après avoir tout réglé avec le général pour la bataille, il se retira dans sa tente accablé de douleur et agité de convulsions, mal dont il était souvent attaqué, et qui redoublait toujours avec violence quand il avait quelque grande inquiétude. Il défendit que personne osât entrer dans sa tente sous quelque prétexte que ce pût être, ne voulant pas qu'on vînt lui faire des remontrances sur une résolution désespérée ; mais nécessaire, encore moins qu'on fût témoin du triste état où il se sentait.

Cependant on brûla selon son ordre la plus grande partie de ses bagages. Toute l'armée suivit cet exemple, quoiqu'à regret ; plusieurs enterrèrent ce qu'ils avaient de plus précieux. Les officiers généraux ordonnaient déjà la marche et tâchaient d'inspirer à l'armée une confiance qu'ils n'avaient pas eux-mêmes ; chaque soldat, épuisé de fatigue et de faim, marchait sans ardeur et sans espérance. Les femmes, dont l'armée était trop remplie, poussaient des cris qui énervaient encore les courages : tout le monde attendait le lendemain la mort ou la servitude. Il n'est point une exagération, c'est à la lettre ce qu'on a entendu dire à des officiers qui servaient dans cette armée.

Il y avait alors dans le camp moscovite une femme aussi singulière peut-être que le czar même ; elle n'était encore connue que sous le nom de Catherine. Sa mère était une malheureuse paysanne nommée Erb-Magden, du village de Ringen en Estonie, province où les peuples sont serfs, et qui était en ce temps-là sous la domination de la Suède : jamais elle ne connut son père ; elle fut baptisée sous le nom de Marthe. Le vicaire de la paroisse l'éleva par charité jusqu'à quatorze ans ; à cet âge elle fut servante à Marienbourg chez un ministre luthérien de ce pays, nommé Gluk.

En 1702, à l'âge de dix-huit ans, elle épousa un dragon suédois : le lendemain de ses noces, un parti de troupes de Suède ayant été battu par les Moscovites, ce dragon, qui avait été à l'action, ne reparut plus, sans que sa femme pût savoir s'il avait été fait prisonnier, et sans même que depuis ce temps elle en pût jamais rien apprendre.

Quelques jours après, faite prisonnière elle-même par le général Bauer, elle servit chez lui, ensuite chez le maréchal Czeremetof. Celui-ci la donna à Menzikoff, homme qui a connu les plus extrêmes vicissitudes de la fortune, ayant été de garçon pâtissier, général et prince, ensuite dépouillé de tout et relégué en Sibérie, où il est mort dans la misère et dans le désespoir.

Ce fut à un souper chez le prince Menzikoff que l'empereur la vit et en devint amoureux ; il l'épousa secrètement en 1707, non pas séduit par des artifices de femme, mais parce qu'il lui trouva une fermeté d'âme capable de seconder ses entreprises, et même de les continuer après lui. Il avait déjà répudié depuis longtemps sa première femme Ottokesa, fille d'un boïard, accusée de s'opposer aux changements qu'il faisait dans ses États. Ce crime était le plus grand aux yeux du czar ; il ne voulait dans sa famille que des personnes qui pensassent comme lui : il crut rencontrer dans cette esclave étrangère les qualités d'un souverain, quoiqu'elle n'eût aucune des vertus de son sexe ; il dédaigna pour elle les préjugés qui eussent arrêté un homme ordinaire : il la fit couronner impératrice. Le même génie qui la fit femme de Pierre Alexiowitz lui donna l'empire après la mort de son mari. L'Europe a vu avec surprise cette femme, qui ne sut jamais ni lire ni écrire, réparer son éducation et ses faiblesses par son courage, et remplir avec gloire le trône d'un législateur.

Lorsqu'elle épousa le czar, elle quitta la religion luthérienne, où elle était née, pour la moscovite : on la rebaptisa selon l'usage du rite russe ; et au lieu du nom de Marthe elle prit le nom de Catherine, sous lequel elle a été connue depuis. Cette femme étant donc au camp du Pruth, tint un conseil avec les officiers généraux et le vice-chancelier Schaffirof pendant que le czar était dans sa tente.

On conclut qu'il fallait demander la paix aux Turcs et engager le czar à faire cette démarche. Le vice-chancelier écrivit une lettre au grand vizir au nom de son maître ; la czarine entra avec cette lettre dans la tente du czar malgré sa défense ; et ayant, après bien des prières, des contestations et des larmes, obtenu qu'il la signât, elle rassembla sur-le-champ toutes ses pierreries, tout ce qu'elle avait de plus précieux, tout son argent ; elle en emprunta même des officiers généraux ; et ayant composé de cet amas un présent considérable, elle l'envoya à Osman aga, lieutenant du grand vizir, avec la lettre signée par l'empereur moscovite. Mehemet Baltagi, conservant d'abord la fierté d'un vizir et d'un vainqueur, répondit : « Que le czar m'envoie

son premier ministre, et je verrai ce que j'ai à faire. » Le vice-chancelier Schaffirof vint aussitôt, chargé de quelques présents qu'il offrit publiquement lui-même au grand vizir, assez considérables pour lui marquer qu'on avait besoin de lui, mais trop peu pour le corrompre.

La première demande du vizir fut que le czar se rendît avec toute son armée à discrétion. Le vice-chancelier répondit que son maître allait l'attaquer dans un quart d'heure, que les Moscovites périraient jusqu'au dernier plutôt que de subir des conditions si infâmes. Osman ajouta ses remontrances aux paroles de Schaffirof.

Mehemet Baltagi n'était pas guerrier ; il voyait que les janissaires avaient été repoussés la veille : Osman lui persuada aisément de ne pas mettre au hasard d'une bataille des avantages certains. Il accorda donc d'abord une suspension d'armes pour six heures, pendant laquelle on conviendrait des conditions du traité.

Pendant qu'on parlementait, il arriva un petit accident qui peut faire connaître que les Turcs sont souvent plus jaloux de leur parole que nous ne croyons. Deux gentilshommes italiens, parents de M. Brillo, lieutenant-colonel d'un régiment de grenadiers au service du czar, s'étant écartés pour chercher quelque fourrage, furent pris par des Tartares, qui les emmenèrent à leur camp et offrirent de les vendre à un officier des janissaires. Le Turc, indigné qu'on osât ainsi violer la trêve, fit arrêter les Tartares, et les conduisit lui-même devant le grand vizir avec ces deux prisonniers.

Le vizir renvoya ces deux gentilshommes au camp du czar, et fit trancher la tête aux Tartares qui avaient eu le plus de part à leur enlèvement.

Cependant le kan des Tartares s'opposait à la conclusion d'un traité qui lui ôtait l'espérance du pillage ; Poniatowski secondait le kan par les raisons les plus pressantes : mais Osman l'emporta sur l'impatience tartare et sur les insinuations de Poniatowski.

Le vizir crut faire assez pour le Grand Seigneur son maître, de conclure une paix avantageuse : il exigea que les Moscovites rendissent Azoph, qu'ils brûlassent les galères qu'ils avaient dans ce port ; qu'ils démolissent les citadelles importantes bâties sur les Palus-Méotides, et que tout le canon et les munitions de ces forteresses demeurassent au Grand Seigneur ; que le czar retirât ses troupes de la Pologne ; qu'il n'inquiétât plus le petit nombre de Cosaques qui étaient sous la protection des Polonais, ni ceux qui dépendaient de la Turquie, et qu'il payât dorénavant aux Tartares un subside de quarante mille sequins par an, tribut odieux imposé depuis longtemps, mais dont le czar avait affranchi son pays.

Enfin le traité allait être signé sans qu'on eût seulement fait mention du roi de Suède. Tout ce que Poniatowski put obtenir du vizir fut qu'on insérât un article par lequel le Moscovite s'engageait à ne point troubler le retour de Charles XII ; et, ce qui est assez singulier, il fut stipulé dans cet article que le czar et le roi de Suède feraient la paix, s'ils en avaient envie, et s'ils pouvaient s'accorder.

A ces conditions le czar eut la liberté de se retirer avec son armée, son canon, son artillerie, ses drapeaux, son bagage. Les Turcs lui fournirent des vivres, et tout abonda dans son camp deux heures après la signature du traité, qui fut commencé le 21 juillet 1711, et signé le premier auguste.

Dans le temps que le czar, échappé de ce mauvais pas, se retirait tambour battant et enseignes déployées, arrive le roi de Suède, impatient de combattre et de voir son ennemi entre ses mains ; il avait couru plus de cinquante lieues à cheval depuis Bender jusqu'auprès d'Yassi : il arriva dans le temps que les Russes commençaient à faire paisiblement leur retraite. Il fallait pour pénétrer au camp des Turcs aller passer le Pruth sur un pont à trois lieues de là. Charles XII, qui ne faisait rien comme les autres hommes, passa la rivière à la nage, au hasard de se noyer, et traversa le camp moscovite, au hasard d'être pris : il parvint à l'armée turque, et descendit à la tente du comte Poniatowski, qui m'a conté et écrit ce fait. Le comte s'avança tristement vers lui, et lui apprit comment il venait de perdre une occasion qu'il ne recouvrerait peut-être jamais.

Le roi, outré de colère, va droit à la tente du grand vizir : il lui reproche avec un visage enflammé le traité qu'il vient de conclure. « J'ai droit, dit le grand vizir d'un air calme, de te faire la guerre et la paix. — Mais, reprend le roi, n'avais-tu pas toute l'armée moscovite en ton pouvoir ? — Notre loi nous ordonne, repartit gravement le vizir, de donner la paix à nos ennemis quand ils implorent notre miséricorde. — Hé ! t'ordonne-t-elle, insiste le roi en colère, de faire un mauvais traité, quand tu peux imposer telles lois que tu veux ? ne dépendait-il pas de toi d'amener le czar prisonnier à Constantinople ? »

Le Turc poussé à bout, répondit sèchement : « Hé ! qui gouvernerait son empire en son absence ? il ne faut pas que tous les rois soient hors de chez eux. » Charles répliqua par un sourire d'indignation ; il se jeta sur un sofa, et regardant le vizir d'un air plein de colère et de mépris, il étendit sa jambe vers lui, et embarrassa exprès son éperon dans la robe du Turc, il la lui déchira, se releva sur-le-champ, remonta à cheval, et retourna à Bender le désespoir dans le cœur.

Poniatowski resta encore quelque temps avec le grand vizir pour essayer qu'elle épousa par des voies plus douces de l'engager à tirer un meilleur parti du czar ; mais l'heure de la prière étant venue, le Turc, sans répondre un seul mot, alla se laver et prier Dieu.

LIVRE SIXIÈME.

ARGUMENT.

Intrigues à la Porte Ottomane. Le kan des Tartares et le bacha de Bender veulent forcer Charles de partir. Il se défend avec quarante domestiques contre une armée. Il est pris et traité en prisonnier.

La fortune du roi de Suède, si changée de ce qu'elle avait été, le persécutait dans les moindres choses : il trouva à son retour son petit camp de Bender et tout le logement inondés des eaux du Niester ; il se retira à quelques milles, près d'un village nommé Varnitza ; et, comme s'il eût eu un secret pressentiment de ce qui devait lui arriver, il fit bâtir en cet endroit une longue maison de pierre, capable en un besoin de soutenir quelques heures un assaut ; il la meubla même magnifiquement, contre sa coutume, pour imposer plus de respect aux Turcs.

Le brancard sur lequel on portait Charles XII est brisé,
et les chevaux tués.

Il en construisit aussi deux autres, l'une pour sa chancellerie, l'autre pour son favori Grothusen, qui tenait une de ses tables. Tandis que le roi bâtissait ainsi près de Bender comme s'il eût voulu rester toujours en Turquie, Baltagi Mehemet, craignant plus que jamais les intrigues et les plaintes de ce prince à la Porte, avait envoyé le résident de l'empereur d'Allemagne demander lui-même à Vienne un passage pour le roi de Suède par les terres héréditaires de la maison d'Autriche. Cet envoyé avait rapporté en trois semaines de temps une promesse de la régence impériale de rendre à Charles XII les honneurs qui lui étaient dus, et de le conduire en toute sûreté en Poméranie.

On s'était adressé à cette régence de Vienne, parce qu'alors l'empereur d'Allemagne, Charles, successeur de Joseph Ier, était en Espagne, où il disputait la couronne à Philippe V. Pendant que l'envoyé allemand exécutait à Vienne cette commission, le grand vizir envoya trois bachas au roi de Suède pour lui signifier qu'il fallait quitter les terres de l'empire turc.

Le roi, qui savait l'ordre dont ils étaient chargés, leur fit d'abord dire que s'ils osaient lui rien proposer contre son honneur et lui manquer de respect, il les ferait pendre tous trois sur l'heure. Le bacha de Salonique, qui portait la parole, déguisa la dureté de sa commission sous les termes les plus respectueux. Charles finit l'audience sans daigner seulement répondre : son chancelier Mullern, qui resta avec ces trois bachas, leur expliqua en peu de mots le refus de son maître, qu'ils avaient assez compris par son silence.

Le grand vizir ne se rebuta pas ; il ordonna à Ismaël bacha, nouveau séraskier de Bender, de menacer le roi de l'indignation du sultan s'il ne se déterminait pas sans délai. Ce séraskier était d'un tempérament doux et d'un esprit conciliant qui lui avait attiré la bienveillance de

Charles et l'amitié de tous les Suédois. Le roi entra en conférence avec lui, mais ce fut pour lui dire qu'il ne partirait que quand Achmet lui aurait accordé deux choses, la punition de son grand vizir et cent mille hommes pour retourner en Pologne.

Baltagi Mehemet sentait bien que Charles restait en Turquie pour le perdre ; il eut soin de faire mettre des gardes sur toutes les routes de Bender à Constantinople pour intercepter les lettres du roi ; il fit plus, il lui retrancha son thaïm, c'est-à-dire la provision que la Porte fournit aux princes à qui elle accorde un asile. Celle du roi de Suède était immense, consistant en cinq cents écus par jour en argent, et dans une provision de tout ce qui peut contribuer à l'entretien d'une cour dans la splendeur et dans l'abondance.

Dès que le roi sut que le vizir avait osé retrancher sa subsistance, il se tourna vers son grand maître d'hôtel, et lui dit : « Vous n'avez eu que deux tables jusqu'à présent, je vous ordonne d'en tenir quatre dès demain. »

Les officiers de Charles XII étaient accoutumés à ne trouver rien d'impossible de ce qu'il ordonnait : cependant on n'avait ni provisions ni argent ; on fut obligé d'emprunter à vingt, à trente, à quarante pour cent des officiers, des domestiques, et des janissaires devenus riches par les profusions du roi. M. Fabrice, l'envoyé de Holstein, Jeffreys, ministre d'Angleterre, leurs secrétaires, leurs amis, donnèrent ce qu'ils avaient. Le roi, avec sa fierté ordinaire et sans inquiétude de ces dons, subsistait de ces dons, qui n'auraient pas suffi longtemps. Il fallut tromper la vigilance des gardes, et envoyer secrètement à Constantinople pour emprunter de l'argent des négociants européens : tous refusèrent d'en prêter à un roi qui semblait s'être mis hors d'état de jamais rendre : un seul marchand anglais, nommé Couk, osa enfin prêter environ quarante mille écus, satisfait de les perdre si le roi de Suède venait à mourir. On apporta cet argent au petit camp du roi dans le temps qu'on commençait à manquer de tout et à ne plus espérer de ressource.

Catherine, qui devait être impératrice de Russie.

Dans cet intervalle, M. Poniatowski écrivit du camp même du grand vizir une relation de la campagne de Pruth dans laquelle il accusait Baltagi Mehemet de lâcheté et de perfidie. Un vieux janissaire, indigné de la faiblesse du vizir, et de plus gagné par les présents de Poniatowski, se chargea de cette relation ; et, ayant obtenu un congé, il présenta lui-même la lettre au sultan.

Poniatowski partit du camp quelques jours après, et alla à la Porte Ottomane former des intrigues contre le grand vizir selon sa coutume.

Les circonstances étaient favorables ; le czar en liberté ne se pressait pas d'accomplir ses promesses, les clefs d'Azoph ne venaient point : le grand vizir, qui en était responsable, craignant avec raison l'indignation de son maître, n'osait s'aller présenter devant lui.

Le sérail était alors plus rempli que jamais d'intrigues et de factions. Ces cabales que l'on voit dans toutes les cours, et qui se terminent d'ordinaire dans les nôtres par quelque déplacement de ministre, ou tout au plus par quelque exil, font toujours tomber à Constantinople plus d'une tête : il en coûta la vie à l'ancien vizir Chourlouli et à Osman, ce lieutenant de Baltagi Mehemet, qui était le principal auteur de la paix du Pruth, et qui depuis cette paix avait obtenu une charge considérable à la Porte. On trouva parmi les trésors d'Osman la bague de la czarine et vingt mille pièces d'or au coin de Saxe et de Moscovie; ce fut une preuve que l'argent seul avait tiré le czar du précipice, et avait ruiné la fortune de Charles XII. Le vizir Baltagi Mehemet fut relégué dans l'île de Lemnos, où il mourut trois ans après. Le sultan ne saisit son bien ni à son exil ni à sa mort: il n'était pas riche, et sa pauvreté justifia sa mémoire.

A ce grand vizir succéda Jussuf, c'est-à-dire Joseph, dont la fortune était aussi singulière que celle de ses prédécesseurs. Né sur les frontières de la Moscovie, et fait prisonnier par les Turcs à l'âge de six ans avec sa famille, il avait été vendu à un janissaire. Il fut longtemps valet dans le sérail, et devint enfin la seconde personne de l'empire où il avait été esclave; mais ce n'était qu'un fantôme de ministre. Le jeune sélictar Ali Coumourgi l'éleva à ce poste glissant, en attendant qu'il pût s'y placer lui-même, et Jussuf, sa créature, n'eut d'autre emploi que d'apposer les sceaux de l'empire aux volontés du favori. La politique de la cour ottomane parut toute changée dès les premiers jours de ce vizirat: les plénipotentiaires du czar, qui restaient à Constantinople et comme ministres et comme otages, y furent mieux traités que jamais : le grand vizir confirma avec eux la paix du Pruth; mais ce qui mortifia le plus le roi de Suède, ce fut d'apprendre que les liaisons secrètes qu'on prenait à Constantinople avec le czar étaient le fruit de la médiation des ambassadeurs d'Angleterre et de Hollande.

Constantinople, depuis la retraite de Charles à Bender, était devenue ce que Rome a été si souvent, le centre des négociations de la chrétienté. Le comte Desaleurs, ambassadeur de France, y appuyait les intérêts de Charles et de Stanislas; le ministre de l'empereur allemand les traversait : les factions de Suède et de Moscovie s'entre-choquaient, comme on a vu longtemps celles de France et d'Espagne agiter la cour de Rome.

L'Angleterre et la Hollande, qui paraissaient neutres, ne l'étaient pas; le nouveau commerce que le czar avait ouvert dans Pétersbourg attirait l'attention de ces deux nations commerçantes.

Les Anglais et les Hollandais seront toujours pour l'espérance qui favorisera le plus leur trafic. Il y avait beaucoup à gagner avec le czar : il n'est donc pas étonnant que les ministres d'Angleterre et de Hollande le servissent secrètement à la Porte Ottomane. Une des conditions de cette nouvelle amitié fut que l'on ferait sortir incessamment Charles des terres de l'empire turc, soit que le czar espérât se saisir de sa personne sur les chemins, soit qu'il crût Charles moins redoutable dans ses Etats qu'en Turquie, où il était toujours sur le point d'armer les forces ottomanes contre l'empire des Russes.

Le roi de Suède sollicitait toujours la Porte de le renvoyer par la Pologne avec une nombreuse armée. Le divan résolut en effet de le renvoyer, mais avec une simple escorte de sept à huit mille hommes, non plus comme un roi qu'on voulait secourir, mais comme un hôte dont on voulait se défaire. Pour cet effet, le sultan Achmet lui écrivit en ces termes :

« Très-puissant entre les rois adorateurs de Jésus, redresseur des torts et des injures, et protecteur de la justice dans les ports et les répu-

Ces soixante vieillards allèrent donc le lendemain matin à Varnitza...

bliques du midi et du septentrion; éclatant en majesté, ami de l'honneur et de la gloire, et de notre Sublime Porte, Charles, roi de Suède, dont Dieu couronne les entreprises de bonheur.

» Aussitôt que le très-illustre Achmet, ci-devant chiaoux pachi, aura eu l'honneur de vous présenter cette lettre, ornée de notre sceau impérial, soyez persuadé et convaincu de la vérité de nos intentions qui y sont contenues, à savoir que, quoique nous nous fussions proposé de faire marcher de nouveau contre le czar nos troupes toujours victorieuses, cependant ce prince, pour éviter le juste ressentiment que nous avait donné son retardement à exécuter le traité conclu sur les bords du Pruth, et renouvelé par sa Sublime Porte, ayant rendu à notre empire le château et la ville d'Azoph, et cherché, par la médiation des ambassadeurs d'Angleterre et de Hollande, nos anciens amis, à cultiver avec nous les liens d'une constante paix, nous la lui avons accordée, et donné à ses plénipotentiaires, qui restent pour otages, notre ratification impériale, après avoir reçu la sienne de leurs mains.

» Nous avons donné au très-honorable et vaillant Delvet Gherai, han de Budziak, de Crimée, de Nagaï et de Circassie, et à notre très-sage conseiller et généreux séraskier de Bender, Ismaël (que Dieu perpétue et augmente leurs magnificence et prudence), nos ordres inviolables et salutaires pour votre retour par la Pologne, selon votre premier dessein qui nous a été renouvelé de votre part. Vous devez donc vous préparer à partir sous les auspices de la Providence, et avec une honorable escorte, l'hiver prochain, pour vous rendre dans vos provinces, ayant soin de passer en ami par celles de la Pologne.

» Tout ce qui sera nécessaire pour votre voyage vous sera fourni par ma Sublime Porte, tant en argent qu'en hommes, chevaux et chariots. Nous vous exhortons surtout, et vous recommandons de donner vos ordres les plus positifs et les plus clairs à tous les Suédois et autres gens qui se trouvent auprès de vous de ne commettre aucun désordre, et de ne faire aucune action qui tende directement ou indirectement à violer cette paix et amitié.

» Vous conserverez là notre bienveillance, dont nous chercherons à vous donner d'aussi grandes et d'aussi fréquentes marques qu'il s'en présentera d'occasions. Nos troupes destinées pour vous accompagner recevront des ordres conformes à nos intentions impériales.

» Donné à notre Sublime Porte de Constantinople, le 14 de la lune rebyul eurech 1214. » Ce qui revient au 19 avril 1712.

Cette lettre ne fit point perdre l'espérance au roi de Suède. Il écrivit au sultan qu'il serait toute sa vie reconnaissant des faveurs dont Sa Hautesse l'avait comblé; mais qu'il croyait le sultan trop juste pour le renvoyer avec la simple escorte d'un camp volant dans un pays encore inondé des troupes du czar. En effet, l'empereur russe, malgré le premier article de la paix du Pruth, par lequel il s'était engagé à retirer toutes ses troupes de la Pologne, y en avait encore fait passer de nouvelles; et, ce qui semble étonnant, c'est que le Grand Seigneur n'en savait rien.

La mauvaise politique de la Porte d'avoir toujours par vanité des ambassadeurs des princes chrétiens à Constantinople, et de ne pas entretenir un seul agent dans les cours chrétiennes, fait que ceux-ci pénètrent et conduisent quelquefois les résolutions les plus secrètes du sultan, et que le divan est toujours dans une profonde ignorance de ce qui se passe publiquement chez les chrétiens.

Le sultan, enfermé dans son sérail parmi ses femmes et ses eunuques, ne voit que par les yeux de son grand vizir : ce ministre, aussi inaccessible que son maître, occupé des intrigues du sérail, et sans

Paris. Typographie Plon frères, rue de Vaugirard, 36.

correspondance au dehors, est d'ordinaire trompé, ou trompe le sultan, qui le dépose ou le fait étrangler à la première faute, pour en choisir un autre aussi ignorant ou aussi perfide, qui se conduit comme ses prédécesseurs, et qui tombe bientôt comme eux.

Telle est pour l'ordinaire l'inaction et la sécurité profonde de cette cour, que si les princes chrétiens se liguaient contre elle, leurs flottes seraient aux Dardanelles, et leur armée de terre aux portes d'Andrinople avant que les Turcs eussent songé à se défendre; mais les divers intérêts qui diviseront toujours la chrétienté sauveront les Turcs d'une destinée que leur peu de politique et leur ignorance dans la guerre et dans la marine semblent leur préparer aujourd'hui.

Achmet était si peu informé de ce qui se passait en Pologne, qu'il envoya un aga pour voir s'il était vrai que les armées du czar y fussent encore : deux secrétaires du roi de Suède qui savaient la langue turque accompagnèrent l'aga, afin de servir de témoins contre lui en cas qu'il fît un faux rapport.

Cet aga vit par ses yeux la vérité, et en vint rendre compte au sultan même. Achmet indigné allait faire étrangler le grand vizir; mais le favori qui le protégeait, et qui croyait avoir besoin de lui, obtint sa grâce et le soutint encore quelque temps dans le ministère.

Les Russes étaient protégés ouvertement par le vizir et secrètement par Ali Coumourgi, qui avaient changé de parti : mais le sultan était si irrité, l'infraction du traité était si manifeste, et les janissaires, qui font trembler souvent les ministres, les favoris et les sultans, demandèrent si hautement la guerre, que personne dans le sérail n'osa ouvrir un avis modéré.

Aussitôt le Grand Seigneur fit mettre aux Sept-Tours les ambassadeurs moscovites, déjà aussi accoutumés à aller en prison qu'à l'audience. La guerre est de nouveau déclarée contre le czar, les queues de cheval arborées, les ordres donnés à tous les bachas d'assembler une armée de deux cent mille combattants. Le sultan lui-même quitta Constantinople, et vint établir sa cour à Andrinople pour être moins éloigné du théâtre de la guerre.

Pendant ce temps une ambassade solennelle, envoyée au Grand Seigneur de la part d'Auguste et de la république de Pologne, s'avançait sur le chemin d'Andrinople : le palatin de Mazovie était à la tête de l'ambassade avec une suite de plus de trois cents personnes.

Tout ce qui composait l'ambassade fut arrêté et renfermé dans l'un des faubourgs de la ville. Jamais le parti du roi de Suède ne s'était plus flatté que dans cette occasion ; cependant ce grand appareil devint encore inutile, et toutes ses espérances furent trompées.

Si l'on en croit un ministre public, homme sage et clairvoyant, qui résidait alors à Constantinople, le jeune Coumourgi roulait déjà dans sa tête d'autres desseins que de disputer des déserts au czar de Moscovie dans une guerre douteuse ; il projetait d'enlever aux Vénitiens le Péloponnèse, nommé aujourd'hui la Morée, et de se rendre maître de la Hongrie.

Il n'attendait pour exécuter ses grands desseins que l'emploi de premier vizir, dont sa jeunesse l'écartait encore. Dans cette idée, il avait plus besoin d'être l'allié que l'ennemi du czar : son intérêt ni sa volonté n'étaient pas de garder plus long-temps le roi de Suède, encore moins d'armer la Turquie en sa faveur. Non-seulement il voulait renvoyer ce prince, mais il disait ouvertement qu'il ne fallait plus souffrir désormais aucun ministre chrétien à Constantinople ; que tous ces ambassadeurs ordinaires n'étaient que des espions honorables qui corrompaient ou qui trahissaient les vizirs, et donnaient depuis trop long-temps le mouvement aux intrigues du sérail ; que les Francs établis à Péra et dans les échelles du Levant, sont des marchands qui n'ont besoin que d'un consul et non d'un ambassadeur. Le grand vizir, qui devait son établissement et sa vie même au favori, et qui de plus le craignait, se conformait à ses intentions d'autant plus aisément qu'il s'était vendu aux Moscovites, et qu'il espérait se venger du roi de Suède qui avait voulu le perdre. Le muphti, créature d'Ali Coumourgi, était aussi l'esclave de ses volontés. Il avait conseillé la guerre contre le czar quand le favori le voulait ; et il la trouva injuste dès que ce jeune homme eut changé d'avis : ainsi la même armée fut assemblée qu'on écouta des propositions d'accommodement. Le vice-chancelier Schaffiroff et le jeune Czeremetof, plénipotentiaires et otages du czar à la Porte, promirent, après bien des négociations, que le czar retirerait ses troupes de la Pologne. Le grand vizir, qui savait bien que le czar n'exécuterait pas ce traité, ne laissa pas de le signer; et le sultan, content d'avoir en apparence imposé des lois aux Russes, resta encore à Andrinople. Ainsi on vit en moins de six mois la paix jurée avec le czar, ensuite la guerre déclarée, et la paix renouvelée encore.

Le principal article de tous ces traités fut toujours qu'on ferait partir le roi de Suède. Le sultan ne voulait point commettre son honneur et celui de l'empire ottoman en exposant le roi à être pris sur la route par ses ennemis : il fut stipulé qu'il partirait, mais que les ambassadeurs de Pologne et de Moscovie répondraient de la sûreté de sa personne : ces ambassadeurs jurèrent au nom de leurs maîtres que ni le czar ni le roi Auguste ne troubleraient son passage ; et que Charles de son côté ne tenterait d'exciter aucun mouvement en Pologne. Le divan ayant ainsi réglé la destinée de Charles, Ismaël, séraskier de Bender, se transporta à Varnitza, où le roi était campé, et vint lui

rendre compte des résolutions de la Porte, en lui insinuant adroitement qu'il n'y avait plus à différer, et qu'il fallait partir.

Charles ne répondit autre chose sinon que le Grand Seigneur lui avait promis une armée et non une escorte, et que des rois devaient tenir leur parole.

Cependant le général Fleming, ministre et favori du roi Auguste, entretenait une correspondance secrète avec le kan de Tartarie et le séraskier de Bender. La Mare, gentilhomme français, colonel au service de Saxe, avait fait plus d'un voyage de Bender à Dresde, et tous ces voyages étaient suspects.

Précisément dans ce temps le roi de Suède fit arrêter sur les frontières de la Valachie un courrier que Fleming envoyait au prince de Tartarie. Les lettres lui furent apportées : on les déchiffra; on y vit une intelligence marquée entre les Tartares et la cour de Dresde; mais elles étaient conçues en termes si ambigus et si généraux, qu'il était difficile de démêler si le but du roi Auguste était seulement de détacher les Turcs du parti de la Suède, ou s'il voulait que le kan livrât Charles à ses Saxons en le reconduisant en Pologne.

Il semblait difficile d'imaginer qu'un prince aussi généreux qu'Auguste voulût, en saisissant la personne du roi de Suède, hasarder la vie de ses ambassadeurs et de trois cents gentilshommes polonais qui étaient retenus dans Andrinople comme des gages de la sûreté de Charles.

Mais d'un autre côté on savait que Fleming, ministre absolu d'Auguste, était très-délié et peu scrupuleux. Les outrages faits au roi électeur par le roi de Suède semblaient rendre toute vengeance excusable; et on pouvait penser que si la cour de Dresde achetait Charles du kan des Tartares, elle pourrait acheter aisément de la cour ottomane la liberté des otages polonais.

Ces raisons furent agitées entre le roi, Mullern, son chancelier privé, et Grothusen, son favori. Ils lurent et relurent les lettres; et la malheureuse situation où ils étaient les rendant plus soupçonneux, ils se déterminèrent à croire ce qu'il y avait de plus triste.

Quelques jours après le roi fut confirmé dans ses soupçons par le départ précipité d'un comte Sapieha, réfugié auprès de lui, qui le quitta brusquement pour aller en Pologne se jeter entre les bras d'Auguste. Dans toute autre occasion Sapieha ne lui aurait paru qu'un mécontent; mais dans ces conjonctures délicates il ne balança pas à le croire un traître : les instances réitérées qu'on lui fit alors de partir changèrent ses soupçons en certitude. L'opiniâtreté de son caractère se joignant à toutes ces vraisemblances, il demeura ferme dans l'opinion qu'on voulait le trahir et le livrer à ses ennemis, quoique ce complot n'ait jamais été prouvé.

Il pouvait se tromper dans l'idée qu'il avait que le roi Auguste avait marchandé sa personne avec les Tartares; mais il se trompait encore davantage en comptant sur le secours de la cour ottomane. Quoi qu'il en soit, il résolut de gagner du temps.

Il dit au bacha de Bender qu'il ne pouvait partir sans avoir auparavant de quoi payer ses dettes; car, quoiqu'on lui eût rendu depuis longtemps son thaïm, ses libéralités l'avaient toujours forcé d'emprunter. Le bacha lui demanda ce qu'il voulait; le roi répondit au hasard, Mille bourses, qui font quinze cent mille francs de notre argent en monnaie forte. Le bacha en écrivit à la Porte : le sultan, au lieu de mille bourses qu'on lui demandait, en accorda douze cents, et écrivit au bacha la lettre suivante :

LETTRE DU GRAND SEIGNEUR AU BACHA DE BENDER.

« Le but de cette lettre impériale est pour vous faire savoir que sur votre recommandation et représentation, et sur celle du très-noble Delvet Gherai, han à notre Sublime Porte, notre impériale magnificence a accordé mille bourses au roi de Suède, qui seront envoyées à Bender sous la conduite et la charge du très-illustre Mehemet bacha, ci-devant chiaoux pachi, pour rester sous votre garde jusqu'au temps du départ du roi de Suède, dont Dieu dirige les pas; et lui être données alors avec deux cents bourses de plus, comme un surcroît de notre libéralité impériale qui excède sa demande.

» Quant à la route de Pologne qu'il est résolu de prendre, vous aurez soin, vous et le han, qui devez l'accompagner, de prendre des mesures si prudentes et si sages, que pendant toute la route les troupes qui sont sous votre commandement et les gens du roi de Suède ne causent aucun dommage et ne fassent aucune action qui puisse être réputée contraire à la paix qui subsiste encore entre notre Sublime Porte et le royaume et la république de Pologne; en sorte que le roi passe comme ami sous notre protection.

» Ce que faisant, comme vous lui recommanderez bien expressément de faire, il recevra tous les honneurs et les égards dus à Sa Majesté de la part des Polonais, ce dont nous ont fait assurer les ambassadeurs du roi Auguste et de la république, en s'offrant même à cette condition, aussi bien que quelques autres nobles Polonais, si nous le requérons, pour otages et sûreté de son passage.

» Lorsque le temps dont vous serez convenu avec le très-noble Delvet Gherai pour la marche sera venu, vous vous mettrez à la tête de vos braves soldats, entre lesquels seront les Tartares, ayant à leur tête le han, et vous conduirez le roi de Suède avec ses gens.

» Qu'ainsi il plaise au seul Dieu tout-puissant de diriger vos pas e les leurs ; le bacha d'Aulos restera à Bender, pour le garder en votre absence, avec un corps de saphis et un autre de janissaires ; et en suivant nos ordres et nos intentions impériales en tous ces points et articles, vous vous rendrez digne de la continuation de notre faveur impériale, aussi bien que des louanges et des récompenses dues à tous ceux qui les observent.

» Fait à notre résidence impériale de Constantinople, le 2 de la lune de cheval, 1214 de l'hégire. »

Pendant qu'on attendait cette réponse du Grand Seigneur, le roi écrivit à la Porte pour se plaindre de la trahison dont il soupçonnait le kan des Tartares : mais les passages étaient bien gardés ; de plus le ministère lui était contraire ; les lettres ne parvinrent point au sultan : le vizir empêcha même M. Désaleurs de venir à Andrinople, où était la Porte, de peur que ce ministre, qui agissait pour le roi de Suède, ne voulût déranger le dessein qu'on avait de le faire partir.

Charles, indigné de se voir en quelque sorte chassé des terres du Grand Seigneur, se détermina à ne point partir du tout.

Il pouvait demander à s'en retourner par les terres d'Allemagne, ou s'embarquer sur la mer Noire pour se rendre à Marseille par la Méditerranée ; mais il aima mieux ne demander rien, et attendre les événements.

Quand les douze cents bourses furent arrivées, son trésorier, Grothusen, qui avait appris la langue turque dans ce long séjour, alla voir le bacha sans interprète, dans le dessein de tirer de lui les douze cents bourses, et de former ensuite à la Porte quelque intrigue nouvelle, toujours sur cette fausse supposition que le parti suédois armerait enfin l'empire ottoman contre le czar.

Grothusen dit au bacha que le roi ne pouvait avoir ses équipages prêts sans argent : « Mais, dit le bacha, c'est nous qui ferons tous les frais de votre départ ; votre maître n'a rien à dépenser tant qu'il sera sous la protection du mien. »

Grothusen répliqua qu'il y avait tant de différence entre les équipages turcs et ceux des Francs, qu'il fallait avoir recours aux artisans suédois et polonais qui étaient à Varnitza.

Il l'assura que son maître était disposé à partir, et que cet argent faciliterait et avancerait son départ. Le bacha, trop confiant, donna les douze cents bourses. Il vint quelques jours après demander au roi d'une manière très-respectueuse les ordres pour le départ.

Sa surprise fut extrême quand le roi lui dit qu'il n'était pas prêt à partir, et qu'il lui fallait encore mille bourses. Le bacha, confondu à cette réponse, fut quelque temps sans pouvoir parler ; il se retira vers une fenêtre, où on le vit verser quelques larmes. Ensuite, s'adressant au roi : « Il m'en coûtera la tête, dit-il, pour avoir obligé Ta Majesté ; j'ai donné les douze cents bourses malgré l'ordre exprès de mon souverain. » Ayant dit ces paroles, il s'en retourna plein de tristesse.

Le roi l'arrêta et lui dit qu'il l'excuserait auprès du sultan : « Ah ! repartit le Turc en s'en allant, mon maître ne sait point excuser les fautes ; il ne sait que les punir. »

Ismaël bacha alla apprendre cette nouvelle au kan des Tartares, lequel ayant reçu le même ordre que le bacha de ne point souffrir que les douze cents bourses fussent données avant le départ du roi, et ayant consenti qu'on délivrât cet argent, appréhendait aussi bien que le bacha l'indignation du Grand Seigneur. Ils écrivirent tous deux à la Porte pour se justifier. Ils protestèrent qu'ils n'avaient donné les douze cents bourses que sur les promesses positives d'un ministre du roi de partir sans délai ; et ils supplièrent Sa Hautesse que le refus du roi ne fût point attribué à leur désobéissance.

Charles, persistant toujours dans l'idée que le kan et le bacha voulaient le livrer à ses ennemis, ordonna à M. Funk, alors son envoyé auprès du Grand Seigneur, de porter contre eux ses plaintes et de demander encore mille bourses. Son extrême générosité et le peu de cas qu'il faisait de l'argent l'empêchaient de sentir qu'il y avait de l'avilissement dans cette proposition : il ne la faisait que pour s'attirer un refus, et pour avoir un nouveau prétexte de ne point partir ; mais c'était être réduit à d'étranges extrémités que d'avoir besoin de pareils artifices. Savari, son interprète, homme adroit et entreprenant, porte sa lettre à Andrinople malgré la sévérité avec laquelle le grand vizir faisait garder les passages.

Funk fut obligé d'aller faire cette demande dangereuse. Pour toute réponse on le mit en prison. Le sultan indigné fit assembler un divan extraordinaire, et y parla lui-même, ce qu'il ne fait que très-rarement. Tel fut son discours, selon la traduction qu'on en fit alors.

« Je n'ai presque connu le roi de Suède que par la défaite de Pultava, et par la prière qu'il m'a faite de lui accorder un asile dans mon empire : je n'ai, je crois, nul besoin de lui, et n'ai sujet ni de l'aimer ni de le craindre ; cependant, sans consulter d'autres motifs que l'hospitalité d'un musulman, et ma générosité qui répand la rosée de ses faveurs sur les grands comme sur les petits, sur les étrangers comme sur mes sujets, je l'ai reçu et secouru de tout, lui, ses ministres, ses officiers, ses soldats, et n'ai cessé pendant trois ans et demi de l'accabler de présents.

» Je lui ai accordé une escorte considérable pour le conduire dans ses États. Il a demandé mille bourses pour payer quelques frais, quoique je le fasse tous ; au lieu de mille j'en ai accordé douze cents : après les avoir tirées de la main du séraskier de Bender il en demande

encore mille autres, et ne veut point partir, sous prétexte que l'escorte est trop petite, au lieu qu'elle n'est que trop grande pour passer par un pays ami.

» Je demande donc si c'est violer les lois de l'hospitalité de renvoyer ce prince, et si les puissances étrangères doivent m'accuser de violence et d'injustice en cas qu'on soit réduit à le faire partir par force. » Tout le divan répondit que le Grand Seigneur agissait avec justice.

Le muphti déclara que l'hospitalité n'est point de commande aux musulmans envers les infidèles, encore moins envers les ingrats ; et il donna son fetfa, espèce de mandement qui accompagne presque toujours les ordres importants du Grand Seigneur : ces fetfa sont révérés comme des oracles, quoique ceux dont ils émanent soient des esclaves du sultan comme les autres.

L'ordre et le fetfa furent portés à Bender par le bouyouk Imraour, grand maître des écuries, et un chiaoux bacha, premier huissier. Le bacha de Bender reçut l'ordre chez le kan des Tartares : aussitôt il alla à Varnitza demander si le roi voulait partir comme ami ou le réduire à exécuter les ordres du sultan.

Charles XII menacé n'était pas maître de sa colère : « Obéis à ton maître si tu l'oses, lui dit-il, et sors de ma présence. » Le bacha indigné s'en retourna au grand galop, contre l'usage ordinaire des Turcs. En s'en retournant il rencontra Fabrice et lui cria, toujours en courant : « Le roi ne veut point écouter la raison ; tu vas voir de choses bien étranges. » Le jour même il retrancha les vivres au roi et lui ôta sa garde de janissaires ; il fit dire aux Polonais et aux Cosaques qui étaient à Varnitza que s'ils voulaient avoir des vivres il fallait quitter le camp du roi de Suède et venir se mettre dans la ville de Bender sous la protection de la Porte. Tous obéirent, et laissèrent le roi réduit aux officiers de sa maison et à trois cents soldats suédois contre vingt mille Tartares et six mille Turcs.

Il n'y avait plus de provisions dans le camp pour les hommes ni pour les chevaux. Le roi ordonna qu'on tuât hors du camp à coups de fusil vingt de ces beaux chevaux arabes que le Grand Seigneur lui avait envoyés, en disant : « Je ne veux ni de leurs provisions ni de leurs chevaux. » Ce fut un régal pour les troupes tartares, qui, comme on sait, trouvent la chair de cheval délicieuse. Cependant les Turcs et les Tartares investirent de tous côtés le petit camp du roi.

Ce prince, sans s'étonner, fit faire des retranchements réguliers par ses trois cents Suédois ; il y travailla lui-même ; son chancelier, son trésorier, ses secrétaires, les valets de chambre, tous ses domestiques aidaient à l'ouvrage : les uns barricadaient les fenêtres, les autres enfonçaient des solives derrière les portes en forme d'arcs-boutants.

Quand on eut bien barricadé la maison et que le roi eut fait le tour de ses prétendus retranchements, il se mit à jouer aux échecs tranquillement avec son favori Grothusen ; comme si tout eût été dans une sécurité profonde. Heureusement Fabrice, l'envoyé de Holstein, ne s'était point logé à Varnitza, mais dans un petit village entre Varnitza et Bender, où demeurait aussi M. Jeffreys, envoyé d'Angleterre auprès du roi de Suède. Ces deux ministres, voyant l'orage prêt à éclater, prirent sur eux de se rendre médiateurs entre les Turcs et le roi. Le kan, et surtout le bacha de Bender, qui n'avait nulle envie de faire violence à ce monarque, reçurent avec empressement les offres de ces deux ministres ; ils eurent ensemble à Bender deux conférences, où assistèrent un huissier du sérail et le grand maître des écuries, qui avaient apporté l'ordre du sultan et le fetfa du muphti.

M. Fabrice leur avoua que Sa Majesté suédoise avait de justes raisons de croire qu'on voulait la livrer à ses ennemis en Pologne. Le kan, le bacha et les autres jurèrent sur leurs têtes, prirent Dieu à témoin qu'ils détestaient une si horrible perfidie, qu'ils verseraient tout leur sang plutôt que de souffrir qu'on manquât seulement de respect au roi en Pologne ; ils dirent qu'ils avaient entre leurs mains les ambassadeurs russes et polonais, dont la vie leur répondait du moindre affront qu'on oserait faire au roi de Suède ; enfin ils se plaignirent amèrement des soupçons outrageants que le roi concevait sur des personnes qui l'avaient si bien reçu et si bien traité. Quoique les serments ne soient souvent que le langage de la perfidie, Fabrice se laissa persuader ; il crut voir dans leurs protestations cet air de vérité que le mensonge n'imite jamais qu'imparfaitement ; il savait bien qu'il y avait eu une secrète correspondance entre le kan tartare et le roi Auguste ; mais il demeura convaincu qu'il ne s'était agi dans leur négociation que de faire sortir Charles XII des terres du Grand Seigneur. Soit que Fabrice se trompât ou non, il les assura qu'il représenterait au roi l'injustice de ses défiances. « Mais prétendez-vous le forcer à partir ? ajouta-t-il. — Oui, dit le bacha, tel est l'ordre de notre maître. » Alors il les pria encore une fois de bien considérer si cet ordre était de verser le sang d'une tête couronnée. « Oui, répliqua le kan en colère, si cette tête couronnée désobéit au Grand Seigneur dans son empire. »

Cependant tout étant prêt pour l'assaut, la mort de Charles XII paraissait inévitable ; et l'ordre du sultan n'étant pas positivement de le tuer en cas de résistance, le bacha engagea le kan à ne souffrir qu'on envoyât dans le moment un exprès à Andrinople, où était alors le Grand Seigneur, pour avoir les derniers ordres de Sa Hautesse.

M. Jeffreys et M. Fabrice ayant obtenu ce peu de relâche, courent

3.

en avertir le roi; ils arrivent avec l'empressement de gens qui apportent une nouvelle heureuse; mais ils furent très-froidement reçus; il les appela médiateurs volontaires, persista à soutenir que l'ordre du sultan et le fetfa du muphti étaient forgés, puisqu'on venait d'envoyer demander de nouveaux ordres à la Porte.

Le ministre anglais se retira bien résolu de ne se plus mêler des affaires d'un prince si inflexible. M. Fabrice, aimé du roi et plus accoutumé à son humeur que le ministre anglais, resta avec lui pour le conjurer de ne pas hasarder une vie si précieuse dans une occasion si inutile.

Le roi pour toute réponse lui fit voir ses retranchements, et le pria d'employer sa médiation seulement pour lui faire avoir des vivres. On obtint aisément des Turcs de laisser passer des provisions dans le camp du roi en attendant que le courrier fût revenu d'Andrinople; le kan même avait défendu à ses Tartares, impatients du pillage, de rien attenter contre les Suédois jusqu'à nouvel ordre; de sorte que Charles XII sortait quelquefois de son camp avec quarante chevaux, et courait au milieu des troupes tartares, qui lui laissaient respectueusement le passage libre; il marchait même droit à leurs rangs, et ils s'ouvraient plutôt que de résister.

Enfin l'ordre du Grand Seigneur étant venu de passer au fil de l'épée tous les Suédois qui feraient la moindre résistance, et de ne pas épargner la vie du roi, le bacha eut la complaisance de montrer cet ordre à M. Fabrice, afin qu'il fît un dernier effort sur l'esprit de Charles. Fabrice vint faire aussitôt ce triste rapport. « Avez-vous vu l'ordre dont vous parlez? dit le roi. — Oui, répondit Fabrice. — Eh bien, dites-leur de ma part que c'est un second ordre qu'ils ont supposé, et que je ne veux point partir. » Fabrice se jeta à ses pieds, se mit en colère, lui reprocha son opiniâtreté; tout fut inutile. « Retournez à vos Turcs, lui dit le roi en souriant; s'ils m'attaquent je saurai bien me défendre. »

Les chapelains du roi se mirent aussi à genoux devant lui, le conjurant de ne pas exposer à un massacre certain les malheureux restes de Pultava, et surtout sa personne sacrée; l'assurant de plus que cette résistance était injuste, qu'il violait les droits de l'hospitalité en s'opiniâtrant à rester par force chez des étrangers qui l'avaient si longtemps et si généreusement secouru. Le roi, qui ne s'était point fâché contre Fabrice, se mit en colère contre ces prêtres, et leur dit qu'il les avait pris pour faire des prières et non pour lui dire leurs avis.

Le général Hord et le général Dardoff, dont le sentiment avait toujours été de ne pas tenter un combat dont la suite ne pouvait être que funeste, montrèrent au roi leurs estomacs couverts de blessures reçues à son service; et l'assurant qu'ils étaient prêts à mourir pour lui, ils le supplièrent que ce fût au moins dans une occasion plus nécessaire. « Je sais par vos blessures et par les miennes, leur dit Charles XII, que nous avons vaillamment combattu ensemble; vous avez fait votre devoir jusqu'à présent, faites-le encore aujourd'hui. » Il n'y eut plus alors qu'à obéir; chacun eut honte de ne pas chercher à mourir avec le roi. Ce prince, préparé à l'assaut, se flattait en secret du plaisir et de l'honneur de soutenir avec trois cents Suédois les efforts de toute une armée. Il plaça chacun à son poste; son chancelier Mullern, le secrétaire Empreus et les clercs devaient défendre la maison de la chancellerie; le baron Fief, à la tête des officiers de la bouche, était à un autre poste; les palefreniers, les cuisiniers avaient un autre endroit à garder; car avec lui tout était soldat; il courait à cheval de ses retranchements à sa maison, promettant des récompenses à tout le monde, créant des officiers, et assurant de faire capitaines les moindres valets qui combattraient avec courage.

On ne fut pas longtemps sans voir l'armée des Turcs et des Tartares qui venait attaquer le petit retranchement avec dix pièces de canon et deux mortiers; les queues de cheval flottaient en l'air, les clairons sonnaient, les cris de *Allah! Allah!* se faisaient entendre de tous côtés. Le baron de Grothusen remarqua que les Turcs ne mêlaient leurs cris aucune injure contre le roi, et qu'ils l'appelaient seulement *demirbash,* tête de fer. Aussitôt il prend le parti de sortir seul sans armes des retranchements; il s'avança dans les rangs des janissaires, qui presque tous avaient reçu de l'argent de lui : « Eh quoi! mes amis, leur dit-il en propres mots, venez-vous massacrer trois cents Suédois sans défense? vous, braves janissaires, qui avez pardonné à cent mille Russes quand ils vous ont crié *amman* (pardon), avez-vous oublié les bienfaits que vous avez reçus de nous? et voulez-vous assassiner ce grand roi de Suède que vous aimez tant et qui vous a fait tant de libéralités? Mes amis, il ne demande que trois jours, et les ordres du sultan ne sont pas si sévères qu'on veut le faire croire. »

Ces paroles firent un effet que Grothusen n'attendait pas lui-même; les janissaires jurèrent sur leurs barbes qu'ils n'attaqueraient point le roi et qu'ils lui donneraient les trois jours qu'il demandait. En vain on donna le signal de l'assaut, les janissaires, loin d'obéir, menacèrent de se jeter sur leurs chefs si l'on n'accordait pas trois jours au roi de Suède: ils vinrent en tumulte à la tente du bacha de Bender, criant que les ordres du sultan étaient supposés. A cette sédition inopinée le bacha n'eut à opposer que la patience.

Il feignit d'être content de la généreuse résolution des janissaires, et leur ordonna de se retirer à Bender. Le kan des Tartares, homme violent, voulait donner immédiatement l'assaut avec ses troupes;

mais le bacha, qui ne prétendait pas que les Tartares eussent seuls l'honneur de prendre le roi, tandis qu'il serait puni peut-être de la désobéissance de ses janissaires, persuada au kan d'attendre jusqu'au lendemain.

Le bacha, de retour à Bender, assembla tous les officiers des janissaires et les plus vieux soldats; il leur lut et leur fit voir l'ordre positif du sultan et le fetfa du muphti. Soixante des plus vieux, qui avaient des barbes blanches vénérables et qui avaient reçu mille présents des mains du roi, proposèrent d'aller eux-mêmes le supplier de se remettre entre leurs mains et de souffrir qu'ils lui servissent de gardes.

Le bacha le permit; il n'y avait point d'expédient qu'il n'eût pris plutôt que d'être réduit à faire tuer ce prince. Ces soixante vieillards allèrent donc le lendemain matin à Varnitza, n'ayant dans leurs mains que de longs bâtons blancs, seules armes des janissaires quand ils ne vont pas au combat; car les Turcs regardent comme barbare la coutume des chrétiens de porter des épées en temps de paix, et d'entrer armés chez leurs amis et dans leurs églises.

Ils s'adressèrent au baron de Grothusen et au chancelier Mullern; ils leur dirent qu'ils venaient dans le dessein de servir de fidèles gardes au roi, et que s'il voulait ils le conduiraient à Andrinople, où il pourrait parler lui-même au Grand Seigneur. Dans le temps qu'ils faisaient cette proposition, le roi lisait des lettres qui arrivaient de Constantinople, et que Fabrice, qui ne pouvait plus le voir, lui avait fait secrètement parvenir par un janissaire : elles étaient du comte Poniatowski, qui ne pouvait le servir à Bender ni à Andrinople, étant retenu à Constantinople par ordre de la Porte depuis l'indiscrète demande des mille bourses : il mandait au roi que les ordres du sultan pour saisir ou massacrer sa personne royale en cas de résistance n'étaient que trop réels; qu'à la vérité le sultan était trompé par ses ministres, mais que plus l'empereur était trompé dans cette affaire, plus il voulait être obéi; qu'il fallait céder au temps, et plier sous la nécessité; qu'il prenait la liberté de lui conseiller de tout tenter auprès des ministres par la voie des négociations, de ne point mettre de l'inflexibilité où il ne fallait que de la douceur, et d'attendre de la politique et du temps le remède à un mal que la violence aigrirait sans ressource.

Mais ni les propositions de ces vieux janissaires ni les lettres de Poniatowski ne purent seulement au roi l'idée qu'il pouvait fléchir sans déshonneur : il aimait mieux mourir de la main des Turcs que d'être en quelque sorte leur prisonnier. Il renvoya les janissaires sans les vouloir voir, et leur fit dire que s'ils ne se retiraient il leur ferait couper la barbe; ce qui est dans l'Orient le plus outrageant de tous les affronts.

Les vieillards, remplis de l'indignation la plus vive, s'en retournèrent en criant : « Ah! la tête de fer! puisqu'il veut périr, qu'il périsse! » Ils vinrent rendre compte au bacha de leur commission et apprendre à leurs camarades à Bender l'étrange réception qu'on leur avait faite. Tous jurèrent alors d'obéir aux ordres du bacha sans délai, et eurent autant d'impatience d'aller à l'assaut qu'ils en avaient eu peu le jour précédent.

L'ordre est donné dans le moment : les Turcs marchent aux retranchements; les Tartares les attendaient déjà, et les canons commençaient à tirer : les janissaires d'un côté, et les Tartares de l'autre forcent en un instant ce petit camp. A peine vingt Suédois tirèrent l'épée; les trois cents soldats furent enveloppés et faits prisonniers sans résistance. Le roi était alors à cheval entre sa maison et son camp avec les généraux Hord, Dardorff et Sparre : voyant que tous les soldats s'étaient laissé prendre en sa présence, il dit de sang-froid à ces trois officiers : « Allons défendre la maison; nous combattrons, ajouta-t-il en souriant, *pro aris et focis.* »

Aussitôt il galope avec eux vers cette maison, où il avait mis environ quarante domestiques en sentinelle, et qu'on avait fortifiée le mieux qu'on avait pu.

Ces généraux, tout accoutumés qu'ils étaient à l'opiniâtre intrépidité de leur maître, ne pouvaient se lasser d'admirer qu'il voulût de sang-froid et en plaisantant se défendre contre dix canons et toute une armée : ils le suivirent avec quelques gardes et quelques domestiques, qui faisaient en tout vingt personnes.

Mais quand ils furent à la porte ils la trouvèrent assiégée de janissaires; déjà près de deux cents Turcs ou Tartares étaient entrés par une fenêtre, et s'étaient rendus maîtres de tous les appartements, à la réserve d'une grande salle où les domestiques du roi s'étaient retirés. Cette salle était heureusement près de la porte par où le roi voulait entrer avec sa petite troupe de vingt personnes : il s'était jeté en bas de son cheval le pistolet et l'épée à la main, et sa suite en avait fait autant.

Les janissaires tombent sur lui de tous côtés; ils étaient animés par la promesse qu'avait faite le bacha de huit ducats d'or à chacun de ceux qui auraient seulement touché son habit en cas qu'on pût le prendre. Il blessait et il tuait tous ceux qui s'approchaient de sa personne. Un janissaire qu'il avait blessé lui appuya son mousqueton sur le visage; le bras du Turc n'avait fait un mouvement, causé par la foule qui allait et qui venait comme les vagues, le roi n'était mort : la balle glissa sur son nez, lui emporta un bout de l'oreille, et alla casser le bras au général Hord, dont la destinée était d'être toujours blessé à côté de son maître.

Le roi enfonça son épée dans l'estomac du janissaire; en même temps ses domestiques, qui étaient enfermés dans la grande salle, en ouvrent la porte : le roi entre comme un trait, suivi de sa petite troupe; on referme la porte dans l'instant, et on la barricade avec tout ce qu'on peut trouver. Voilà Charles XII dans cette salle enfermé avec toute sa suite, qui consistait en près de soixante hommes, officiers, gardes, secrétaires, valets de chambre, domestiques de toute espèce.

Les janissaires et les Tartares pillaient le reste de la maison et remplissaient les appartements. « Allons un peu chasser de chez moi ces barbares, » dit-il; et se mettant à la tête de son monde, il ouvrit lui-même la porte de la salle qui donnait dans son appartement à coucher : il entre, et fait feu sur ceux qui pillaient.

Les Turcs, chargés de butin, épouvantés de la subite apparition de ce roi qu'ils étaient accoutumés à respecter, jettent leurs armes, sautent par la fenêtre, ou se retirent jusque dans les caves : le roi, profitant de leur désordre, et lui et les siens animés par le succès, poursuivent les Turcs de chambre en chambre, tuent ou blessent ceux qui ne fuient point, et en un quart d'heure nettoient la maison d'ennemis.

Le roi aperçut, dans la chaleur du combat, deux janissaires qui se cachaient sous son lit; il en tua un d'un coup d'épée; l'autre lui demanda pardon en criant amman. « Je te donne la vie, dit le roi au Turc, à condition que tu iras faire au bacha un fidèle récit de ce que tu as vu. » Le Turc promit aisément ce qu'on voulut, et on lui permit de sauter par la fenêtre comme les autres.

Les Suédois étant enfin maîtres de la maison, refermèrent et barricadèrent encore les fenêtres. Ils ne manquaient point d'armes; une chambre basse pleine de mousquets et de poudre avait échappé à la recherche tumultueuse des janissaires, on s'en servit à propos : les Suédois tiraient à travers les fenêtres, presque à bout portant, sur cette multitude de Turcs, dont ils tuèrent deux cents en moins d'un demi-quart d'heure.

Le canon tirait contre la maison; mais, les pierres étant fort molles, il ne faisait que des trous, et ne renversait rien.

Le kan des Tartares et le bacha, qui voulaient prendre le roi en vie, honteux de perdre du monde et d'occuper une armée entière contre soixante personnes, jugèrent à propos de mettre le feu à la maison pour obliger le roi de se rendre; ils firent lancer sur le toit, contre les portes et contre les fenêtres, des flèches entortillées de mèches allumées : la maison fut en flammes en un moment; le toit tout embrasé était près de fondre sur les Suédois. Le roi donna tranquillement ses ordres pour éteindre le feu : trouvant un petit baril plein de liqueur, il prend le baril lui-même, et, aidé de deux Suédois, il le jette à l'endroit où le feu était le plus violent; il se trouva que ce baril était rempli d'eau-de-vie; mais la précipitation, inséparable d'un tel embarras, empêcha d'y penser. L'embrasement redoubla avec plus de rage : l'appartement du roi était consumé, la grande salle où les Suédois se tenaient était remplie d'une fumée affreuse mêlée de tourbillons de feu qui entraient par les portes des appartements voisins; la moitié du toit était abîmée dans la maison même; l'autre tombait en dehors en éclatant dans les flammes.

Un garde, nommé Walberg, osa, dans cette extrémité, crier qu'il fallait se rendre. « Voilà un étrange homme, dit le roi, qui s'imagine qu'il n'est pas plus beau d'être brûlé que d'être prisonnier! » Un autre garde, nommé Rosen, s'avisa de dire que la maison de la chancellerie, qui n'était qu'à cinquante pas, avait un toit de pierres et était à l'épreuve du feu, qu'il fallait faire une sortie, gagner cette maison et s'y défendre : « Voilà un vrai Suédois! » s'écria le roi : il embrassa ce garde et le créa colonel sur-le-champ. « Allons, mes amis, dit-il, prenez avec vous le plus de poudre et de plomb que vous pourrez, et gagnons la chancellerie l'épée à la main. »

Les Turcs, qui cependant entouraient cette maison tout embrasée, voyaient avec une admiration mêlée d'épouvante que les Suédois n'en sortaient point; mais leur étonnement fut encore plus grand lorsqu'ils virent ouvrir les portes, et le roi et les siens fondre sur eux en désespérés. Charles et ses principaux officiers étaient armés d'épées et de pistolets; chacun tira deux coups à la fois à l'instant que la porte s'ouvrit; et, dans le même clin d'œil, jetant leurs pistolets et s'armant de leurs épées, ils firent reculer les Turcs de plus de cinquante pas; mais le moment d'après cette petite troupe fut entourée : le roi, qui était en bottes, selon sa coutume, s'embarrassa dans ses éperons et tomba; vingt et un janissaires se jettent aussitôt sur lui : il jette en l'air son épée pour s'épargner la douleur de la rendre; les Turcs l'emmènent au quartier du bacha, les uns le tenant sous les jambes, les autres sous les bras, comme on porte un malade que l'on craint d'incommoder.

Au moment que le roi se vit saisi, la violence de son tempérament et la fureur où un combat si long et si terrible avait dû le mettre firent place tout à coup à la douceur et à la tranquillité : il ne lui échappa pas un mot d'impatience, pas un coup d'œil de colère; il regardait les janissaires en souriant, et ceux-ci le portaient en criant Allah! avec une indignation mêlée de respect. Ses officiers furent tous au même temps et dépouillés par les Turcs et par les Tartares. Ce fut le 12 février de l'an 1713 qu'arriva cet étrange événement, qui eut encore des suites singulières.

LIVRE SEPTIÈME.

ARGUMENT.

Les Turcs transfèrent Charles à Démirtash. Le roi Stanislas est pris dans le même temps. Action hardie de M. de Villelongue. Révolution dans le sérail. Bataille donnée en Poméranie. Altena brûlée par les Suédois. Charles part enfin pour retourner dans ses États. Sa manière étrange de voyager. Son arrivée à Stralsund. Disgrâces de Charles. Succès de Pierre le Grand. Son triomphe dans Pétersbourg.

Le bacha de Bender attendait Charles gravement dans sa tente, ayant près de lui Marco pour interprète : il reçut le prince avec un profond respect, et le supplia de se reposer sur un sofa; mais le roi, ne prenant pas seulement garde aux civilités du Turc, se tint debout dans la tente.

« Le Tout-Puissant soit béni, dit le bacha, de ce que Ta Majesté est en vie! mon désespoir est amer d'avoir été réduit par Ta Majesté à exécuter les ordres de Sa Hautesse. » Le roi, fâché seulement de ce que ses trois cents soldats s'étaient laissé prendre dans leurs retranchements, dit au bacha : « Ah! s'ils s'étaient défendus comme ils le devaient, on ne nous aurait pas forcés en dix jours. — Hélas! dit le Turc, voilà du courage bien mal employé. » Il fit reconduire le roi à Bender sur un cheval richement caparaçonné. Les Suédois étaient ou tués ou pris; tout son équipage, ses meubles, ses papiers, ses hardes les plus nécessaires, pillés ou brûlés; on voyait sur les chemins des officiers suédois presque nus, enchaînés deux à deux, et suivant à pied des Tartares ou des janissaires. Le chancelier, les généraux, n'avaient point un autre sort; ils étaient esclaves des soldats à qui ils étaient échus en partage.

Ismaël bacha, ayant conduit Charles XII dans son sérail de Bender, lui céda son appartement, et le fit servir en roi, non sans prendre la précaution de mettre des janissaires en sentinelle à la porte de la chambre. On lui prépara un lit; mais il se jeta tout botté sur un sofa, et dormit profondément. Un officier, qui se tenait debout auprès de lui, lui couvrit la tête d'un bonnet que le roi jeta en se réveillant de son premier sommeil; et le Turc voyait avec étonnement un souverain qui couchait en bottes et nu-tête. Le lendemain matin Ismaël introduisit Fabrice dans la chambre du roi : Fabrice trouva ce prince avec ses habits déchirés, ses bottes, ses mains et toute sa personne couvertes de sang et de poudre, les sourcils brûlés, mais l'air serein dans cet état affreux. Il se jeta à genoux devant lui sans pouvoir proférer une seule parole : rassuré bientôt par la manière libre et douce dont le roi lui parlait, il reprit avec lui sa familiarité ordinaire, et tous deux s'entretinrent en riant du combat de Bender. « On prétend, dit Fabrice, que Votre Majesté a tué vingt janissaires de sa main. — Bon, bon! dit le roi, on augmente toujours les choses de la moitié. » Au milieu de cette conversation le bacha présenta au roi son favori Grothusen, et le colonel Ribbins, qu'il avait eu la générosité de racheter à ses dépens. Fabrice se chargea de la rançon des autres prisonniers.

Jeffreys, l'envoyé d'Angleterre, se joignit à lui pour fournir à cette dépense : un Français que la curiosité avait amené à Bender, et qui a écrit une partie des événements dont on va rapporter, donna aussi ce qu'il avait. Ces étrangers, assistés des soins et même de l'argent du bacha, rachetèrent non-seulement les officiers, mais encore leurs habits des mains des Turcs et des Tartares.

Dès le lendemain on conduisit le roi prisonnier, dans un chariot couvert d'écarlate, sur le chemin d'Andrinople : son trésorier Grothusen était avec lui; le chancelier Mullern et quelques officiers suivaient dans un autre char : plusieurs étaient à cheval, et lorsqu'ils jetaient les yeux sur le chariot où était le roi ils ne pouvaient retenir leurs larmes; le bacha était à la tête de l'escorte. Fabrice lui représenta qu'il était honteux de laisser le roi sans épée, et le pria de lui en donner une. « Dieu m'en préserve! dit le bacha, il voudrait nous en couper la barbe; » cependant il lui rendit quelques heures après.

Comme on conduisait ainsi prisonnier et désarmé ce roi qui peu d'années auparavant avait donné la loi à tant d'États, qui s'était vu l'arbitre du Nord et la terreur de l'Europe, on vit au même endroit un autre exemple de la fragilité des grandeurs humaines.

Le roi Stanislas avait été arrêté sur les terres des Turcs, et on l'amenait prisonnier à Bender dans le temps même qu'on transférait Charles XII.

Stanislas, n'étant plus soutenu par la main qui l'avait fait roi, se trouvant sans argent, et par conséquent sans parti en Pologne, s'était retiré d'abord en Poméranie; et ne pouvant plus se conserver son royaume, il avait défendu autant qu'il l'avait pu les États de son bienfaiteur. Il avait même passé en Suède pour précipiter les secours dont on avait besoin dans la Poméranie et dans la Livonie; il avait fait tout ce qu'on devait attendre de l'ami de Charles XII. En ce temps le premier roi de Prusse, prince très-sage, s'inquiétait avec raison du voisinage des Moscovites, imagina de se liguer avec Auguste et la république de Pologne pour renvoyer les Russes dans leur pays, et de faire entrer Charles XII lui-même dans ce projet. Trois grands événements devaient en être le fruit : la paix du Nord, le retour de

3*

Charles dans ses Etats, et une barrière opposée aux Russes, devenus formidables à l'Europe. Le préliminaire de ce traité, dont dépendait la tranquillité publique, était l'abdication de Stanislas : non-seulement Stanislas l'accepta, mais il se chargea d'être le négociateur d'une paix qui lui enlevait la couronne; la nécessité, le bien public, la gloire du sacrifice, et l'intérêt de Charles, à qui il devait tout et qu'il aimait, le déterminèrent. Il écrivit à Bender; il exposa au roi de Suède l'état des affaires, les malheurs et le remède : il le conjura de ne point s'opposer à une abdication devenue nécessaire par les conjonctures, et honorable par les motifs; il le pressa de ne point immoler les intérêts de la Suède à ceux d'un ami malheureux qui s'immolait au bien public sans répugnance. Charles XII reçut ces lettres à Varnitza ; il dit en colère au courrier, en présence de plusieurs témoins : « Si mon ami ne veut pas être roi, je saurai bien en faire un autre. »

Stanislas s'obstina au sacrifice que Charles refusait. Ces temps étaient destinés à des sentiments et à des actions extraordinaires : Stanislas voulut aller lui-même fléchir Charles; et il hasarda pour abdiquer un trône plus qu'il n'avait fait pour s'en emparer. Il se déroba un jour à dix heures du soir de l'armée suédoise, qu'il commandait en Poméranie, et partit avec le baron Sparre, qui a été depuis ambassadeur en Angleterre et en France, et avec un autre colonel : il prend le nom d'un Français, nommé Haran, alors major au service de Suède, et qui est mort depuis commandant de Dantzick. Il côtoie toute l'armée des ennemis; arrêté plusieurs fois, et relâché sur un passe-port obtenu au nom de Haran, il arrive enfin après bien des périls aux frontières de Turquie.

Quand il est arrivé en Moldavie à son armée le baron Sparre, entre dans Yassi, capitale de la Moldavie : se croyant en sûreté dans un pays où le roi de Suède avait été si respecté, il était bien loin de soupçonner ce qui se passait alors.

On lui demande qui il est : il se dit major d'un régiment au service de Charles XII. On l'arrête à ce seul nom : il est mené devant le hospodar de Moldavie, qui, sachant déjà par les gazettes que Stanislas s'était éclipsé de son armée, concevait quelques soupçons de la vérité. On lui avait dépeint la figure du roi, très-aisé à reconnaître à un visage plein et aimable, et à un air de douceur assez rare.

Le hospodar l'interrogea, lui fit beaucoup de questions captieuses, et enfin lui demanda quel emploi il avait dans l'armée suédoise. Stanislas et le hospodar parlaient latin. *Major sum*, lui dit Stanislas : *Imò maximus es*, lui répondit le Moldave; et aussitôt lui présentant un fauteuil, il le traita en roi ; mais aussi il le traita en roi prisonnier, et on fit une garde exacte autour d'un couvent grec dans lequel il fut obligé de rester jusqu'à ce qu'on eût des ordres du sultan. Les ordres vinrent de le conduire à Bender, dont on faisait partir Charles.

La nouvelle en vint au bacha dans le temps qu'il accompagnait le chariot du roi de Suède. Le bacha lui dit à Fabrice : celui-ci, qui s'approchant du chariot de Charles XII, lui apprit qu'il n'était pas le seul roi prisonnier entre les mains des Turcs, et que Stanislas était, à quelques milles de lui, conduit par des soldats. « Courez à lui, mon cher Fabrice, lui dit Charles sans se déconcerter tel accident, dites-lui bien qu'il ne fasse jamais de paix avec le roi Auguste ; assurez-le que dans peu nos affaires changeront. » Telle était l'inflexibilité de Charles dans ses opinions, que, tout abandonné qu'il était en Pologne, tout poursuivi dans ses propres Etats, tout captif dans une litière turque, conduit prisonnier sans savoir où on le menait, il comptait encore sur sa fortune, et espérait toujours un secours de cent mille hommes de la Porte Ottomane. Fabrice courut s'acquitter de sa commission, accompagné d'un janissaire, avec la permission du bacha. Il trouva à quelques milles le gros de soldats qui conduisait Stanislas : il s'adressa au milieu d'eux à un cavalier vêtu à la française et assez mal monté, et lui demanda en allemand où était le roi de Pologne. Celui à qui il parla était Stanislas lui-même, qu'il n'avait pas reconnu sous ce déguisement. « Eh quoi! dit le roi, ne vous souvenez-vous plus de moi? » Alors Fabrice lui apprit le triste état où était le roi de Suède, et la fermeté inébranlable, mais inutile, de ses desseins.

Quand Stanislas fut près de Bender, le bacha qui revenait, après avoir accompagné Charles XII quelques milles, envoya au roi polonais un cheval arabe avec un harnais magnifique.

Il fut reçu dans Bender au bruit de l'artillerie; et, à la liberté près qu'il n'eut pas d'abord, il n'eut point à se plaindre du traitement qu'on lui fit. Cependant on conduisit Charles sur le chemin d'Andrinople. Cette ville était déjà remplie du bruit de son combat. Les Turcs le condamnaient et l'admiraient; mais le divan irrité menaçait déjà de le reléguer dans une île de l'Archipel.

Le roi de Pologne, Stanislas, qui m'a fait l'honneur de m'apprendre la plupart de ces particularités, m'a confirmé aussi qu'il fut proposé dans le divan de le confiner lui-même dans une île de la Grèce; mais quelques mois après le Grand Seigneur adoucie le laissa partir.

M. Désaleurs, qui aurait pu prendre son parti, et empêcher qu'on ne fît cet affront aux rois chrétiens, était à Constantinople, aussi bien que M. Poniatowski, dont on craignait toujours le génie fécond en ressources. La plupart des Suédois restés dans Andrinople étaient en prison. Le trône du sultan paraissait inaccessible de tous côtés aux plaintes du roi de Suède.

Le marquis de Fierville, envoyé secrètement de la part de la France auprès de Charles à Bender, était pour lors à Andrinople. Il osa imaginer de rendre service à un prince dans le temps que tout l'abandonnait ou l'opprimait. Il fut heureusement secondé dans ce dessein par un gentilhomme français d'une ancienne maison de Champagne, nommé de Villelongue, homme intrépide, qui n'ayant pas alors une fortune selon son courage, et charmé d'ailleurs par la réputation du roi de Suède, était venu chez les Turcs dans le dessein de se mettre au service de ce prince.

M. de Fierville, avec l'aide de ce jeune homme, écrivit un mémoire au nom du roi de Suède, dans lequel ce monarque demandait vengeance au sultan de l'insulte faite en sa personne à toutes les têtes couronnées, et de la trahison vraie ou fausse du kan et du bacha de Bender.

On y accusait le vizir et les autres ministres d'avoir été corrompus par les Moscovites, d'avoir trompé le Grand Seigneur, d'avoir empêché les lettres du roi de parvenir jusqu'à Sa Hautesse, et d'avoir, par ses artifices, arraché du sultan cet ordre si contraire à l'hospitalité musulmane, par lequel on avait violé le droit des nations d'une manière si indigne d'un grand empereur, en attaquant avec vingt mille hommes un roi qui n'avait pour se défendre que ses domestiques, et qui comptait sur la parole sacrée du sultan.

Quand ce mémoire fut écrit il fallut le faire traduire en turc; et l'écrire d'une écriture particulière, sur un papier fait exprès, dont on doit se servir pour tout ce qu'on présente au sultan.

On s'adressa à quelques interprètes français qui étaient dans la ville; mais les affaires du roi de Suède étaient si désespérées, et le vizir déclaré si ouvertement contre lui, qu'aucun interprète n'osa seulement traduire l'écrit de M. de Fierville. On trouva enfin un autre étranger, dont la main n'était point connue à la Porte, qui, moyennant quelque récompense et l'assurance d'un secret profond, traduisit le mémoire en turc, et l'écrivit sur le papier convenable : le baron d'Arvidson, officier des troupes de Suède, contrefit la signature du roi; Fierville, qui avait le sceau royal, l'apposa à l'écrit, et on cacheta le tout avec les armes de Suède. Villelongue se chargea de remettre lui-même ce paquet entre les mains du Grand Seigneur lorsqu'il irait à la mosquée selon la coutume. On s'était déjà servi d'une pareille voie pour présenter au sultan des mémoires contre les ministres; mais cela même rendait le succès de cette entreprise plus difficile, et le danger beaucoup plus grand.

Le vizir, qui prévoyait que les Suédois demanderaient justice à son maître, et qui n'était que trop instruit par le malheur de ses prédécesseurs, avait expressément défendu qu'on laissât approcher personne du Grand Seigneur, et avait ordonné surtout qu'on arrêtât tous ceux qui se présenteraient auprès de la mosquée avec des placets.

Villelongue savait cet ordre, et n'ignorait pas qu'il y allait de sa tête. Il quitta son habit franc, prit un vêtement à la grecque; et, ayant caché dans son sein la lettre qu'il voulait présenter, il se promena de bonne heure près de la mosquée où le Grand Seigneur devait aller. Il contrefit l'insensé, s'avança en dansant au milieu de deux haies de janissaires, entre lesquelles le Grand Seigneur allait passer : il laissait tomber exprès quelques pièces d'argent de ses poches pour amuser les gardes.

Dès que le sultan approcha on voulut faire retirer Villelongue ; il se jeta à genoux, et se débattit entre les mains des janissaires : son bonnet tomba ; de grands cheveux qu'il portait le firent reconnaître pour un Franc : il reçut plusieurs coups, et fut très-maltraité. Le Grand Seigneur, qui était déjà proche, entendit ce tumulte, et en demanda la cause. Villelongue lui cria de toutes ses forces, *Amman! amman! miséricorde!* en tirant la lettre de son sein. Le sultan commanda qu'on le laissât approcher. Villelongue court à lui dans le moment, embrasse son étrier, et lui présente l'écrit, en lui disant : *Suedi call dan*, « c'est le roi de Suède qui te le donne. » Le sultan mit la lettre dans son sein, et continua son chemin vers la mosquée. Cependant on s'assure de Villelongue, et on le conduit en prison dans les bâtiments extérieurs du sérail.

Le sultan, au sortir de la mosquée, après avoir lu la lettre, voulut lui-même interroger le prisonnier. Ce que je raconte ici paraîtra peut-être peu croyable; mais enfin je n'avance rien que sur la foi des lettres de M. de Villelongue lui-même : quand un si brave officier assure un fait sur son honneur, il mérite quelque croyance. Il m'a donc assuré que le sultan quitta l'habit impérial, donna aussi le turban particulier qu'il porte, et se déguisa en officier des janissaires; ce qui lui arrivait assez souvent. Il amena avec lui un vieillard de l'île de Malte, qui lui servit d'interprète. A la faveur de ce déguisement Villelongue jouit d'un honneur qu'aucun ambassadeur chrétien n'a jamais eu : il eut tête à tête une conférence d'un quart d'heure avec l'empereur turc. Il ne manqua pas d'expliquer les griefs du roi de Suède, d'accuser les ministres, et de demander vengeance avec d'autant plus de liberté, qu'en parlant au sultan même il était censé ne parler qu'à son égal. Il avait reconnu aisément le Grand Seigneur malgré l'obscurité de la prison, et il n'en fut que plus hardi dans la conversation. Le prétendu officier des janissaires dit à Villelongue ces propres paroles : « Chrétien, assure-toi que le sultan mon maître a l'âme d'un empereur, et que si ton roi de Suède a raison il lui fera justice. » Villelongue fut bientôt élargi. On vit quelques semaines après un changement subit dans le sérail, dont les Suédois attribuèrent la cause à cette unique conférence. Le mufti fut déposé, le kan des Tartares exilé à Rhodes, le sérasker bacha de Bender relégué dans une île de l'archipel.

La Porte Ottomane est si sujette à de pareils orages, qu'il est bien difficile de décider si en effet le sultan voulait apaiser le roi de Suède par ses sacrifices. La manière dont ce prince fut traité ne prouve pas que la Porte s'empressât beaucoup à lui plaire.

Le favori Ali Coumourgi fut soupçonné d'avoir fait seul tous ces changements pour ses intérêts particuliers. On dit qu'il fit exiler le kan de Tartarie et le sérasker de Bender sous prétexte qu'ils avaient délivré au roi les douze cents bourses malgré l'ordre du Grand Seigneur. Il mit sur le trône des Tartares le frère du kan déposé, jeune homme de son âge, qui aimait peu son frère, et sur lequel Ali Coumourgi comptait beaucoup dans les guerres qu'il méditait. A l'égard du grand vizir Jussuf, il ne fut déposé que quelques semaines après, et Soliman bacha eut le titre de premier vizir.

Je suis obligé de dire que M. de Villelongue et plusieurs Suédois m'ont assuré que la simple lettre présentée au sultan au nom du roi avait causé tous ces changements à la Porte; mais M. de Fierville m'a de son côté assuré tout le contraire. J'ai trouvé quelquefois de pareilles contrariétés dans les mémoires que l'on m'a confiés. En ce cas, tout ce que doit faire un historien c'est de conter ingénument le fait, sans vouloir pénétrer les motifs, et de se borner à dire précisément ce qu'il sait, au lieu de deviner ce qu'il ne sait pas.

Cependant on avait conduit Charles XII dans le petit château de Démirtash, auprès d'Andrinople. Une foule innombrable de Turcs s'était rendue en cet endroit pour voir arriver ce prince: on le transporta de son chariot au château sur un sofa; mais Charles, pour n'être point vu de cette multitude, se mit un carreau sur la tête.

La Porte se fit prier quelques jours de souffrir qu'il habitât à Démotica, petite ville à six lieues d'Andrinople, près du fameux fleuve Hébrus, aujourd'hui appelé Merizza. Coumourgi dit au grand vizir Soliman: « Va, fais avertir le roi de Suède qu'il peut rester à Démotica toute sa vie: je te réponds qu'avant un an il demandera à s'en aller de lui-même; mais surtout ne lui fais point tenir d'argent. »

Ainsi on transféra le roi à la petite ville de Démotica, où la Porte lui assigna un tbaïm considérable de provisions pour lui et pour sa suite: on lui accorda seulement vingt-cinq écus par jour en argent, pour acheter du cochon et du vin, deux sortes de provisions que les Turcs ne fournissent pas; mais la bourse de cinq cents écus par jour, qu'il avait à Bender, lui fut retranchée.

A peine fut-il à Démotica avec sa petite cour, qu'on déposa le grand vizir Soliman; sa place fut donnée à Ibrahim Molla, fier, brave et grossier à l'excès. Il n'est pas inutile de savoir son histoire, afin que l'on connaisse plus particulièrement ces vice-rois de l'empire ottoman, dont la fortune de Charles a si longtemps dépendu.

Il avait été simple matelot à l'avènement du sultan Achmet III. Cet empereur se déguisait souvent en homme privé, en iman, ou en dervis; il se glissait le soir dans les cafés de Constantinople et dans les lieux publics pour entendre ce qu'on disait de lui, et pour recueillir par lui-même les sentiments du peuple. Il entendit un jour ce Molla qui se plaignait que les vaisseaux turcs ne revenaient jamais des prises, et qui jurait que s'il était capitaine de vaisseau, il ne rentrerait jamais dans le port de Constantinople sans ramener avec lui quelque bâtiment des infidèles. Le Grand Seigneur ordonna dès le lendemain qu'on lui donnât un vaisseau à commander, et qu'on l'envoyât en course. Le nouveau capitaine revint quelques jours après avec une barque maltaise et une galiote de Gênes. Au bout de deux ans on le fit capitaine général de la mer, et enfin grand vizir. Dès qu'il fut dans ce poste il crut pouvoir se passer du favori; et, pour se rendre nécessaire, il projeta de faire la guerre aux Moscovites; dans cette intention il fit dresser une tente près de l'endroit où demeurait le roi de Suède.

Il invita ce prince à l'y venir trouver, avec le nouveau kan des Tartares et l'ambassadeur de France. Le roi, d'autant plus altier qu'il était malheureux, regardait comme le plus sensible des affronts qu'un sujet osât l'envoyer chercher: il ordonna à son chancelier Mullern d'y aller à sa place; et de peur que les Turcs ne lui manquassent de respect, et ne le forçassent à commettre sa dignité, ce prince, extrême en tout, se mit au lit, et résolut de n'en pas sortir tant qu'il serait à Démotica. Il resta dix mois couché, feignant d'être malade. Le chancelier Mullern, Grothusen, et le colonel Dubens, étaient les seuls qui mangeassent avec lui. Ils n'avaient aucune des commodités dont les Francs se servent; tout avait été pillé à l'affaire de Bender: de sorte qu'il s'en fallait bien qu'il y eût dans leurs repas de la pompe et de la délicatesse. Ils se servaient eux-mêmes; et ce fut le chancelier Mullern qui fit pendant tout ce temps la fonction de cuisinier.

Tandis que Charles XII passait sa vie dans son lit, il apprit la désolation de toutes ses provinces situées hors de la Suède.

Le général Steinbock, illustre pour avoir chassé les Danois de la Scanie, pour avoir vaincu leurs meilleures troupes avec des paysans, soutint encore quelque temps la réputation des armes suédoises: il défendit autant qu'il put la Poméranie et Brème, et ce que le roi possédait encore en Allemagne; mais il ne put empêcher les Saxons et les Danois réunis d'assiéger Stade, ville forte et considérable, située près de l'Elbe, dans le duché de Brème; la ville fut bombardée et réduite en cendres, et la garnison obligée de se rendre à discrétion, avant que Steinbock pût s'avancer pour la secourir.

Ce général, qui avait environ douze mille hommes, dont la moitié était cavalerie, poursuivit les ennemis, qui étaient une fois plus forts, et les atteignit enfin dans le duché de Mecklenbourg, près d'un lieu nommé Gadebesck, et d'une petite rivière qui porte ce nom: il arriva vis-à-vis des Saxons et des Danois le 20 décembre 1712. Il était séparé d'eux par un marais: les ennemis, campés derrière ce marais, étaient appuyés à un bois; ils avaient l'avantage du nombre et du terrain, et on ne pouvait aller à eux qu'en traversant le marécage sous le feu de leur artillerie.

Steinbock passe à la tête de ses troupes, arrive en ordre de bataille, et engage un des combats les plus sanglants et les plus acharnés qui se fussent encore donnés entre ces deux nations rivales. Après trois heures de cette mêlée si vive, les Danois et les Saxons furent enfoncés, et quittèrent le champ de bataille.

Un fils du roi Auguste et de la comtesse de Konigsmarck, connu sous le nom de comte de Saxe, fit dans cette bataille son apprentissage de l'art de la guerre. C'est de même comte de Saxe qui eut depuis l'honneur d'être élu duc de Courlande, et à qui il n'a manqué que la force pour jouir du droit le plus incontestable qu'un homme puisse jamais avoir sur une souveraineté, je veux dire les suffrages unanimes du peuple. C'est lui qui s'est acquis une gloire plus réelle en sauvant la France à la bataille de Fontenoy, en conquérant la Flandre, et en méritant la réputation du plus grand général de nos jours. Il commandait un régiment à Gadebesck, et y eut un cheval tué sous lui. Je lui ai entendu dire que les Suédois gardèrent toujours leurs rangs, et que, même après que la victoire fut décidée, les premières lignes de ces braves troupes ayant à leurs pieds leurs ennemis morts, il n'y eut pas un seul soldat suédois qui osât seulement se baisser pour les dépouiller avant que la prière eût été faite sur le champ de bataille, tant ils étaient inébranlables dans la discipline sévère à laquelle leur roi les avait accoutumés!

Steinbock, après cette victoire, se souvenant que les Danois avaient mis Stade en cendres, alla s'en venger sur Altena, qui appartient au roi de Danemark. Altena est au-dessous de Hambourg, sur le fleuve de l'Elbe, qui peut apporter dans son port d'assez gros vaisseaux. Le roi de Danemark favorisait cette ville de beaucoup de privilèges: son dessein était d'y établir un commerce florissant; déjà même l'industrie des Altenais, encouragée par les sages vues du roi, commençait à mettre leur ville au nombre des villes commerçantes et riches. Hambourg en concevait de la jalousie, et ne souhaitait rien tant que sa destruction. Dès que Steinbock fut à la vue d'Altena, il envoya dire par une trompette aux habitants qu'ils eussent à se retirer avec ce qu'ils pourraient emporter d'effets, et qu'on allait détruire leur ville de fond en comble.

Les magistrats vinrent se jeter à ses pieds, et offrirent cent mille écus de rançon. Steinbock en demanda deux cent mille. Les Altenais supplièrent qu'il leur fût permis au moins d'envoyer à Hambourg, où étaient leurs correspondances, et assurèrent que le lendemain ils apporteraient cette somme: le général suédois répondit qu'il fallait la donner sur l'heure, ou qu'on allait embraser Altena sans délai.

Ses troupes étaient dans le faubourg de Flambeau à la main; une faible porte de bois et un fossé déjà comblé étaient les seules défenses des Altenais. Ces malheureux furent obligés de quitter leurs maisons avec précipitation au milieu de la nuit: c'était le 9 janvier 1713; il faisait un froid rigoureux, augmenté par un vent de nord violent, qui servit à étendre l'embrasement avec plus de promptitude dans la ville, et à rendre plus insupportables les extrémités où le peuple fut réduit dans la campagne. Les hommes, les femmes, courbés sous le fardeau des meubles qu'ils emportaient, se réfugièrent en pleurant et en poussant des hurlements, sur les coteaux voisins, qui étaient couverts de glace. On voyait plusieurs jeunes gens qui portaient sur leurs épaules des vieillards paralytiques. Quelques femmes nouvellement accouchées portaient leurs enfants, et mouraient de froid avec eux sur la colline en regardant de loin les flammes qui consumaient leur patrie. Tous les habitants n'étaient pas encore sortis de la ville lorsque les Suédois y mirent le feu. Altena brûla depuis minuit jusqu'à dix heures du matin: presque toutes les maisons étaient de bois; tout fut consumé; et il ne parut pas le lendemain qu'il y eût eu une ville en cet endroit.

Les vieillards, les malades et les femmes les plus délicates, réfugiés dans les glaces pendant que leurs maisons étaient en feu, se traînèrent aux portes de Hambourg, et supplièrent qu'on leur ouvrît et qu'on leur sauvât la vie; mais on refusa de les recevoir, parce qu'il régnait dans Altena quelques maladies contagieuses; et les Hambourgeois n'aimaient pas assez les Altenais pour s'exposer en les recueillant à infecter leur propre ville. Ainsi la plupart de ces misérables expirèrent sous les murs de Hambourg, en prenant le ciel à témoin de la barbarie des Suédois et de celle des Hambourgeois, qui ne paraissait pas moins inhumaine.

Toute l'Allemagne cria contre cette violence. Les ministres et les généraux de Pologne et de Danemark écrivirent au comte de Steinbock pour lui reprocher une cruauté si grande, qui, faite sans nécessité et demeurant sans excuse, soulevait contre lui le ciel et la terre.

Steinbock répondit « qu'il ne s'était porté à ces extrémités que pour apprendre aux ennemis du roi son maître à ne plus faire une guerre de barbares et à respecter le droit des gens; qu'ils avaient rempli la Poméranie de leurs cruautés, dévasté cette belle province, et vendu près de cent mille habitants aux Turcs; que les flambeaux qui avaient mis Altena en cendres étaient les représailles des boulets rouges par qui Stade avait été consumée. »

C'était avec cette fureur que les Suédois et leurs ennemis se faisaient la guerre. Si Charles XII avait paru alors en Poméranie, il est à croire qu'il eût pu recouvrer sa première fortune : ses armées, quoique éloignées de sa présence, étaient encore animées de son esprit; mais l'absence du chef est toujours dangereuse aux affaires, et empêche qu'on ne profite des victoires. Steinbock perdit par les détails ce qu'il avait gagné par des actions signalées, qui en un autre temps auraient été décisives.

Tout vainqueur qu'il était il ne put empêcher les Moscovites, les Saxons et les Danois, de se réunir. On lui enleva des quartiers; il perdit du monde dans plusieurs escarmouches : deux mille hommes de ses troupes se noyèrent en passant l'Eider pour aller hiverner dans le Holstein. Toutes ces pertes étaient sans ressource dans un pays où il était entouré de tout côté d'ennemis puissants.

Il voulut défendre le pays du Holstein contre le Danemark; mais, malgré ses ruses et ses efforts, le pays fut perdu, toute l'armée fut détruite, et Steinbock fut prisonnier.

La Poméranie sans défense, à la réserve de Stralsund, de l'île de Rugen et de quelques lieux circonvoisins, devint la proie des alliés : elle fut séquestrée entre les mains du roi de Prusse. Les États de Brême furent remplis de garnisons danoises. Au même temps les Russes inondaient la Finlande, et y battaient les Suédois, que la confiance abandonnait et qui, étant inférieurs en nombre, commençaient à n'avoir plus sur leurs ennemis aguerris la supériorité de la valeur.

Pour achever les malheurs de la Suède, son roi s'obstina à rester à Démotica, et se repaissait encore de l'espérance de ce secours turc, sur lequel il ne devait plus compter.

Ibrahim Molla, ce vizir si fier, qui s'obstina à la guerre contre les Moscovites malgré les vues du favori, fut étranglé entre deux portes.

La place du vizir était devenue si dangereuse que personne n'osait l'occuper : elle demeura vacante pendant six mois. Enfin le favori Ali Coumourgi prit le titre de grand vizir : alors toutes les espérances du roi de Suède tombèrent. Il connaissait Coumourgi d'autant mieux qu'il en avait été servi quand les intérêts de ce favori s'accordaient avec les siens.

Il avait été onze mois à Démotica enseveli dans l'inaction et dans l'oubli : cette oisiveté extrême succédant tout à coup aux plus violents exercices, lui avait donné enfin la maladie qu'il feignait. On le croyait mort dans toute l'Europe : le conseil de régence qu'il avait établi à Stockholm quand il partit de sa capitale n'entendait plus parler de lui. Le sénat vint en corps supplier la princesse Ulrique Éléonore, sœur du roi, de se charger de la régence pendant cette longue absence de son frère : elle l'accepta; mais quand elle vit que le sénat voulait l'obliger à faire la paix avec le czar et le roi de Danemark, qui attaquaient la Suède de tous côtés, cette princesse, jugeant bien que son frère ne ratifierait jamais la paix, se démit de la régence, et envoya en Turquie un long détail de cette affaire.

Le roi reçut le paquet de sa sœur à Démotica. Le despotisme qu'il avait sucé en naissant lui faisait oublier qu'autrefois la Suède était libre, et que le sénat gouvernait anciennement le royaume conjointement avec les rois. Il ne regardait ce corps que comme une troupe de domestiques qui voulaient commander dans la maison en l'absence du maître : il leur écrivit que s'ils prétendaient gouverner, il leur enverrait une de ses bottes, et que ce serait d'elle dont il faudrait qu'ils prissent les ordres.

Pour prévenir ces prétendus attentats en Suède contre son autorité, et pour défendre enfin son pays, n'espérant plus rien de la Porte Ottomane et ne comptant plus que sur lui seul, il fit signifier au grand vizir qu'il souhaitait partir et s'en retourner par l'Allemagne.

M. Désaleurs, ambassadeur de France, qui s'était chargé des affaires de la Suède, fit la demande de sa part. « Eh bien! dit le vizir au comte Désaleurs, n'avais-je pas bien dit que l'année ne se passerait pas sans que le roi de Suède demandât à partir? Dites-lui qu'il est à son choix de s'en aller ou de demeurer; mais qu'il se détermine bien, et qu'il fixe le jour de son départ, afin qu'il ne nous jette pas une seconde fois dans l'embarras de Bender. »

Le comte Désaleurs adoucit au roi la dureté de ces paroles. Le jour fut choisi; mais Charles, avant que de quitter la Turquie, voulut étaler la pompe d'un grand roi, quoique dans la misère d'un fugitif. Il donna à Grothusen le titre d'ambassadeur extraordinaire, et l'envoya prendre congé dans les formes à Constantinople, suivi de quatre-vingts personnes toutes superbement vêtues.

Les ressorts secrets qu'il fallut faire jouer pour amasser de quoi

fournir à cette dépense étaient plus humiliants que l'ambassade n'était pompeuse.

M. Désaleurs prêta au roi quarante mille écus; Grothusen avait des agents à Constantinople qui empruntaient en son nom, à cinquante pour cent d'intérêt, mille écus d'un Juif, deux cents pistoles d'un marchand anglais, mille francs d'un Turc.

On amassa ainsi de quoi jouer en présence du divan la brillante comédie de l'ambassade suédoise. Grothusen reçut à Constantinople tous les honneurs que la Porte fait aux ambassadeurs extraordinaires de roi le jour de leur audience. Le but de tout ce projet était d'obtenir de l'argent du grand vizir; mais ce ministre fut inexorable.

Grothusen proposa d'emprunter un million de la Porte : le vizir répliqua sèchement que son maître savait donner quand il le voulait, et qu'il était au-dessous de sa dignité de prêter; qu'on fournirait au roi abondamment ce qui était nécessaire pour son voyage, d'une manière digne de celui qui le renvoyait; que peut-être même la Porte lui ferait quelque présent en or non monnayé, mais qu'on n'y devait pas compter.

Enfin, le premier d'octobre 1714 le roi de Suède se mit en route pour quitter la Turquie : un capigi bacha avec six chiaoux le vinrent prendre au château de Démirtash, où ce prince demeurait depuis quelques jours : on lui présenta de la part du Grand Seigneur une large tente d'écarlate brodée d'or, un sabre avec une poignée garnie de pierreries, et huit chevaux arabes d'une beauté parfaite, avec des selles superbes, dont les étriers étaient d'argent massif. Il n'est pas indigne de l'histoire de dire qu'un écuyer arabe, qui avait soin de ces chevaux, donna au roi leur généalogie; c'est un usage établi depuis longtemps chez ces peuples, qui semblent faire beaucoup plus d'attention à la noblesse des chevaux qu'à celle des hommes; ce qui peut-être n'est pas si déraisonnable, puisque chez les animaux les races dont on a soin et qui sont sans mélange ne dégénèrent jamais.

Soixante chariots chargés de toutes sortes de provisions, et cent cents chevaux, formaient le convoi. Le capigi bacha, sachant que plusieurs Turcs avaient prêté de l'argent aux gens de la suite du roi à un gros intérêt, lui dit que l'usure étant contraire à la loi mahométane, il suppliait Sa Majesté de liquider toutes ses dettes, et d'ordonner au résident qu'il laissait à Constantinople de ne payer que le capital « Non, dit le roi; si mes domestiques ont donné des billets de cent écus, je veux les payer, quand ils n'en auraient reçu que dix. »

Il fit proposer aux créanciers de le suivre avec l'assurance d'être payés de leurs frais et de leurs dettes. Plusieurs entreprirent le voyage de Suède, et Grothusen eut soin qu'ils fussent payés.

Les Turcs, afin de montrer plus de déférence pour leur hôte, le faisaient voyager à très-petites journées; mais cette lenteur respectueuse gênait l'impatience du roi : il se levait dans la route à trois heures du matin, selon sa coutume; dès qu'il était habillé, il éveillait lui-même le capigi et les chiaoux, et ordonnait la marche au milieu de la nuit noire. La gravité turque était dérangée par cette manière nouvelle de voyager; mais le roi prenait plaisir à leur embarras, et disait qu'il se vengeait un peu de l'affaire de Bender.

Tandis qu'il gagnait les frontières des Turcs, Stanislas en sortait par un autre chemin, et allait se retirer en Allemagne dans le duché de Deux-Ponts, province qui confine au palatinat du Rhin et à l'Alsace, et qui appartenait aux rois de Suède depuis que Charles X, successeur de Christine, avait joint cet héritage à la couronne. Charles assigna à Stanislas le revenu de ce duché, estimé alors soixante-dix mille écus. Ce fut là qu'aboutirent pour lors tant de projets, tant de guerres et tant d'espérances : Stanislas voulait et aurait pu faire un traité avantageux avec le roi Auguste; mais l'indomptable opiniâtreté de Charles XII lui fit perdre ses terres et ses biens réels en Pologne, pour lui conserver le titre de roi.

Ce prince resta dans le duché de Deux-Ponts jusqu'à la mort de Charles : alors cette province retournant à un prince de la maison palatine, il choisit sa retraite à Veissembourg, dans l'Alsace française. M. Sum, envoyé du roi Auguste, en porta ses plaintes au duc d'Orléans, régent de France; le duc d'Orléans répondit à M. Sum ces paroles remarquables : « Monsieur, mandez au roi votre maître que la France a toujours été l'asile des rois malheureux. »

Le roi de Suède étant arrivé sur les confins de l'Allemagne, apprit que l'empereur avait ordonné qu'on le reçût dans toutes les terres de son obéissance avec une magnificence convenable; les villes et les villages, où les maréchaux des logis avaient par avance marqué sa route, faisaient des préparatifs pour le recevoir; tous ces peuples attendaient avec impatience de voir passer cet homme extraordinaire, dont les victoires et les malheurs, les moindres actions, et le repos même, avaient fait tant de bruit en Europe et en Asie. Mais Charles n'avait nulle envie d'essuyer toute cette pompe, ni de montrer en spectacle le prisonnier de Bender; il avait résolu même de ne jamais rentrer dans Stockholm qu'il n'eût auparavant réparé ses malheurs par une meilleure fortune.

Quand il fut à Tergowitz, sur les frontières de la Transylvanie, après avoir congédié son escorte turque, il assembla sa suite dans une grange, et il leur dit à tous de ne se mettre point en peine de sa personne, et de se trouver le plus tôt qu'ils pourraient à Stralsund en Poméranie, sur le bord de la mer Baltique, environ à trois cents lieues de l'endroit où ils étaient.

Il ne prit avec lui que During, et quitta toute sa suite gaiement, la laissant dans l'étonnement, dans la crainte et dans la tristesse. Il prit une perruque noire pour se déguiser, car il portait toujours ses cheveux ; mit un chapeau bordé d'or, avec un habit gris d'épine et un manteau bleu ; prit le nom d'un officier allemand, et courut la poste à cheval avec son compagnon de voyage.

Il évita dans sa route, autant qu'il le put, les terres de ses ennemis déclarés et secrets, prit son chemin par la Hongrie, la Moravie, l'Autriche, la Bavière, le Virtemberg, le Palatinat, la Vestphalie et le Meckelbourg : ainsi il fit presque le tour de l'Allemagne, et allongea son chemin de la moitié. A la fin de la première journée, après avoir couru sans relâche, le jeune During, qui n'était pas endurci à ces fatigues excessives comme le roi de Suède, s'évanouit en descendant de cheval : le roi, qui ne voulait pas s'arrêter un moment sur la route, demanda à During, quand celui-ci fut revenu à lui, combien il avait d'argent : During ayant répondu qu'il avait environ mille écus en or : « Donne-m'en la moitié, dit le roi ; je vois bien que tu n'es pas en état de me suivre, j'achèverai la route tout seul. » During le supplia de daigner se reposer du moins trois heures, l'assurant qu'au bout de ce temps il serait en état de remonter à cheval et de suivre Sa Majesté ; il le conjura de penser à tous les risques qu'il allait courir : le roi, inexorable, se fit donner les cinq cents écus, et demanda des chevaux ; alors During, effrayé de la résolution du roi, s'avisa d'un stratagème innocent ; il tira à part le maître de la poste, et lui montrant le roi de Suède : « Cet homme, lui dit-il, est mon cousin ; nous voyageons ensemble pour la même affaire ; il voit que je suis malade, et ne veut pas seulement m'attendre trois heures ; donnez-lui, je vous prie, le plus méchant cheval de votre écurie, et cherchez-moi quelque chaise ou quelque chariot de poste. »

Il mit deux ducats dans la main du maître de la poste, qui satisfit exactement toutes ses demandes. On donna au roi un cheval rétif et boiteux. Ce monarque partit seul à dix heures du soir dans cet équipage, au milieu d'une nuit noire, avec le vent, la neige et la pluie. Son compagnon de voyage, après avoir dormi quelques heures, se mit en route dans un chariot traîné par de forts chevaux. A quelques milles, il rencontra au point du jour le roi de Suède, qui, ne pouvant plus faire marcher sa monture, s'en allait de son pied gagner la poste prochaine.

Il fut forcé de se mettre sur le chariot de During ; il dormit sur de la paille : ensuite ils continuèrent leur route, courant à cheval le jour et dormant sur une charrette la nuit, sans s'arrêter en aucun lieu.

Après seize jours de course, non sans danger d'être arrêtés plus d'une fois, ils arrivèrent enfin aux portes de la ville de Stralsund à une heure après minuit.

Le roi cria à la sentinelle qu'il était un courrier dépêché de Turquie par le roi de Suède, qu'il fallait qu'on le fît parler dans le moment au général Ducker, gouverneur de la place : la sentinelle répondit qu'il était tard, que le gouverneur était couché et qu'il fallait attendre au point du jour.

Le roi répliqua qu'il venait pour des affaires importantes, et leur déclara que s'ils n'allaient pas réveiller le gouverneur sans délai, ils seraient tous punis le lendemain matin. Un sergent alla enfin réveiller le gouverneur. Ducker s'imagina que c'était peut-être un des généraux du roi de Suède ; on fit ouvrir les portes ; on introduisit ce courrier dans sa chambre.

Ducker, à moitié endormi, lui demanda des nouvelles du roi de Suède : le roi le prenant par le bras : « Eh quoi ! dit-il, Ducker, mes plus fidèles sujets m'ont-ils oublié ? » Le général reconnut le roi : il ne pouvait croire ses yeux ; il se jette en bas du lit, embrasse les genoux de son maître en versant des larmes de joie. La nouvelle en fut répandue à l'instant dans la ville : tout le monde se leva ; les soldats vinrent entourer la maison du gouverneur, les rues se remplirent des habitants, qui se demandaient les uns aux autres : Est-il vrai que le roi est ici ? On fit des illuminations à toutes les fenêtres ; le vin coula dans les rues à la lumière de mille flambeaux, et au bruit de l'artillerie.

Cependant on mena le roi au lit : il y avait seize jours qu'il ne s'était couché ; il fallut couper ses bottes sur ses jambes, qui s'étaient enflées par l'extrême fatigue. Il n'avait ni linge ni habits ; on lui fit une garde-robe en hâte de ce qu'on put trouver de plus convenable dans la ville. Quand il eut dormi quelques heures, il ne leva un peu pour aller faire la revue de ses troupes et visiter les fortifications. Le jour même il envoya partout ses ordres pour recommencer une guerre plus vive que jamais contre tous ses ennemis. Au reste, toutes ces particularités, si conformes au caractère extraordinaire de Charles XII, m'ont été confirmées par le comte de Croissy, ambassadeur auprès de ce prince, après m'avoir été apprises par M. Fabrice.

L'Europe était alors dans un état bien différent de celui où elle était quand Charles la quitta, en 1709.

La guerre en avait si longtemps déchiré toute la partie méridionale, c'est-à-dire l'Allemagne, l'Angleterre, la Hollande, la France, l'Espagne, le Portugal et l'Italie, était éteinte : cette paix générale avait été produite par des brouilleries particulières arrivées à la cour d'Angleterre. Le comte d'Oxford, ministre habile, et lord Bolingbroke, un des plus brillants génies et l'homme le plus éloquent de son siècle, prévalurent contre le fameux duc de Marlborough, et engagèrent la reine Anne à faire la paix avec Louis XIV. La France, n'ayant plus l'Angleterre pour ennemie, força bientôt les autres puissances à s'accommoder.

Philippe V, petit-fils de Louis XIV, commençait à régner paisiblement sur les débris de la monarchie espagnole ; l'empereur d'Allemagne, devenu maître de Naples et de la Flandre, s'affermissait dans ses vastes Etats ; Louis XIV n'aspirait plus qu'à achever en paix sa longue carrière.

Anne, reine d'Angleterre, était morte le 10 auguste 1714, haïe de la moitié de sa nation pour avoir donné la paix à tant d'Etats : son frère Jacques Stuart, prince malheureux, exclu du trône presque en naissant, n'ayant point paru alors en Angleterre pour tenter de recueillir une succession que de nouvelles lois lui auraient donnée, si son parti eût prévalu, George Ier, électeur de Hanover, fut reconnu unanimement roi de la Grande-Bretagne. Le trône appartenait à cet électeur, non en vertu du sang, quoiqu'il descendît d'une fille de Jacques, mais en vertu d'un acte du parlement de la nation.

George, appelé dans un âge avancé à gouverner un peuple dont il n'entendait point la langue et chez qui tout lui était étranger, se regardait comme l'électeur de Hanover plutôt que comme le roi d'Angleterre : toute son ambition était d'agrandir ses Etats d'Allemagne ; il repassait presque tous les ans la mer pour revoir des sujets dont il était adoré. Au reste il se plaisait plus à vivre en homme qu'en maître ; la pompe de la royauté était pour lui un fardeau pesant : il vivait avec un petit nombre d'anciens courtisans qu'il admettait à sa familiarité ; ce n'était pas le roi d'Europe qui eût le plus d'éclat, mais il était un des plus sages, et le seul qui connût sur le trône les douceurs de la vie privée et de l'amitié. Tels étaient les principaux monarques, et telle la situation du midi de l'Europe.

Les changements arrivés dans le Nord étaient d'une autre nature : ses rois étaient en guerre et se réunissaient contre le roi de Suède.

Auguste était depuis longtemps remonté sur le trône de Pologne avec l'aide du czar et du consentement de l'empereur d'Allemagne, d'Anne d'Angleterre et des états généraux, qui, tous garants du traité d'Altranstadt, quand Charles XII imposait ses lois, se désistèrent de leur garantie quand il ne fut plus à craindre.

Mais Auguste ne jouissait pas d'un pouvoir tranquille. La république de Pologne, en reprenant son roi, reprit bientôt ses craintes du pouvoir arbitraire : elle était en armes pour l'obliger à se conformer aux pacta conventa, contrat sacré entre les peuples et les rois, et semblait n'avoir rappelé son maître que pour lui déclarer la guerre. Dans les commencements de ces troubles on n'entendait pas prononcer le nom de Stanislas : son parti semblait anéanti, et l'on ne se ressouvenait en Pologne du roi de Suède que comme d'un torrent qui avait pour un temps changé le cours de toutes choses dans son passage.

Pultava et l'absence de Charles XII, en faisant tomber Stanislas, avaient aussi entraîné la chute du duc de Holstein, neveu de Charles, qui venait d'être dépouillé de ses Etats par le roi de Danemark. Le roi de Suède avait aimé tendrement le père ; il était pénétré et humilié des malheurs du fils : de plus, n'ayant rien fait en sa vie que pour la gloire, la chute des souverains qu'il avait faits ou rétablis fut pour lui aussi sensible que la perte de tant de provinces.

C'était à qui s'enrichirait de ses pertes. Frédéric-Guillaume, depuis peu roi de Prusse, qui paraissait avoir autant d'inclination à la guerre que son père avait été pacifique, commença par se faire livrer Stetin et une partie de la Poméranie, pour laquelle il avait des droits pour quatre cent mille écus payés au roi de Danemark et au czar.

George, électeur de Hanover, devenu roi d'Angleterre, avait aussi séquestré entre ses mains les duchés de Brême et de Verden, que le roi de Danemark lui avait mis en dépôt pour soixante mille pistoles. Ainsi on disposait des dépouilles de Charles XII ; et ceux qui les avaient en garde devenaient par leurs intérêts des ennemis aussi dangereux que ceux qui les avaient prises.

Quant au czar, il était sans doute le plus à craindre : ses anciennes défaites, ses victoires, ses fautes même, sa persévérance à s'instruire et à montrer à ses sujets ce qu'il avait appris, ses travaux continuels, en avaient fait un grand homme en tout genre. Déjà Riga était pris ; la Livonie, l'Ingrie, la Carélie, la moitié de la Finlande, tant de provinces qu'avaient conquises les rois ancêtres de Charles étaient sous le joug moscovite.

Pierre-Alexiowitz, qui vingt ans auparavant n'avait pas une barque dans la mer Baltique, se voyait alors maître de cette mer, à la tête d'une flotte de trente grands vaisseaux de ligne.

Un de ces vaisseaux avait été construit de ses propres mains ; il était le meilleur charpentier, le meilleur amiral, le meilleur pilote du Nord : il n'y avait point de passage difficile qu'il n'eût sondé lui-même, depuis le fond du golfe de Bothnie jusqu'à l'Océan, ayant joint le travail d'un matelot aux expériences d'un philosophe et aux desseins d'un empereur, et étant devenu amiral par degrés et à force de victoires, comme il avait voulu parvenir au généralat sur terre.

Tandis que le prince Gallitzin, général formé par lui, et l'un de ceux qui secondèrent le mieux ses entreprises, achevait la conquête de la Finlande, prenait la ville de Vasa et battait les Suédois, cet empereur se mit en mer pour aller conquérir l'île d'Aland, située dans la mer Baltique, à douze lieues de Stockholm.

Il partit pour cette expédition au commencement de juillet 1714, pendant que son rival Charles XII se tenait dans son lit à Démotica. Il s'embarqua au port de Cronslot, qu'il avait bâti depuis quelques années à quatre milles de Pétersbourg. Ce nouveau port, la flotte qu'il contenait, les officiers et les matelots qui le montaient, tout cela était son ouvrage; et de quelque côté qu'il jetât les yeux, il ne voyait rien qu'il n'eût créé en quelque sorte.

Les Altenais mourant de froid.

La flotte russe se trouva le 15 juillet à la hauteur d'Aland : elle était composée de trente vaisseaux de ligne, de quatre-vingts galères, et de cent demi-galères; elle portait vingt mille soldats; l'amiral Apraxin la commandait; l'empereur russe y servait en qualité de contre-amiral. La flotte suédoise vint le 16 à sa rencontre, commandée par le vice-amiral Erinschild; elle était moins forte des deux tiers, toutefois elle se battit pendant trois heures. Le czar s'attacha au vaisseau d'Erinschild, et le prit après un combat opiniâtre.

Le jour de la victoire il débarqua seize mille hommes dans Aland, et ayant pris plusieurs soldats suédois qui n'avaient pu encore s'embarquer sur la flotte d'Erinschild, il les amena prisonniers sur ses vaisseaux. Il rentra dans son port de Cronslot avec le grand vaisseau d'Erinschild, trois autres de moindre grandeur, une frégate et six galères, dont il s'était rendu maître dans ce combat.

De Cronslot il arriva dans le port de Pétersbourg, suivi de toute sa flotte victorieuse, et des vaisseaux pris sur les ennemis. Il fut salué d'une triple décharge de cent cinquante canons; après quoi il fit une entrée triomphale qui le flatta encore davantage que celle de Moscou, parce qu'il recevait ces honneurs dans sa ville favorite, en un lieu où dix ans auparavant il n'y avait pas une cabane, et où il voyait alors trente-quatre mille cinq cents maisons, enfin parce qu'il se trouvait non-seulement à la tête d'une marine victorieuse, mais de la première flotte russe qu'on eût jamais vue dans la mer Baltique, et au milieu d'une nation à qui le nom de flotte n'était pas même connu avant lui.

On observa à Pétersbourg à peu près les mêmes cérémonies qui avaient décoré le triomphe à Moscou : le vice-amiral suédois fut le principal ornement de ce triomphe nouveau; Pierre Alexiowitz y parut en qualité de contre-amiral; un boyard russien, nommé Romanodowski, lequel représentait le czar dans ces occasions solennelles, était assis sur un trône, ayant à ses côtés douze sénateurs. Le contre-amiral lui présenta la relation de sa victoire, et on le déclara vice-amiral en considération de ses services; cérémonie bizarre, mais utile dans un pays où la subordination militaire était une des nouveautés que le czar avait introduites.

L'empereur moscovite, enfin victorieux des Suédois sur mer et sur terre, et ayant aidé à les chasser de la Pologne, y dominait à son tour;

il s'était rendu médiateur entre la république et Auguste; gloire aussi flatteuse peut-être que d'y avoir fait un roi. Cet éclat et toute la fortune de Charles avaient passé au czar : il en jouissait même plus utilement que n'avait fait son rival, car il faisait servir tous ses succès à l'avantage de son pays : s'il prenait une ville, les principaux artisans allaient porter à Pétersbourg leur industrie; il transportait en Moscovie les manufactures, les arts, les sciences des provinces conquises sur la Suède : ses États s'enrichissaient par ses victoires; ce qui de tous les conquérants le rendait le plus excusable.

La Suède, au contraire, privée de presque toutes ses provinces au delà de la mer, n'avait plus ni commerce, ni argent, ni crédit; ses vieilles troupes si redoutables avaient péri dans les batailles, ou de misère; plus de cent mille Suédois étaient esclaves dans les vastes États du czar, et presque autant avaient été vendus aux Turcs et aux Tartares. L'espèce d'hommes manquait sensiblement; mais l'espérance renaquit dès qu'on sut le roi à Stralsund.

Les impressions de respect et d'admiration pour lui étaient encore si fortes dans l'esprit de ses sujets, que la jeunesse des campagnes se présenta en foule pour s'enrôler, quoique les terres n'eussent pas assez de mains pour les cultiver.

LIVRE HUITIÈME.

ARGUMENT.

Charles marie la princesse sa sœur au prince de Hesse. Il est assiégé dans Stralsund, et se sauve en Suède. Entreprise du baron de Gortz son premier ministre. Projets d'une réconciliation avec le czar et d'une descente en Angleterre. Charles assiége Frédérickshal en Norvège. Il est tué. Son caractère. Gortz décapité.

Le roi, au milieu de ses préparatifs, donna la sœur qui lui restait, Ulrique Éléonore, en mariage au prince Frédéric de Hesse-Cassel : la

— Rendez-vous, sire, ou je vous tue.

reine douairière, grand'mère de Charles XII et de la princesse, âgée de quatre-vingts ans, fit les honneurs de cette fête, le 4 avril 1715, dans le palais de Stockholm, et mourut peu de temps après.

Ce mariage ne fut point honoré de la présence du roi; il resta dans Stralsund, occupé à achever les fortifications de cette place importante, menacée par les rois de Danemark et de Prusse. Il déclara cependant son beau-frère généralissime de ses armées en Suède. Ce prince avait servi les états généraux dans les guerres contre la France; il était regardé comme un bon général; qualité qui n'avait pas peu contribué à lui faire épouser une sœur de Charles XII.

Les mauvais succès se suivaient alors aussi rapidement qu'autrefois les victoires. Au mois de juin de cette année 1715 les troupes allemandes du roi d'Angleterre et celles du Danemark investirent la forte ville de Vismar ; les Danois et les Saxons, réunis au nombre de trente-six mille, marchèrent en même temps vers Stralsund pour en former le siège. Les rois de Danemark et de Prusse coulèrent à fond près de Stralsund cinq vaisseaux suédois. Le czar était alors sur la mer Baltique avec vingt grands vaisseaux de guerre et cent cinquante de transport, sur lesquels il y avait trente mille hommes ; il menaçait la Suède d'une descente ; tantôt il avançait jusqu'à la côte de Helsinbourg, tantôt il se présentait à la hauteur de Stockholm. Toute la Suède était en armes sur les côtes, et n'attendait que le moment de cette invasion : dans ce même temps ses troupes de terre chassaient de poste en poste les Suédois des places qu'ils possédaient encore dans la Finlande, vers le golfe de Bothnie ; mais le czar ne poussa pas plus loin ses entreprises.

— Eh ! sire, la bombe !

A l'embouchure de l'Oder, fleuve qui partage en deux la Poméranie, et qui, après avoir coulé sous Stetin, tombe dans la mer Baltique, est la petite île d'Usedom : cette place est très-importante par sa situation, qui commande l'Oder à droite et à gauche ; celui qui en est le maître l'est aussi de la navigation du fleuve. Le roi de Prusse avait délogé les Suédois de cette île et s'en était saisi, aussi bien que de Stetin, qu'il gardait en séquestre, « le tout, disait-il, pour l'amour de la paix ; » les Suédois avaient repris l'île d'Usedom au mois de mai 1715 : ils y avaient deux forts ; l'un était le fort de la Suine, sur la branche de l'Oder qui porte ce nom ; l'autre, de plus de conséquence, était Pennamonder, sur l'autre cours de la rivière ; le roi de Suède n'avait pour garder ces deux forts et toute l'île que deux cent cinquante soldats poméraniens, commandés par un vieil officier suédois, nommé Kuze-Slerp, dont le nom mérite d'être conservé.

Le roi de Prusse envoie, le 4 auguste, quinze cents hommes de pied et huit cents dragons pour débarquer dans l'île ; ils arrivent et mettent pied à terre sans opposition du côté du fort de la Suine. Le commandant suédois leur abandonna ce fort comme le moins important ; et ne pouvant partager le peu qu'il avait de monde, il se retira dans le château de Pennamonder avec sa petite troupe, résolu de se défendre jusqu'à la dernière extrémité.

Il fallut donc l'assiéger dans les formes : on embarque pour cet effet de l'artillerie à Stetin ; on renforce les troupes prussiennes de mille fantassins et de quatre cents cavaliers. Le 18 auguste on ouvre la tranchée en deux endroits, et la place est vivement battue par le canon et par le mortier. Pendant le siège un soldat suédois, chargé en secret d'une lettre de Charles XII, trouva le moyen d'aborder dans l'île et de s'introduire dans Pennamonder ; il rendit la lettre au commandant ; elle était conçue en ces termes : « Ne faites aucun feu que quand les ennemis seront au bord du fossé ; défendez-vous jusqu'à la dernière goutte de votre sang. Je vous recommande à votre bonne fortune. CHARLES. »

Slerp, ayant vu ce billet, résolut d'obéir et de mourir, comme il lui était ordonné, pour le service de son maître. Le 22, au point du jour, les ennemis donnèrent l'assaut. Les assiégés, n'ayant tiré que quand ils virent les assiégeants au bord du fossé, en tuèrent un grand nombre ; mais le fossé était comblé, la brèche large, le nombre des assiégeants trop supérieur ; on entra dans le château par deux endroits à la fois. Le commandant ne songea alors qu'à vendre chèrement sa vie et à obéir à la lettre ; il abandonne les brèches par où les ennemis entraient ; il retranche près d'un bastion la petite troupe qui a l'audace et la fidélité de le suivre ; il la place de façon qu'elle ne peut être entourée. Les ennemis courent à lui étonnés de ce qu'il ne demande point quartier ; il se bat pendant une heure entière, et après avoir perdu la moitié de ses soldats il est tué enfin avec son lieutenant et son major. Alors cent soldats qui restaient avec un seul officier demandèrent la vie et furent faits prisonniers. On trouva dans la poche du commandant la lettre de son maître, qui fut portée au roi de Prusse.

Pendant que Charles perdait l'île d'Usedom et les îles voisines, qui furent bientôt prises ; que Vismar était près de se rendre, qu'il n'avait plus de flotte, que la Suède était menacée, il était dans la ville de Stralsund et cette place était déjà assiégée par trente-six mille hommes.

Stralsund, ville devenue fameuse en Europe par le siège qu'y soutint le roi de Suède, est la plus forte place de la Poméranie ; elle est bâtie entre la mer Baltique et le lac de Franken, sur le détroit de Gella ; on n'y peut arriver de terre que sur une chaussée étroite, défendue par une citadelle et par des retranchements qu'on croyait inaccessibles. Elle avait une garnison de près de neuf mille hommes, et de plus le roi de Suède lui-même. Les rois de Danemark et de Prusse entreprirent ce siège avec une armée de trente-six mille hommes, composée de Prussiens, de Danois et de Saxons.

Un coup de canon tue deux hommes à côté de Charles, un autre fracasse le mât de la barque.

L'honneur d'assiéger Charles XII était un motif si pressant qu'on passa par-dessus tous les obstacles et qu'on ouvrit la tranchée la nuit du 19 au 20 octobre de cette année 1715. Le roi de Suède dans le commencement du siège disait qu'il ne comprenait pas comment une place bien fortifiée, et munie d'une garnison suffisante pouvait être prise ; ce n'est pas que dans le cours de ses conquêtes passées il n'eût pris plusieurs places, mais presque jamais par un siège régulier ; la terreur de ses armes avait alors tout emporté ; d'ailleurs il ne jugeait pas des autres par lui-même, et n'estimait pas assez ses ennemis. Les assiégeants pressèrent leurs ouvrages avec une activité et des efforts qui furent secondés par un hasard très-singulier.

On sait que la mer Baltique n'a ni flux ni reflux. Le retranchement qui couvrait la ville était appuyé du côté de l'occident à un marais impraticable, et du côté de l'orient à la mer, semblait hors de toute insulte ; personne n'avait fait attention que lorsque les vents d'occident soufflaient avec quelque violence, ils refoulaient les eaux de la mer Baltique vers l'orient, et ne leur laissaient que trois pieds de profondeur vers ce retranchement, qu'on eût cru bordé d'une mer impraticable. Un soldat s'étant laissé tomber du haut du retranchement dans la mer, fut étonné de trouver fond; il conçut que cette découverte pourrait faire sa fortune; il déserta et alla au quartier du comte de Wackerbarth, général des troupes saxonnes, donner avis qu'on pouvoit passer la mer à gué et pénétrer sans peine au retranchement des Suédois. Le roi de Prusse ne tarda pas à profiter de l'avis.

Le lendemain donc à minuit le vent d'occident soufflant encore, le lieutenant-colonel Koppen entra dans l'eau suivi de dix-huit cents hommes; deux mille s'avançaient en même temps sur la chaussée qui conduisait à ce retranchement; toute l'artillerie des Prussiens tirait, et les Prussiens et les Danois donnaient l'alarme d'un autre côté.

Les Suédois se crurent sûrs de renverser ces deux mille hommes qu'ils voyaient venir si téméraires en apparence sur la chaussée; mais tout à coup Koppen avec ses dix-huit cents hommes entre dans le retranchement du côté de la mer; les Suédois, entourés et surpris, ne purent résister; le poste fut enlevé après un grand carnage. Quelques Suédois s'enfuirent vers la ville; les assiégeants les poursuivirent; ils entraient pêle-mêle avec les fuyards; deux officiers et quatre soldats saxons étaient déjà sur le pont-levis, mais on eut le temps de le lever; ils furent pris et la ville fut sauvée pour cette fois.

On trouva dans ces retranchements vingt-quatre canons que l'on tourna contre Stralsund. Le siége fut poussé avec l'opiniâtreté et la confiance que devait donner ce premier succès; on canonna et on bombarda la ville presque sans relâche.

Vis-à-vis Stralsund, dans la mer Baltique, est l'île de Rugen, qui sert de rempart à cette place et où la garnison et les bourgeois auraient pu se retirer s'ils avaient eu des barques pour les transporter. Cette île était d'une conséquence extrême pour Charles; il voyait bien que si les ennemis en étaient les maîtres il se trouverait assiégé par terre et par mer, et que, selon toutes les apparences, il serait réduit ou à s'ensevelir sous les ruines de Stralsund, ou à se voir prisonnier de ces mêmes ennemis qu'il avait si longtemps méprisés, et auxquels il avait imposé des lois si dures. Cependant le malheureux état de ses affaires ne lui avait pas permis de mettre dans Rugen une garnison suffisante; il n'y avait pas plus de deux mille hommes de troupes.

Ses ennemis faisaient depuis trois mois toutes les dispositions nécessaires pour descendre dans cette île, dont l'abord est très-difficile; enfin, ayant fait construire des barques, le prince d'Anhalt, à l'aide d'un temps favorable, débarqua dans Rugen le 15 novembre avec douze mille hommes. Le roi, présent partout, était dans cette île; il avait joint ces mille soldats, qui étaient retranchés, près d'un petit port, à trois lieues de l'endroit où l'ennemi avait abordé; il se met à leur tête et marche au milieu de la nuit dans un silence profond. Le prince d'Anhalt avait déjà retranché ses troupes par une précaution qui semblait inutile. Les officiers qui commandaient sous lui ne s'attendaient pas d'être attaqués la nuit même et croyaient Charles XII à Stralsund; mais le prince d'Anhalt, qui savait de quoi Charles était capable, avait fait creuser un fossé profond bordé de chevaux de frise, et prenait toutes ses sûretés comme s'il eût eu une armée supérieure en nombre à combattre.

A deux heures du matin Charles arrive aux ennemis sans faire le moindre bruit; les soldats se disaient les uns aux autres : « Arrachez les chevaux de frise. » Ces paroles furent entendues des sentinelles; l'alarme est donnée aussitôt dans le camp, les ennemis se mettent sous les armes. Le roi ayant ôté les chevaux de frise, vit devant lui un large fossé : « Ah! dit-il, est-il possible; je ne m'y attendais pas. » Cette surprise ne le découragea point; il ne savait pas combien de troupes étaient débarquées; ses ennemis ignoraient de leur côté à quel petit nombre ils avaient affaire. L'obscurité de la nuit semblait favorable à Charles; il prend son parti sur-le-champ; il se jette dans le fossé accompagné des plus hardis et suivi en un instant de tout le reste; les chevaux de frise arrachés, la terre éboulée, les troncs et les branches d'arbre qu'on put trouver, les soldats tués par les coups de mousquet tirés au hasard, servirent de fascines. Le roi, les généraux qu'il avait avec lui, les officiers et les soldats les plus intrépides montent sur l'épaule les uns des autres comme à un assaut. Le combat s'engage dans le camp ennemi; l'impétuosité suédoise mit d'abord le désordre parmi les Danois et les Prussiens; mais le nombre était trop inégal, les Suédois furent repoussés après un quart d'heure de combat et repassèrent le fossé. Le prince d'Anhalt les poursuivit alors dans la plaine; il ne savait pas que dans ce moment c'était Charles XII lui-même qui fuyait devant lui. Ce roi malheureux rallia sa troupe en plein champ, et le combat recommença avec une opiniâtreté égale de part et d'autre. Grothusen, le favori du roi, et le général Dardorf, tombèrent morts auprès de lui. Charles en combattant passa sur le corps de ce dernier, qui respirait encore. During, qui l'avait seul accompagné dans son voyage de Turquie à Stralsund, fut tué à ses yeux.

Au milieu de cette mêlée un lieutenant danois, dont je n'ai jamais pu savoir le nom, reconnut Charles, et lui saisissant d'une main son épée et de l'autre le tirant avec force par les cheveux : « Rendez-vous, sire, lui dit-il, ou je vous tue. » Charles avait à sa ceinture un pistolet; il le tira de la main gauche sur cet officier, qui en mourut le lendemain

matin. Le nom du roi Charles qu'avait prononcé ce Danois attira en un instant une foule d'ennemis; le roi fut entouré; il reçut un coup de fusil au-dessous de la mamelle gauche; le coup, qu'il appelait une contusion, enfonçait de deux doigts. Le roi était à pied et près d'être tué ou pris; le comte Poniatowski combattait dans ce moment auprès de sa personne; il lui avait sauvé la vie à Pultava, il eut le bonheur de la lui sauver encore dans ce combat de Rugen, et le remit à cheval.

Les Suédois se retirèrent vers un endroit de l'île nommé Alteferre, où il y avait un fort dont ils étaient encore maîtres. De là le roi repassa à Stralsund, obligé d'abandonner les braves troupes qui l'avaient si bien secondé dans cette entreprise : elles furent faites prisonnières de guerre deux jours après.

Parmi ces prisonniers se trouva ce malheureux régiment français, composé des débris de la bataille d'Hochstet, qui avait passé au service du roi Auguste et de là à celui du roi de Suède; la plupart des soldats furent incorporés dans un nouveau régiment d'un fils du prince d'Anhalt, qui fut leur quatrième maître. Celui qui commandait dans Rugen se régiment errant était alors ce même comte de Villelongue qui avait si généreusement exposé sa vie à Andrinople pour le service de Charles XII; il fut pris avec sa troupe, et ne fut ensuite que très-mal récompensé de tant de services, de fatigues et de malheurs.

Le roi, après tous ces prodiges de valeur qui ne servaient qu'à affaiblir ses forces, renfermé dans Stralsund et près d'y être forcé, était tel qu'on l'avait vu à Bender; il ne s'étonnait de rien; le jour il faisait faire des coupures et des retranchements derrière les murailles; la nuit il faisait des sorties sur l'ennemi. Cependant Stralsund était battu en brèche; les bombes pleuvaient sur les maisons; la moitié de la ville était en cendre; les bourgeois, loin de murmurer, pleins d'admiration pour leur maître, dont les fatigues, la sobriété et le courage les étonnaient, étaient tous devenus soldats sous lui; ils l'accompagnaient dans les sorties; ils étaient pour lui une seconde garnison.

Un jour que le roi dictait des lettres pour la Suède à un secrétaire, une bombe tomba sur la maison, perça le toit, et vint éclater près de la chambre même du roi; la moitié du plancher tomba en pièces; le cabinet où le roi dictait étant pratiqué en partie dans une grosse muraille, ne souffrit point de l'ébranlement, et, par un bonheur étonnant, nul des éclats qui sautaient en l'air n'entra dans ce cabinet, dont la porte était ouverte. Au bruit de la bombe et au fracas de la maison qui semblait tomber, la plume échappa des mains du secrétaire. « Qu'y a-t-il donc? lui dit le roi d'un air tranquille; pourquoi n'écrivez-vous pas? « Celui-ci ne put répondre que ces mots : « Eh! sire, la bombe! — Eh bien, reprit le roi, qu'a de commun la bombe avec la lettre que je vous dicte? continues. »

Il y avait alors dans Stralsund un ambassadeur de France enfermé avec le roi de Suède : c'était un Colbert, comte de Croissy, lieutenant général des armées de France, frère du marquis de Torcy, célèbre ministre d'État, et parent de ce fameux Colbert dont le nom doit être immortel en France. Envoyer un homme à la tranchée ou en ambassade auprès de Charles XII, c'était presque la même chose. Le roi entretenait Croissy des heures entières dans les endroits les plus exposés pendant que le canon et les bombes tuaient du monde à côté et derrière eux, sans que le roi s'aperçût du danger, ni que l'ambassadeur voulût lui faire seulement soupçonner qu'il y eût des endroits plus convenables pour parler d'affaires. Ce ministre fit ce qu'il put avant le siége pour ménager un accommodement entre les rois de Suède et de Prusse; mais celui-ci demandait trop, et Charles XII ne voulait rien céder. Le comte de Croissy n'eut donc dans son ambassade d'autre satisfaction que celle de jouir de la familiarité de cet homme singulier : il couchait souvent auprès de lui sur le même manteau; il avait, en partageant ses dangers et ses fatigues, acquis le droit de lui parler avec liberté. Charles encourageait cette hardiesse dans ceux qu'il aimait : il disait quelquefois au comte de Croissy : Veni, maledicamus de rege : « Allons, disons un peu de mal de Charles XII. » C'est ce que cet ambassadeur m'a raconté.

Croissy resta jusqu'au 13 novembre dans la ville; et enfin, ayant obtenu des ennemis permission de sortir avec ses bagages, il prit congé du roi de Suède, qu'il laissa au milieu des ruines de Stralsund avec une garnison dépérie des deux tiers, résolu de soutenir un assaut.

En effet, on en donna un deux jours après à l'ouvrage à corne. Les ennemis s'en emparèrent deux fois et en furent deux fois chassés. Le roi y combattait toujours parmi les grenadiers : enfin le nombre prévalut; les assiégeants en demeurèrent les maîtres. Charles resta encore deux jours dans la ville, attendant à tout moment un assaut général : il s'arrêta le 16 jusqu'à minuit sur un petit ravelin tout ruiné par les bombes et par le canon : le jour d'après, les officiers principaux le conjurèrent de ne plus rester dans une place qu'il n'était plus question de défendre : mais la retraite était devenue aussi dangereuse que la place même; la mer Baltique était couverte de vaisseaux moscovites et danois; on n'avait dans le port de Stralsund qu'une petite barque à voiles et à rames. Tant de périls qui rendaient cette retraite glorieuse y déterminèrent Charles : il s'embarqua, la nuit du 20 décembre 1715, avec dix personnes seulement; il fallut casser la glace dont la mer était couverte dans le port; ce travail pénible dura plusieurs heures avant que la barque pût voguer librement. Les amiraux ennemis avaient des ordres précis de ne point laisser sortir Charles de Stralsund, et de le prendre mort ou vif. Heureusement ils étaient sous le vent, et ne purent l'aborder. Il courut un danger encore plus grand en passant à la vue de l'île de Rugen, près d'un endroit nommé la Babette, où les Danois avaient élevé une batterie de douze canons; ils tirèrent sur le roi : les matelots faisaient force de voiles et de rames pour s'éloigner; un coup de canon tua deux hommes à côté de Charles; un autre fracassa le mât de la barque. Au milieu de ces dangers le roi arriva vers deux de ses vaisseaux qui croisaient dans la mer Baltique. Dès le lendemain Stralsund se rendit : la garnison fut faite prisonnière de guerre; et Charles aborda à Isted en Scanie, et de là se rendit à Carelscroon, dans un état bien autre que quand il en partit quinze ans auparavant sur un vaisseau de cent vingt canons, pour aller donner des lois au Nord.

Si près de sa capitale on s'attendait qu'il la reverrait après cette longue absence; mais son séjour à Carelscroon ne l'empêcha des victoires : il ne pouvait se résoudre d'ailleurs à revoir des peuples qui l'aimaient et qu'il était forcé d'opprimer pour se défendre contre ses ennemis. Il voulut seulement voir sa sœur : il lui donna rendez-vous sur le bord du lac Veter, en Ostrogothie; il s'y rendit en poste, suivi d'un seul domestique, et s'en retourna après avoir resté un jour avec elle.

De Carelscroon, où il séjourna l'hiver, il ordonna de nouvelles levées d'hommes dans son royaume. Il croyait que tous ses sujets n'étaient nés que pour le suivre à la guerre, et il les avait accoutumés à le croire aussi. On enrôlait des jeunes gens de quinze ans. Il ne resta dans plusieurs villages que des vieillards, des enfants et des femmes; on voyait même en beaucoup d'endroits les femmes seules labourer la terre.

Il était encore plus difficile d'avoir une flotte. Pour y suppléer on donna des commissions à des armateurs, qui, moyennant des priviléges excessifs et ruineux pour le pays, équipèrent quelques vaisseaux : ces efforts étaient les dernières ressources de la Suède. Pour subvenir à tant de frais il fallut prendre la substance des peuples; il n'y eut point d'extorsion que l'on n'inventât sous le nom de taxe et d'impôt; on fit la visite dans toutes les maisons, et on en tira la moitié des provisions pour être mises dans les magasins du roi; on acheta pour son compte tout le fer qui était dans le royaume, que le gouvernement paya en billets, et qu'il vendit en argent. Tous ceux qui portaient des habits où il entrait de la soie, qui avaient des perruques, des épées dorées, furent taxés; on mit un impôt excessif sur les cheminées. Le peuple, accablé de tant d'exactions, se fût révolté sous tout autre roi, mais le paysan le plus malheureux de la Suède savait que son maître menait une vie encore plus dure et plus frugale que lui; ainsi tout se soumettait sans murmure à des rigueurs que le roi endurait le premier.

Le danger public fit même oublier les misères particulières. On s'attendait à tout moment à voir les Moscovites, les Danois, les Prussiens, les Saxons, les Anglais même, descendre en Suède : cette crainte était si bien fondée et si forte, que ceux qui avaient de l'argent ou des meubles précieux les enfouissaient dans la terre.

En effet une flotte anglaise avait déjà paru dans la mer Baltique sans qu'on sût quels étaient ses ordres; et le roi de Danemark avait la parole du czar que les Moscovites joints aux Danois fondraient en Suède au printemps de 1716.

Ce fut une surprise extrême pour toute l'Europe, attentive à la fortune de Charles XII, quand, au lieu de défendre son pays menacé par tant de princes, il passa en Norvége, au mois de mars 1716, avec vingt mille hommes.

Depuis Annibal on n'avait point encore vu de général qui, ne pouvant se soutenir chez lui-même contre ses ennemis, fût allé leur faire la guerre au cœur de leurs États. Le prince de Hesse, son beau-frère, l'accompagna dans cette expédition.

On ne peut aller de Suède en Norvége que par des défilés assez dangereux, et quand on les a passés on rencontre, de distance en distance, des flaques d'eau que la mer y forme entre des rochers : il fallait faire des ponts chaque jour. Un petit nombre de Danois aurait pu arrêter l'armée suédoise; mais on n'avait pas prévu cette invasion subite. L'Europe fut encore plus étonnée que le czar demeurât tranquille au milieu de ces événements, et ne fît pas une descente en Suède comme il en était convenu avec ses alliés.

La raison de cette inaction était un dessein des plus grands, mais en même temps des plus difficiles à exécuter qu'ait jamais formés l'imagination humaine.

Le baron Henri de Gortz, né en Franconie, et baron immédiat de l'Empire, ayant rendu des services importants au roi de Suède pendant le séjour de ce monarque à Bender, était depuis devenu son favori et son premier ministre.

Jamais homme ne fut si souple et si audacieux à la fois, ni si plein de ressources dans les disgrâces, si vaste dans ses desseins, ni si actif dans ses démarches : nul projet ne l'effrayait, nul moyen ne lui coûtait; il prodiguait les dons, les promesses, les serments, la vérité et le mensonge.

Il allait de Suède en France, en Angleterre, en Hollande, essayer lui-même les ressorts qu'il voulait faire jouer : il eût été capable d'ébranler l'Europe; et il en avait conçu l'idée : ce que son maître était

à la tête d'une armée il l'était dans le cabinet; aussi prit-il sur Charles XII un ascendant qu'aucun ministre n'avait eu avant lui.

Ce roi, qui à l'âge de vingt ans n'avait donné que des ordres au comte Piper, recevait alors des leçons du baron de Gortz; d'autant plus soumis à ce ministre que le malheur le mettait dans la nécessité d'écouter des conseils, et que Gortz ne lui en donnait que de conformes à son courage. Il remarqua que de tant de princes réunis contre la Suède, George, électeur d'Hanover, roi d'Angleterre, était celui contre lequel Charles était le plus piqué, parce que c'était le seul que Charles n'eût point offensé; que George était entré dans la querelle sous prétexte de l'apaiser, et uniquement pour garder Brême et Verden, auxquels il semblait n'avoir d'autre droit que de les avoir achetés à vil prix du roi de Danemark, à qui ils n'appartenaient pas.

Il entrevit aussi de bonne heure que le czar était secrètement mécontent des alliés, qui lui avaient empêché d'avoir un établissement dans l'empire d'Allemagne, où ce monarque, devenu trop dangereux, n'aspirait qu'à mettre le pied. Vismar, la seule ville qui restât encore aux Suédois sur les côtes d'Allemagne, venait enfin de se rendre aux Prussiens et aux Danois, le 14 février 1716. Ceux-ci ne voulurent pas seulement souffrir que les troupes moscovites, qui étaient dans le Mecklembourg, parussent à ce siége. De pareilles défiances, réitérées depuis deux ans, avaient aliéné l'esprit du czar, et avaient peut-être empêché la ruine de la Suède. Il y a beaucoup d'exemples d'États alliés conquis par une seule puissance; et il y en a bien peu d'un grand empire conquis par plusieurs alliés : si leurs forces réunies l'abattent, leurs divisions le relèvent bientôt.

Dès l'année 1714 le czar eût pu faire une descente en Suède; mais, soit qu'il ne s'accordât pas avec les rois de Pologne, d'Angleterre, de Danemark et de Prusse, alliés justement jaloux, soit qu'il ne crût pas encore ses troupes assez aguerries pour attaquer sur ses propres foyers cette même nation dont les seuls paysans avaient vaincu l'élite des troupes danoises, il recula toujours cette entreprise.

Ce qui l'avait arrêté encore était le besoin d'argent. Le czar était un des plus puissants monarques du monde, mais un des moins riches; ses revenus ne montaient pas alors à plus de vingt-quatre millions de nos livres. Il avait découvert des mines d'or, d'argent, de fer, de cuivre; mais le profit en était encore incertain et le travail ruineux. Il établissait un grand commerce; mais les commencements ne lui apportaient que des espérances : ses provinces nouvellement conquises augmentaient sa puissance et sa gloire sans accroître encore ses revenus. Il fallait du temps pour fermer les plaies de la Livonie, pays abondant, mais désolé par quinze ans de guerre, par le fer, par le feu et par la contagion, vide d'habitants, et qui était alors à charge à son vainqueur. Les flottes qu'il entretenait, les nouvelles entreprises qu'il faisait tous les jours, épuisaient ses finances. Il avait été réduit à la mauvaise ressource de hausser les monnaies; remède qui ne guérit jamais les maux d'un État, et qui est surtout préjudiciable à un pays qui reçoit des étrangers plus de marchandises qu'il ne leur en fournit.

Voilà en partie les fondements sur lesquels Gortz bâtit le dessein d'une révolution. Il alla proposer au roi de Suède d'acheter la paix de l'empereur moscovite à quelque prix que ce pût être, lui faisant envisager le czar irrité contre les rois de Pologne et d'Angleterre, et lui donnant à entendre que Pierre Alexiowitz et Charles XII réunis pourraient faire trembler le reste de l'Europe.

Il n'y avait pas moyen de faire la paix avec le czar sans céder une grande partie des provinces qui sont à l'orient et au nord de la mer Baltique; mais il lui fit considérer qu'en cédant ces provinces, que le czar possédait déjà, et qu'on ne pouvait reprendre, le roi pourrait avoir la gloire de remettre à la fois Stanislas sur le trône de Pologne, de replacer le fils de Jacques II sur celui d'Angleterre, et de rétablir le duc de Holstein dans ses États.

Charles, flatté de ces grandes idées, sans pourtant y compter beaucoup, donna carte blanche à son ministre. Gortz partit de Suède, muni d'un plein pouvoir qui l'autorisait à tout sans restriction, et le rendait plénipotentiaire auprès de tous les princes avec qui il jugerait à propos de négocier. Il fit d'abord sonder la cour de Moscou par le moyen d'un Écossais nommé Areskins, premier médecin du czar, dévoué au parti du prétendant, ainsi que l'étaient presque tous les Écossais qui ne subsistaient pas des faveurs de la cour de Londres.

Ce médecin fit valoir au prince Menzikoff l'importance et la grandeur du projet avec toute la vivacité d'un homme qui y était intéressé. Le prince Menzikoff goûta ces ouvertures; le czar les approuva. Au lieu de descendre en Suède, comme il en était convenu avec les alliés, il fit hiverner ses troupes dans le Mecklembourg, et il y vint lui-même sous prétexte de terminer les querelles qui commençaient à naître entre le duc de Mecklembourg et la noblesse de ce pays, mais poursuivant en effet son dessein favori d'avoir une principauté en Allemagne, et comptant engager le duc de Mecklembourg à lui vendre sa souveraineté.

Les alliés furent irrités de cette démarche : ils ne voulaient point d'un voisin si terrible, qui, ayant une fois des terres en Allemagne, pourrait un jour s'en faire élire empereur, et en opprimer les souverains. Plus ils étaient irrités, plus le grand projet du baron de Gortz s'avançait vers le succès. Il négociait cependant avec tous les princes confédérés pour mieux cacher ses intrigues secrètes. Le czar les amu-

sait tous aussi par des espérances. Charles XII cependant était en Norvége avec son beau-frère le prince de Hesse, à la tête de vingt mille
hommes : la province n'était gardée que par onze mille Danois divisés en plusieurs corps, que le roi et le prince de Hesse passèrent au
fil de l'épée.

Charles avança jusqu'à Christiana, capitale de ce royaume : la fortune recommençait à lui devenir favorable dans ce coin du monde;
mais jamais le roi ne prit assez de précautions pour faire subsister ses
troupes. Une armée et une flotte danoises approchaient pour défendre
la Norvége; Charles, qui manquait de vivres, se retira en Suède, attendant l'issue des vastes entreprises de son ministre.

Cet ouvrage demandait un profond secret et des préparatifs immenses, deux choses assez incompatibles. Gortz fit chercher jusque
dans les mers de l'Asie un secours qui, tout odieux qu'il paraissait,
n'en eût pas été moins utile pour une descente en Ecosse, et qui du
moins eût apporté en Suède de l'argent, des hommes et des vaisseaux.

Il y avait longtemps que des pirates de toutes nations, et particulièrement des Anglais, avaient fait entre eux une association, infestaient
les mers de l'Europe et de l'Amérique : poursuivis partout sans quartier, ils venaient de se retirer sur les côtes de Madagascar, grande île
à l'orient de l'Afrique. C'étaient des hommes désespérés, presque
tous connus par des actions auxquelles il ne manquait que de la justice pour être héroïques. Ils cherchaient un prince qui voulût les recevoir sous sa protection; mais les lois des nations leur fermaient tous
les ports du monde.

Dès qu'ils surent que Charles XII était retourné en Suède, ils es-
pérèrent que ce prince passionné pour la guerre, obligé de la faire,
et manquant de flotte et de soldats, leur ferait une bonne composi-
tion; ils lui envoyèrent un député, qui vint en Europe sur un vaisseau hollandais, et qui alla proposer au baron de Gortz de les recevoir dans le port de Gottembourg, où ils offraient de se rendre avec
soixante vaisseaux chargés de richesses.

Le baron fit agréer au roi la proposition; on envoya même l'année
suivante deux gentilshommes suédois, l'un nommé Cromstrom, et
l'autre Mendal, pour consommer la négociation avec ces corsaires
de Madagascar. On trouva depuis un secours plus noble et plus important dans le cardinal Albéroni, puissant génie, qui a gouverné
l'Espagne assez longtemps pour sa gloire, et trop peu pour la grandeur de cet Etat.

Il entra avec ardeur dans le projet de mettre le fils de Jacques II
sur le trône d'Angleterre. Cependant, comme il ne venait que de
mettre le pied dans le ministère, et qu'il avait l'Espagne à rétablir
avant que de songer à bouleverser d'autres royaumes, il semblait qu'il
ne pouvait de plusieurs années mettre la main à cette grande machine; mais en moins de deux ans on le vit changer la face de l'Espagne, lui rendre son crédit dans l'Europe, engager, à ce qu'on prétend, les Turcs à attaquer l'empereur d'Allemagne, et tenter en
même temps d'ôter la régence de France au duc d'Orléans, et la couronne de la Grande-Bretagne au roi George : tant un seul homme est
dangereux quand il est absolu dans un puissant Etat, et qu'il a de la
grandeur et du courage dans l'esprit l

Gortz ayant ainsi dispersé à la cour de Moscovie et à celle d'Espagne les premières étincelles de l'embrasement qu'il méditait, alla
secrètement en France, de là en Hollande, où il vit les adhérents du
prétendant.

Il s'informa plus particulièrement de leurs forces, du nombre et de
la disposition des mécontents d'Angleterre, de l'argent qu'ils pouvaient fournir, et des troupes qu'ils pouvaient mettre sur pied. Les
mécontents ne demandaient qu'un secours de dix mille hommes, et
faisaient envisager une révolution sûre à l'aide de ces troupes.

Le comte de Gyllembourg, ambassadeur de Suède en Angleterre,
instruit par le baron de Gortz, eut plusieurs conférences à Londres
avec les principaux mécontents; il les encouragea, et leur promit tout
ce qu'ils voulurent : le parti du prétendant alla jusqu'à fournir des
sommes considérables, que Gortz toucha en Hollande. Il négocia l'a-
chat de quelques vaisseaux, en acheta six en Bretagne avec des armes
de toute espèce.

Il envoya alors secrètement en France plusieurs officiers, entre
autres le chevalier de Folard, qui ayant fait trente campagnes dans
les armées françaises, et y ayant fait peu de fortune, avait été depuis
peu offrir ses services au roi de Suède, moins par des vues intéressées
que par le désir de servir sous un roi qui avait une réputation si étonnante. Le chevalier de Folard espérait d'ailleurs faire goûter à ce
prince les nouvelles idées qu'il avait sur la guerre; il avait étudié
toute sa vie cet art en philosophe, et il a depuis communiqué ses dé-
couvertes au public dans ses commentaires sur Polybe. Ses vues furent
goûtées de Charles XII, qui lui-même avait fait la guerre d'une manière nouvelle, et qui ne se laissait conduire en rien par la coutume :
il destina le chevalier de Folard à être un des instruments dont il
voulait se servir dans la descente projetée en Ecosse. Ce gentilhomme
exécuta en France les ordres secrets du baron de Gortz. Beaucoup
d'officiers français, un plus grand nombre d'Irlandais, entrèrent dans
cette conjuration d'une espèce nouvelle, qui se tramait en même
temps en Angleterre, en France, en Moscovie, et dont les branches
s'étendaient secrètement d'un bout de l'Europe à l'autre.

Ces préparatifs étaient encore peu de chose pour le baron de Gortz;
mais c'était beaucoup d'avoir commencé. Le point le plus important,
et sans lequel rien ne pouvait réussir, était d'achever la paix entre le
czar et Charles : il restait beaucoup de difficultés à aplanir. Le baron
Osterman, ministre d'Etat en Moscovie, ne s'était point laissé entraîner d'abord aux vues de Gortz : il était aussi circonspect que le ministre de Charles était entreprenant; sa politique lente et mesurée
voulait laisser tout mûrir; le génie impatient de l'autre prétendait recueillir immédiatement après avoir semé. Osterman craignait que
l'empereur son maître, ébloui par l'éclat de cette entreprise, n'accordât à la Suède une paix trop avantageuse; il retardait par ses longueurs et par ses obstacles la conclusion de cette affaire.

Heureusement pour le baron de Gortz, le czar lui-même vint en
Hollande au commencement de 1717. Son dessein était de passer en
France : il lui manquait d'avoir vu cette nation célèbre, qui est depuis
plus de cent ans censurée, enviée, et imitée par tous ses voisins; il
voulait y satisfaire sa curiosité insatiable de voir et d'apprendre, et
exercer en même temps sa politique.

Gortz vit deux fois le czar en Hollande; il avança plus dans ces
deux conférences qu'il n'eût fait en six mois avec ses plénipotentiaires. Tout prenait un tour favorable : ses grands desseins paraissaient
couverts d'un secret impénétrable; il se flattait que l'Europe ne les
apprendrait que par l'exécution. Il ne parlait cependant à la Haye
que de paix : il disait hautement qu'il voulait regarder le roi d'Angleterre comme le pacificateur du Nord; il pressait même la conférence la tenue d'un congrès à Brunswick, où les intérêts de la Suède
et de ses ennemis devaient être décidés à l'amiable.

Le premier qui découvrit ses intrigues fut le duc d'Orléans, régent
de France : il avait des espions dans toute l'Europe. Ce genre d'hommes,
dont le métier est de vendre le secret de leurs amis, et qui subsiste
de délations, et souvent même de calomnies, s'était tellement multi-
plié en France sous son gouvernement, que la moitié de la nation é-
tait devenue l'espion de l'autre. Le duc d'Orléans, lié avec le roi
d'Angleterre par des engagements personnels, lui découvrit les menées
qui se tramaient contre lui.

Dans le même temps les Hollandais, qui prenaient des ombrages de
la conduite de Gortz, communiquèrent leurs soupçons au ministre anglais. Gortz et Gyllembourg poursuivaient leurs desseins avec chaleur,
lorsqu'ils furent arrêtés tous deux, l'un à Deventer en Gueldre, et
l'autre à Londres.

Comme Gyllembourg, ambassadeur de Suède, avait violé le droit
des gens en conspirant contre le prince auprès duquel il était envoyé,
on viola sans scrupule le même droit en sa personne; mais on s'é-
tonna que les états généraux, par une complaisance inouïe pour le
roi d'Angleterre, missent en prison le baron de Gortz : ils chargèrent
même le comte de Welderen de l'interroger. Cette formalité ne fut
qu'un outrage de plus, lequel devenant inutile ne tourna qu'à leur
confusion. Gortz demanda au comte de Welderen s'il était connu de
lui. «Oui, monsieur, répondit le Hollandais. — Eh bien , dit le baron
de Gortz, si vous me connaissez vous devez savoir que je ne dis que
ce que je veux. » L'interrogation ne fut guère poussé plus loin : tous
les ambassadeurs, mais particulièrement le marquis de Monteléon,
ministre d'Espagne en Angleterre, protestèrent contre l'attentat commis envers la personne de Gortz et de Gyllembourg. Les Hollandais
étaient sans excuse, ils avaient non-seulement violé un droit sacré en
arrêtant le premier ministre du roi de Suède, qui n'avait rien ma-
chiné contre eux, mais ils agissaient directement contre les principes
de cette liberté précieuse qui a attiré chez eux tant d'étrangers, et
qui a été le fondement de leur grandeur.

A l'égard du roi d'Angleterre il n'avait rien fait que de juste en arrêtant prisonnier un ennemi. Il fit pour sa justification imprimer
les lettres du baron de Gortz et du comte de Gyllembourg trouvées
dans les papiers du dernier. Le roi de Suède était alors dans la province de Scanie; on lui apporta ces lettres imprimées, avec la nouvelle de l'enlèvement de ses deux ministres : il demanda en souriant si
on n'avait pas aussi imprimé les siennes. Il ordonna aussitôt qu'on arrêtât
à Stockholm le résident anglais avec toute sa famille et ses domestiques; il défendit sa cour au résident hollandais, qu'il fit garder à vue.
Cependant il n'avoua ni ne désavoua le baron de Gortz : trop fier
pour nier une entreprise qu'il avait approuvée, et trop sage pour con-
venir d'un dessein éventé presque dans sa naissance, il se tint dans un
silence dédaigneux envers l'Angleterre et la Hollande.

Le czar prit tout un autre parti. Comme il n'était point nommé,
mais obscurément impliqué dans les lettres de Gyllembourg et de
Gortz, il écrivit au roi d'Angleterre une longue lettre pleine de com-
pliments sur la conspiration et d'assurances d'une amitié sincère : le
roi George reçut ses protestations avec la même bonne foi qu'on les fait,
et feignit de se laisser
tromper. Une conspiration tramée par des particuliers quand elle est
découverte est anéantie; mais une conspiration de rois n'en prend
que de nouvelles forces. Le czar arriva à Paris au mois de mai de la
même année 1717 : il ne s'y occupa pas uniquement à voir les beautés
de l'art et de la nature, à visiter les académies, les bibliothèques publiques, les cabinets des curieux, les maisons royales; il proposa au
duc d'Orléans, régent de France, un traité dont l'acceptation eût pu
mettre le comble à la grandeur moscovite. Son dessein était de se

réunir avec le roi de Suède, qui lui cédait de grandes provinces; d'ôter entièrement aux Danois l'empire de la mer Baltique, d'affaiblir les Anglais par une guerre civile, et d'attirer à la Moscovie tout le commerce du Nord : il ne s'éloignait pas même de remettre le roi Stanislas aux prises avec le roi Auguste, afin que le feu étant allumé de tous côtés il pût courir pour l'attiser, ou pour l'éteindre, selon qu'il y trouverait ses avantages. Dans ces vues, il proposa au régent de France la médiation entre la Suède et la Moscovie, et de plus une alliance offensive et défensive avec ces couronnes et celle d'Espagne. Ce traité, qui paraissait si naturel, si utile à ces nations, et qui mettait dans leurs mains la balance de l'Europe, ne fut cependant pas accepté du duc d'Orléans : il prenait précisément dans ce temps des engagements tout contraires; il se liguait avec l'empereur d'Allemagne et George d'Angleterre. La raison d'État changeait alors dans l'esprit de tous les princes au point que le czar était près de se déclarer contre son ancien allié, le roi Auguste, et d'embrasser les querelles de Charles, son mortel ennemi, pendant que la France allait, en faveur des Allemands et des Anglais, faire la guerre au petit-fils de Louis XIV, après l'avoir soutenu longtemps contre ces mêmes ennemis aux dépens de tant de trésors et de sang. Tout ce que le czar obtint par les voies indirectes fut que le régent interposât ses bons offices pour l'élargissement du baron de Gortz et du comte de Gyllembourg. Il retourna dans ses États à la fin de juin, après avoir donné à la France le spectacle rare d'un empereur qui voyageait pour s'instruire : mais trop de Français ne virent en lui que les dehors grossiers que sa mauvaise éducation lui avait laissés; et le législateur, le créateur d'une nation nouvelle, le grand homme, leur échappa.

Ce qu'il cherchait dans le duc d'Orléans il le trouva bientôt dans le cardinal Albéroni, devenu tout-puissant en Espagne. Albéroni ne souhaitait rien tant que le rétablissement du prétendant, et comme ministre de l'Espagne, que l'Angleterre avait si maltraitée, et comme ennemi personnel du duc d'Orléans, lié avec l'Angleterre contre l'Espagne, et enfin comme prêtre d'une église pour laquelle le père du prétendant avait si mal à propos perdu sa couronne.

Le duc d'Ormond, aussi aimé en Angleterre que le duc de Marlborough y était admiré, avait quitté son pays à l'avénement du roi George, et s'étant alors retiré à Madrid, il alla, muni de pleins pouvoirs du roi d'Espagne et du prétendant, trouver le czar sur son passage à Mittau en Courlande, accompagné d'Irnegan, autre Anglais, homme habile et entreprenant; il demanda la princesse Anne Petrowna, fille du czar, en mariage pour le fils de Jacques II, espérant que cette alliance attacherait plus étroitement le czar aux intérêts de ce prince malheureux. Mais cette proposition faillit reculer les affaires pour un temps au lieu de les avancer. Le baron de Gortz avait dans ses projets destiné depuis longtemps cette princesse au duc de Holstein, qui en était l'a épousée depuis; dès qu'il sut cette proposition du duc d'Ormond, il en fut jaloux et s'appliqua à la traverser. Il sortit de prison au mois d'auguste, aussi bien que le comte de Gyllembourg, sans que le roi de Suède eût daigné faire la moindre excuse au roi d'Angleterre, ni montrer le plus léger mécontentement de la conduite de son ministre.

En même temps on élargit à Stockholm le résident anglais et toute sa famille, qui avaient été traités avec beaucoup plus de sévérité que Gyllembourg ne l'avait été à Londres.

Gortz en liberté fut un ennemi déchaîné qui, outre les puissants motifs qui l'agitaient, eut encore celui de la vengeance : il se rendit en poste auprès du czar, et ses insinuations prévalurent plus que jamais auprès de ce prince. D'abord il l'assura qu'en moins de trois mois il lèverait, avec un seul plénipotentiaire de Moscovie, tous les obstacles qui retardaient la conclusion de la paix avec la Suède : il prit entre les mains une carte géographique que le czar avait dessinée lui-même, et tirant une ligne depuis Vibourg jusqu'à la mer Glaciale, en passant par le lac Ladoga, il se fit fort de porter son maître à céder ce qui était à l'orient de cette ligne, aussi bien que la Carélie, l'Ingrie et la Livonie : ensuite il jeta des propositions de mariage entre la fille de Sa Majesté Czarienne et le duc de Holstein, le flattant que ce duc lui pourrait céder ses États moyennant un équivalent; que par là il serait membre de l'Empire, lui montrant de loin la couronne impériale, soit pour quelqu'un de ses descendants, soit pour lui-même. Il flattait ainsi les vues ambitieuses du monarque moscovite, ôtait au prétendant la princesse czarienne, en même temps qu'il lui ouvrait le chemin de l'Angleterre; et il remplissait toutes les vues à la fois.

Le czar nomma l'île d'Aland pour les conférences que son ministre d'État Osterman devait avoir avec le baron de Gortz. On pria le duc d'Ormond de s'en retourner, pour ne pas donner de trop violents ombrages à l'Angleterre, avec laquelle le czar ne voulait rompre que sur le point de l'invasion : on retint seulement à Pétersbourg Irnegan, le confident du duc d'Ormond, qui fut chargé des intrigues, et qui logea dans la ville avec tant de précaution qu'il ne sortait que de nuit, et ne voyait jamais les ministres du czar que déguisé, tantôt en paysan, tantôt en Tartare.

Dès que le duc d'Ormond fut parti, le czar fit valoir au roi d'Angleterre sa complaisance d'avoir renvoyé le plus grand partisan du prétendant; et le baron de Gortz, plein d'espérance, retourna en Suède.

Il retrouva son maître à la tête de trente-cinq mille hommes de troupes réglées, et les côtes bordées de milices. Il ne manquait au roi que de l'argent : le crédit était épuisé en dedans et en dehors du royaume. La France, qui lui avait fourni quelques subsides dans les dernières années de Louis XIV, n'en donnait plus sous la régence du duc d'Orléans, qui se conduisait par des vues toutes contraires : l'Espagne en promettait, mais elle n'était pas encore en état d'en fournir beaucoup. Le baron de Gortz donna alors une libre étendue à un projet qu'il avait déjà essayé avant d'aller en France et en Hollande : c'était de donner au cuivre la même valeur qu'à l'argent; de sorte qu'une pièce de cuivre dont la valeur intrinsèque est un demi-sou, passait pour quarante sous avec la marque du prince; à peu près comme, dans une ville assiégée, les gouverneurs ont souvent payé les soldats et les bourgeois avec de la monnaie de cuir, en attendant qu'on pût avoir des espèces réelles. Ces monnaies fictives, inventées par la nécessité, et auxquelles la bonne foi seule peut donner un crédit durable, sont comme des billets de change, dont la valeur imaginaire peut excéder aisément les fonds qui sont dans un État.

Ces ressources sont d'un excellent usage dans un pays libre : elles ont quelquefois sauvé une république; mais elles ruinent presque sûrement une monarchie; car les peuples manquent bientôt de confiance, le ministre est réduit à manquer de bonne foi : les monnaies idéales se multiplient avec excès, les particuliers enfouissent leur argent, et la machine se détruit avec une confusion accompagnée souvent des plus grands malheurs. C'est ce qui arriva au royaume de Suède.

Le baron de Gortz, ayant d'abord répandu avec discrétion dans le public les nouvelles espèces, en entraîna en peu de temps au delà de ses mesures par la rapidité du mouvement qu'il ne pouvait plus conduire. Toutes les marchandises et toutes les denrées ayant monté à un prix excessif, il fut forcé d'augmenter le nombre des espèces de cuivre : plus elles se multiplièrent, plus elles furent décréditées. La Suède inondée de cette fausse monnaie, ne forma qu'un cri contre le baron de Gortz. Les peuples, toujours pleins de vénération pour Charles XII, n'osaient presque le haïr, et faisaient tomber le poids de leur aversion sur un ministre qui, comme étranger et comme gouvernant les finances, était doublement assuré de la haine publique.

Un impôt qu'il voulut mettre sur le clergé acheva de le rendre exécrable à la nation; les prêtres, qui trop souvent joignent leur cause à celle de Dieu, l'appelèrent publiquement athée, parce qu'il leur demandait de l'argent. Les nouvelles espèces de cuivre avaient l'empreinte de quelques dieux de l'antiquité, en prit occasion d'appeler ces pièces de monnaie les dieux du baron de Gortz.

À la haine publique contre lui se joignit la jalousie des ministres, implacable à mesure qu'elle était alors impuissante. La sœur du roi et le prince son mari le craignaient comme un homme attaché par sa naissance au duc de Holstein, et capable de lui mettre un jour la couronne de Suède sur la tête. Il n'avait plu dans le royaume qu'à Charles XII; mais cette aversion générale ne servait qu'à confirmer l'amitié du roi, dont les sentiments s'affermissaient toujours par les contradictions. Il marqua alors au baron une confiance qui allait jusqu'à la soumission; il lui laissa un pouvoir absolu dans le gouvernement intérieur du royaume, et s'en remit à lui sans réserve sur tout ce qui regardait les négociations avec le czar : il lui recommanda surtout de presser les conférences de l'île d'Aland.

En effet dès que Gortz eut achevé à Stockholm les arrangements des finances qui demandaient sa présence, il partit pour aller consommer avec le ministre du czar le grand ouvrage qu'il avait entamé.

Voici les conditions préliminaires de cette alliance qui devait changer la face de l'Europe, telles qu'elles furent trouvées dans les papiers de Gortz depuis sa mort.

Le czar, retenant pour lui toute la Livonie et une partie de l'Ingrie et de la Carélie, rendait à la Suède tout le reste : il s'unissait avec Charles XII dans le dessein de rétablir le roi Stanislas sur le trône de Pologne, et s'engageait à rentrer dans ce pays avec quatre-vingt mille Moscovites, pour détrôner ce même roi Auguste en faveur duquel il avait fait dix ans la guerre : il fournissait au roi de Suède les vaisseaux nécessaires pour transporter dix mille Suédois en Angleterre, et trente mille en Allemagne : les forces réunies de Pierre et de Charles devaient attaquer les États d'Angleterre dans ses États de Hanovre, et surtout dans Brême et Verden; les mêmes troupes auraient servi à rétablir le duc de Holstein, et forcé le roi de Prusse à accepter un traité par lequel on lui ôtait une partie de ce qu'il avait pris. Charles en usa dès lors comme si ses armées victorieuses, renforcées de celles du czar, avaient déjà exécuté tout ce qu'on méditait : il fit demander hautement à l'empereur d'Allemagne l'exécution du traité d'Altranstadt. À peine la cour de Vienne daigna-t-elle répondre à la proposition d'un prince dont elle croyait n'avoir rien à craindre.

Le roi de Pologne eut moins de sécurité; il vit l'orage qui grossissait de tous les côtés. La noblesse polonaise était confédérée contre lui; et depuis son rétablissement il lui fallait toujours ou combattre ses sujets, ou traiter avec eux : le czar, médiateur à craindre, avait cent galères auprès de Dantzick, et quatre-vingt mille hommes sur les frontières de Pologne. Tout le Nord était en jalousies et en alarmes de tous les côtés. Fleming, le plus défiant de tous les hommes et celui dont les puissances voisines devaient le plus se défier, soupçonna le premier les desseins du czar et ceux du roi de Suède en faveur de Stanislas : il voulut le faire enlever dans le duché de Deux-Ponts, comme on avait saisi Jacques Sobiesky en Silésie. Un de ces Français entreprenants et inquiets qui vont tenter la fortune dans les pays étrangers avait amené depuis peu quelques partisans français comme lui au service du roi de Pologne : il communiqua au ministre Fleming un projet par lequel il répondait d'aller avec trente officiers français déterminés enlever Stanislas dans son palais, et de l'amener prisonnier à Dresde. Le projet fut approuvé. Ces entreprises étaient alors assez communes : quelques unes de ceux qu'en Italie on appelle *braves* avaient fait des coups pareils dans le Milanais durant la dernière guerre entre l'Allemagne et la France : depuis même plusieurs Français réfugiés en Hollande avaient osé pénétrer jusqu'à Versailles, dans le dessein d'enlever le dauphin, et s'étaient saisis de la personne du premier écuyer presque sous les fenêtres du château de Louis XIV.

L'aventurier disposa donc ses hommes et ses relais pour surprendre et pour enlever Stanislas. L'entreprise fut découverte la veille de l'exécution : plusieurs se sauvèrent, quelques-uns furent pris. Ils ne devaient point s'attendre à être traités comme des prisonniers de guerre, mais comme des bandits. Stanislas, au lieu de les punir, se contenta de leur faire quelques reproches pleins de bonté ; il leur donna même de l'argent pour se conduire, et montra par cette bonté généreuse qu'en effet Auguste, son rival, avait raison de le craindre.

Cependant Charles partit une seconde fois pour la conquête de la Norvége au mois d'octobre 1718 : il avait si bien pris toutes ses mesures, qu'il espérait se rendre maître en six mois de ce royaume. Il aima mieux aller conquérir des rochers au milieu des neiges et des glaces, dans l'âpreté de l'hiver, qui tue les animaux en Suède même, où l'air est moins rigoureux, que d'aller reprendre ses belles provinces d'Allemagne des mains de ses ennemis : c'est qu'il espérait que sa nouvelle alliance avec le czar le mettrait bientôt en état de ressaisir toutes ces provinces ; bien plus, sa gloire était flattée d'enlever un royaume à son ennemi victorieux.

A l'embouchure du fleuve Tistendall, près de la manche de Danemark, entre les villes de Babus et d'Anslo, est située Frédéricskhall, place forte et importante qu'on regardait comme la clef du royaume. Charles en forma le siège au mois de décembre. Le soldat, transi de froid, pouvait à peine remuer la terre endurcie sous la glace ; c'était ouvrir la tranchée dans une espèce de roc : mais les Suédois ne pouvaient se rebuter en voyant à leur tête un roi qui partageait leurs fatigues. Jamais Charles n'en essuya de plus grandes : sa constitution, éprouvée par dix-huit ans de travaux pénibles, s'était fortifiée au point qu'il dormait en plein champ en Norvége, au cœur de l'hiver, sur de la paille ou sur une planche, enveloppé seulement d'un manteau, sans que sa santé en fût altérée. Plusieurs de ses soldats tombaient morts de froid dans leurs postes ; et les autres, presque gelés, voyant leur roi qui souffrait comme eux, n'osaient proférer une plainte. Ce fut quelque temps avant cette expédition qu'un jour entendu parler en Scanie d'une femme, nommée Johns Dotter, qui avait vécu plusieurs mois sans prendre d'autre nourriture que de l'eau ; lui qui s'était étudié toute sa vie à supporter les plus extrèmes rigueurs que la nature humaine puisse soutenir, voulut essayer combien de temps il pourrait supporter la faim sans en être abattu : il passa cinq jours entiers sans manger ni boire ; le sixième au matin il courut deux lieues à cheval, et descendit chez le prince de Hesse, son beau-frère, où il mangea beaucoup, sans que ni une abstinence de cinq jours l'eût abattu, ni qu'un grand repas à la suite d'un si long jeûne l'incommodât.

Avec ce corps de fer, gouverné par une âme si hardie et si inébranlable, dans quelque état qu'il pût être réduit, il n'avait point de voisin auquel il ne fût redoutable.

Le 11 décembre, jour de Saint-André, il alla sur les neuf heures du soir visiter la tranchée ; et ne trouvant pas la parallèle assez avancée à son gré, il parut très-mécontent. M. Mégret, ingénieur français, qui conduisait le siège, l'assura que la place serait prise dans huit jours : « Nous verrons, » dit le roi ; et il continua de visiter les ouvrages avec l'ingénieur. Il s'arrêta dans un endroit où le boyau faisait un angle avec la parallèle ; il se mit à genoux sur le talus intérieur, et, appuyant ses coudes sur le parapet, resta quelque temps à considérer les travailleurs qui continuaient les tranchées à la lueur des étoiles.

Les moindres circonstances deviennent essentielles quand il s'agit de la mort d'un homme tel que Charles XII : ainsi je dois avertir que toute la conversation que tant d'écrivains ont rapportée entre le roi et l'ingénieur Mégret est absolument fausse. Voici ce que je sais de véritable sur cet événement.

Le roi était exposé presque à demi-corps à une batterie de canon, pointée vis-à-vis l'angle où il était : il n'y avait alors auprès de sa personne que deux Français : l'un était M. Siquier, son aide de camp, homme de fête et d'exécution, qui s'était mis à son service en Turquie, et qui était particulièrement attaché au prince de Hesse ; l'autre était cet ingénieur. Le canon tirait sur à cartouche ; mais le roi, qui se découvrait davantage, était le plus exposé : à quelques pas derrière était le comte Swerin, qui commandait la tranchée : le comte Posse, capitaine aux gardes, et un aide de camp, nommé Kulbert,

recevaient des ordres de lui. Siquier et Mégret virent dans ce moment le roi de Suède qui tombait sur le parapet en poussant un grand soupir ; ils s'approchèrent, il était déjà mort : une balle pesant une demi-livre l'avait atteint à la tempe droite, et avait fait un trou dans lequel on pouvait enfoncer trois doigts ; sa tête était renversée sur le parapet, l'œil gauche était enfoncé et le droit entièrement hors de son orbite. L'instant de sa blessure avait été celui de sa mort ; cependant il avait eu la force, en expirant d'une manière si subite, de mettre par un mouvement naturel la main sur la garde de son épée, et était encore dans cette attitude. A ce spectacle, Mégret, homme singulier et indifférent, ne dit autre chose sinon : « Voilà la pièce finie, allons souper. » Siquier court sur-le-champ avertir le comte Swerin. Ils résolurent ensemble de dérober la connaissance de cette mort aux soldats jusqu'à ce que le prince de Hesse en pût être informé. On enveloppa le corps d'un manteau gris : Siquier mit sa perruque et son chapeau sur la tête du roi ; en cet état on transporta Charles, sous le nom du capitaine Carlsberg, au travers des troupes, qui voyaient passer leur roi mort sans se douter que ce fût lui.

Le prince ordonna à l'instant que personne ne sortît du camp, et fit garder tous les chemins de la Suède, afin d'avoir le temps de prendre ses mesures pour faire tomber la couronne sur la tête de sa femme et pour en exclure le duc de Holstein, qui pouvait y prétendre.

Ainsi périt, à l'âge de trente-six ans et demi, Charles XII, roi de Suède, après avoir éprouvé ce que la prospérité a de plus grand, et ce que l'adversité a de plus cruel, sans avoir été amolli par l'une, ni ébranlé un moment par l'autre. Presque toutes ses actions, jusqu'à celles de sa vie privée et unie, ont été bien loin au delà du vraisemblable. C'est peut-être le seul de tous les hommes, et jusqu'ici le seul de tous les rois, qui ait vécu sans faiblesse : il a porté toutes les vertus des héros à un excès où elles sont aussi dangereuses que les vices opposés. Sa fermeté devenue opiniâtreté fit ses malheurs dans l'Ukraine, et le retint cinq ans en Turquie ; sa libéralité dégénérant en profusion a ruiné la Suède ; son courage poussé jusqu'à la témérité a causé sa mort ; sa justice a été quelquefois jusqu'à la cruauté ; et dans les dernières années le maintien de son autorité approchait de la tyrannie. Ses grandes qualités, dont une seule eût pu immortaliser un autre prince, ont fait le malheur de son pays. Il n'attaqua jamais personne ; mais il ne fut pas aussi prudent qu'implacable dans ses vengeances. Il a été le premier qui ait eu l'ambition d'être conquérant sans avoir l'envie d'agrandir ses États ; il voulait gagner des empires pour les donner. Sa passion pour la gloire, pour la guerre et pour la vengeance, l'empêcha d'être bon politique ; qualité sans laquelle on n'a jamais vu de conquérant. Avant la bataille et après la victoire, il n'avait que de la modestie ; après la défaite, que de la fermeté : dur pour les autres comme pour lui-même, comptant pour rien la peine et la vie de ses sujets aussi bien que la sienne ; homme unique plutôt que grand homme, admirable plutôt qu'à imiter. Sa vie doit apprendre aux rois combien un gouvernement pacifique et heureux est au-dessus de tant de gloire.

Charles XII était d'une taille avantageuse et noble ; il avait un très-beau front, de grands yeux bleus remplis de douceur, un nez bien formé ; mais le bas du visage désagréable, trop souvent défiguré par un rire fréquent qui ne partait que des lèvres ; presque point de barbe ni de cheveux : il parlait très-peu, et ne répondait souvent que par ce rire dont il avait pris l'habitude. On observait à sa table un silence profond. Il avait conservé dans l'inflexibilité de son caractère cette timidité qu'on nomme mauvaise honte ; il eût été embarrassé dans une conversation, parce que, s'étant donné tout entier aux travaux et à la guerre, il n'avait jamais connu de société. Il avait lu jusqu'à son loisir chez les Turcs que les Commentaires de César et l'histoire d'Alexandre ; mais il avait écrit quelques réflexions sur la guerre et sur ses campagnes depuis 1700 jusqu'à 1709 : il l'avoua au chevalier de Folard, et lui dit que ce manuscrit avait été perdu à la malheureuse journée de Pultava. Quelques personnes ont voulu faire passer ce prince pour un bon mathématicien ; il y avait sans doute beaucoup de pénétration dans l'esprit, mais la preuve que l'on donne de ses connaissances en mathématiques n'est pas bien concluante, il voulait changer la manière de compter par dizaine, et il proposait à la place le nombre soixante-quatre, parce que ce nombre contenait à la fois un cube et un carré, et qu'étant divisé par deux, il était enfin réductible à l'unité. Cette idée prouvait seulement qu'il aimait en tout l'extraordinaire et le difficile.

A l'égard de sa religion, quoique les sentiments d'un prince ne doivent pas influer sur les autres hommes, et que l'opinion d'un monarque aussi peu instruit que Charles ne soit d'aucun poids dans ces matières, cependant il faut satisfaire sur ce point comme le reste la curiosité des hommes qui ont les yeux ouverts sur tout ce qui regarde ce prince. Je sais de celui qui m'a confié les principaux mémoires de cette histoire, que Charles XII fut luthérien de bonne foi jusqu'à l'année 1707 : il vit alors à Leipsik le fameux philosophe M. Leibnitz, qui pensait et parlait librement, et qui avait déjà inspiré ses sentiments libres à plus d'un prince : je ne crois pas que Charles XII puisa, comme on l'avait dit, de l'indifférence pour le luthéranisme dans la conversation de ce philosophe, qui n'eut jamais l'honneur de l'entretenir qu'un quart d'heure ; mais M. Fabrice, qui approcha de lui familièrement sept années de suite, m'a dit que dans son loisir chez les Turcs, ayant vu plus de diverses religions, il étendit plus loin son indifférence. La Motraye même, dans ses Voyages, confirme cette idée; le comte de Croissy pense de même, et m'a dit plusieurs fois que ce prince ne conserva de ses premiers principes que celui d'une prédestination absolue, dogme qui favorisait son courage et qui justifiait ses témérités. Le czar avait les mêmes sentiments que lui sur la religion et sur la destinée, mais il en parlait plus souvent; car il s'entretenait familièrement de tout avec ses favoris, et avait par-dessus Charles l'étude de la philosophie et le don de l'éloquence.

Je ne puis me défendre de parler ici d'une calomnie renouvelée trop souvent à la mort des princes, que les hommes malins et crédules prétendent toujours avoir été ou empoisonnés ou assassinés. Le bruit se répandit alors en Allemagne que c'était M. Siquier qui avait tué le roi de Suède: ce brave officier fut longtemps désespéré de cette calomnie. Un jour en m'en parlant il me dit ces propres paroles: « J'aurais pu tuer le roi de Suède; mais tel était mon respect pour ce héros, que si je l'avais voulu je n'aurais pas osé. »

Je sais bien que Siquier lui-même avait donné lieu à cette fatale accusation, qu'une partie de la Suède croit encore; il m'avoua lui-même qu'à Stockholm, dans une fièvre chaude, il s'était écrié qu'il avait tué le roi de Suède; que même il avait dans son accès ouvert la fenêtre et demandé publiquement pardon de ce parricide; lorsque dans sa guérison il eut appris ce qu'il avait dit dans sa maladie, il fut sur le point de mourir de douleur. Je n'ai point voulu révéler cette anecdote pendant sa vie: je le vis quelque temps avant sa mort, et je puis assurer que loin d'avoir tué Charles XII, il se serait fait tuer pour lui mille fois. S'il avait été coupable d'un tel crime, ce ne pouvait être que

pour servir quelque puissance qui l'en aurait sans doute bien récompensé; il est mort très-pauvre en France, et même il a eu besoin du secours de ses amis. Si ces raisons ne suffisent pas, que l'on considère que la balle qui frappa Charles XII ne pouvait entrer dans un pistolet, et que Siquier n'aurait pu faire ce coup détestable qu'avec un pistolet caché sous son habit.

Après la mort du roi on leva le siége de Fréderickshall; tout changea dans un moment: les Suédois, plus accablés que flattés de la gloire de leur prince, ne songèrent qu'à faire la paix avec leurs ennemis, et à réprimer chez eux la puissance absolue dont le baron de Gortz leur avait fait éprouver l'excès. Les états élurent librement pour leur reine la princesse sœur de Charles XII, et l'obligèrent solennellement de renoncer à tout droit héréditaire sur la couronne, afin qu'elle ne la tînt que des suffrages de la nation: elle promit par des serments réitérés qu'elle ne tenterait jamais de rétablir le pouvoir arbitraire; elle sacrifia depuis la jalousie de la royauté à la tendresse conjugale, en cédant la couronne à son mari, et elle engagea les états à élire ce prince, qui monta sur le trône aux mêmes conditions qu'elle.

Le baron de Gortz, arrêté immédiatement après la mort de Charles, fut condamné par le sénat de Stockholm à avoir la tête tranchée au pied de la potence de la ville; exemple de vengeance peut-être encore plus que de justice, et affront cruel à la mémoire d'un roi que la Suède admire encore.

On garde à Stockholm le chapeau de Charles XII; et la petitesse du trou dont il est percé est une des raisons de ceux qui veulent croire qu'il périt par un assassinat.

DISCOURS SUR L'HISTOIRE DE CHARLES XII,

QUI ÉTAIT AU-DEVANT DE LA PREMIÈRE ÉDITION.

Il y a bien peu de souverains dont on dût écrire une histoire particulière. En vain la malignité ou la flatterie s'est exercée sur presque tous les princes; il n'y en a qu'un très-petit nombre dont la mémoire se conserve, et ce nombre serait encore plus petit si l'on ne se souvenait que de ceux qui ont été justes.

Les princes qui ont le plus de droit à l'immortalité sont ceux qui ont fait quelque bien aux hommes; ainsi tant que la France subsistera, on s'y souviendra de la tendresse que Louis XII avait pour son peuple; on excusera les grandes fautes de François Ier, en faveur des arts et des sciences dont il a été le père; on bénira la mémoire de Henri IV, qui conquit son héritage à force de vaincre et de pardonner; on louera la magnificence de Louis XIV, qui a protégé les arts que François Ier avait fait naître.

Par une raison contraire on garde le souvenir des mauvais princes, comme on se souvient des inondations, des incendies et des pestes.

Entre les tyrans et les bons rois sont les conquérants, mais plus approchants des premiers: ceux-ci ont une réputation éclatante, on est avide de connaître les moindres particularités de leur vie: telle est la misérable faiblesse des hommes, qu'ils regardent avec admiration ceux qui ont fait du mal d'une manière brillante, et qu'ils parleront souvent plus volontiers du destructeur d'un empire que de celui qui l'a fondé.

Pour tous les autres princes qui n'ont été illustres ni en paix ni en guerre, et qui n'ont été connus ni par de grands vices ni par de grandes vertus; comme leur vie ne fournit aucun exemple ni à imiter ni à fuir, elle n'est pas digne qu'on s'en souvienne. De tant d'empereurs de Rome, d'Allemagne, de Moscovie, de tant de sultans, de califes, de papes, de rois, combien y en a-t-il dont le nom ne mérite de se trouver ailleurs que dans les tables chronologiques, où ils ne sont que pour servir d'époques?

Il y a un vulgaire parmi les princes comme parmi les autres hommes; cependant la fureur d'écrire est venue au point qu'à peine un souverain cesse de vivre, que le public est inondé de volumes sous le nom de mémoires, d'histoire de sa vie, d'anecdotes de sa cour. Par là les livres se multiplient de telle sorte qu'un homme qui vivrait cent ans et qui les emploierait à lire, n'aurait pas le temps de parcourir ce qui s'est imprimé sur l'histoire seule depuis deux siècles en Europe.

Cette démangeaison de transmettre à la postérité des détails inutiles et d'arrêter les yeux des siècles à venir sur des événements communs, vient d'une faiblesse très-ordinaire à ceux qui ont vécu dans quelque cour et qui ont eu le malheur d'avoir quelque part aux affaires publiques. Ils regardent les faits où ils ont vécu comme la plus belle qui ait jamais été, le roi qu'ils ont vu comme le plus grand monarque, les affaires dont ils se sont mêlés comme ce qui a jamais été de plus important dans le monde: ils s'imaginent que la postérité verra tout cela avec les mêmes yeux.

Qu'un prince entreprenne une guerre; que sa cour soit troublée d'intrigues; qu'il achète l'amitié d'un de ses voisins, et qu'il vende la

sienne à un autre; qu'il fasse enfin la paix avec ses ennemis, après quelques victoires et quelques défaites, ses sujets, échauffés par la vivacité de ces événements présents, pensent être dans l'époque la plus singulière depuis la création. Qu'arrive-t-il? ce prince meurt: on prend après lui des mesures toutes différentes; on oublie et ses intrigues de sa cour, et ses maîtresses, et ses ministres, et ses généraux, et ses guerres, et lui-même.

Depuis le temps que les princes chrétiens tâchent de se tromper les uns les autres, et font des guerres et des alliances, on a signé des milliers de traités et donné autant de batailles; les belles ou infâmes actions sont innombrables. Quand toute cette foule d'événements et de détails se présente devant la postérité, ils sont presque tous anéantis les uns par les autres; les seuls qui restent sont ceux qui ont produit de grandes révolutions, ou ceux qui, ayant été décrits par quelque écrivain excellent, se sauvent de la foule comme des portraits d'hommes obscurs peints par de grands maîtres.

On se serait donc bien donné de garde d'ajouter cette histoire particulière de Charles XII, roi de Suède, à la multitude des livres dont le public est accablé, si ce prince et son rival, Pierre Alexiowitz, beaucoup plus grand homme que lui, n'avaient été, du consentement de toute la terre, les personnages les plus singuliers qui eussent paru depuis plus de vingt siècles: mais on n'a pas été déterminé seulement à donner leur vie par la petite satisfaction d'écrire des faits extraordinaires, on a pensé que cette lecture pourrait être utile à quelques princes, si ce livre leur tombe par hasard entre les mains. Certainement il n'y a point de souverain qui, en lisant la vie de Charles XII, ne doive être guéri de la folie des conquêtes; car où est le souverain qui pût dire: J'ai plus de courage et de vertus, une âme plus forte, un corps plus robuste, j'entends mieux la guerre, j'ai de meilleures troupes que Charles XII? Que si avec tous ces avantages et tant de victoires, ce roi a été si malheureux, que devraient espérer les autres princes qui auraient la même ambition avec moins de talents et de ressources?

On a composé cette histoire sur des récits de personnes connues, qui ont passé plusieurs années auprès de Charles XII et de Pierre le Grand, empereur de Moscovie, et qui s'étant retirées dans un pays libre, longtemps après la mort de ces princes, n'avaient aucun intérêt de déguiser la vérité. M. Fabrice, qui a vécu sept années dans la familiarité de Charles XII, M. de Fierville, envoyé de France, M. de Villelongue, colonel au service de Suède, M. Poniatowski même, ont fourni les mémoires.

On n'a pas avancé un seul fait sur lequel on n'ait consulté des témoins oculaires et irréprochables: c'est pourquoi on trouvera cette histoire fort différente des gazettes qui ont paru jusqu'ici sous le nom de la vie de Charles XII. Si l'on a omis plusieurs petits combats donnés entre les officiers suédois et moscovites, c'est qu'on n'a point prétendu écrire l'histoire de ces officiers, mais seulement celle du roi de Suède; même, parmi les événements de sa vie, on n'a choisi que les plus intéressants, On est persuadé que l'histoire d'un prince n'est pas tout ce qu'il a fait, mais ce qu'il a fait de digne d'être transmis à la postérité.

On est obligé d'avertir que plusieurs choses qui étaient vraies lorsqu'on écrivit cette histoire (en 1728), cessent déjà de l'être aujourd'hui (en 1739). Le commerce commence, par exemple, à être moins négligé en Suède : l'infanterie polonaise est mieux disciplinée et a des habits d'ordonnance qu'elle n'avait pas alors. Il faut toujours, lorsqu'on lit une histoire, songer au temps où l'auteur a écrit. Un homme qui ne lirait que le cardinal de Retz prendrait les Français pour des forcenés qui ne respirent que la guerre civile, la faction et la folie. Celui qui ne lirait que l'histoire des belles années de Louis XIV, dirait : Les Français sont nés pour obéir, pour vaincre, et pour cultiver les arts. Un autre qui verrait les mémoires des premières années de Louis XV ne remarquerait dans notre nation que de la mollesse, une avidité extrême de s'enrichir, et trop d'indifférence pour tout le reste. Les Espagnols d'aujourd'hui ne sont plus les Espagnols de Charles-Quint, et peuvent l'être dans quelques années. Les Anglais ne ressemblent pas plus aux fanatiques de Cromwell, que les moines et les monsignori dont Rome est peuplée ne ressemblent aux Scipions. Je ne sais si les Suédois pourraient avoir tout d'un coup des troupes aussi formidables que celles de Charles XII. On dit d'un homme : Il était brave un tel jour ; il faudrait dire , en parlant d'une nation : Elle paraissait telle sous un tel gouvernement et en telle année.

Si quelque prince et quelque ministre trouvaient dans cet ouvrage des vérités désagréables, qu'ils se souviennent qu'étant hommes publics, ils doivent compte au public de leurs actions ; que c'est à ce prix qu'ils achètent leur grandeur ; que l'histoire est un témoin, et non un flatteur ; et que le seul moyen d'obliger les hommes à dire du bien de nous, c'est d'en faire.

LETTRE A M. LE MARÉCHAL DE SCHULLEMBOURG,
GÉNÉRAL DES VÉNITIENS.

A la Haie, le 15 septembre 1740.

Monsieur,

J'ai reçu, par un courrier de M. l'ambassadeur de France, le journal de vos campagnes de 1703 et 1704, dont Votre Excellence a bien voulu m'honorer. Je dirai de vous, comme de César : *Eodem animo scripsit quo bellavit.* Vous devez vous attendre, monsieur, qu'un tel bienfait me rendra très-intéressé, et attirera de nouvelles demandes. Je vous supplie de me communiquer tout ce qui pourra m'instruire sur les autres événements de la guerre de Charles XII. J'ai l'honneur de vous envoyer le journal des campagnes de ce roi, digne de vous avoir combattu. Ce journal va jusqu'à la bataille de Pultava inclusivement ; il est d'un officier suédois, nommé M. Adlerfeld : l'auteur me paraît très-instruit et aussi exact qu'on peut l'être. Ce n'est pas une histoire, il s'en faut beaucoup ; mais ce sont d'excellents matériaux pour en composer une ; et je compte bien réformer la mienne en beaucoup de choses sur les mémoires de cet officier.

Je vous avoue d'ailleurs, monsieur, que j'ai vu avec plaisir dans ces mémoires beaucoup de particularités qui s'accordent avec les instructions sur lesquelles j'avais travaillé. Moi, qui doute de tout, et surtout des anecdotes, je commençais à me condamner moi-même sur beaucoup de faits que j'avais avancés. Par exemple, je n'osais plus croire que M. de Guiscard, ambassadeur de France, eût été dans le vaisseau de Charles XII à l'expédition de Copenhague; je commençais à me repentir d'avoir dit que le cardinal primat, qui servit tant à la déposition du roi Auguste, s'opposa en secret à l'élection du roi Stanislas ; j'étais presque honteux d'avoir avancé que le duc de Marlborough s'adressa d'abord au baron de Gortz avant de voir le comte Piper, lorsqu'il alla conférer avec le roi Charles XII. Le sieur de la Motraye m'avait repris sur tous ces faits avec une confiance qui me persuadait qu'il avait raison : cependant ils sont tous confirmés par les mémoires de M. Adlerfeld.

J'y trouve aussi que le roi de Suède mangea quelquefois , comme je l'avais dit, avec le roi Auguste, qu'il avait détrôné, et qu'il lui donna la droite. J'y trouve que le roi Auguste et le roi Stanislas se rencontrèrent à sa cour, et se saluèrent sans se parler. Une trait extraordinaire que Charles XII rendit à Auguste à Dresde, en quittant ses Etats, n'y est pas omise. Le bon mot même du baron de Stralheim y est cité mot pour mot, comme je l'avais rapporté.

Voici enfin comme on parle dans la préface du livre de M. Adlerfeld :

« Quant au sieur de la Motraye , qui s'est ingéré de critiquer M. de Voltaire , la lecture de ces mémoires ne servira qu'à le confondre et à lui faire remarquer ses propres erreurs , qui sont en bien plus grand nombre que celles qu'il attribue à son adversaire. »

Il est vrai, monsieur, que je vois évidemment par ce journal que j'ai été trompé sur les détails de plusieurs événements militaires. J'avais à la vérité accusé juste le nombre des troupes suédoises et moscovites à la célèbre bataille de Narva ; mais dans beaucoup d'autres occasions, j'ai été dans l'erreur. Le temps, comme vous savez, est le père de la vérité: je ne sais même si on peut jamais espérer de la savoir entièrement. Vous verrez que dans certains points M. Adlerfeld n'est point d'accord avec vous, monsieur, au sujet de votre admirable passage de l'Oder ; mais j'en croirai plus le général allemand, qui a dû tout savoir, que l'officier suédois, qui n'en a pu savoir qu'une partie.

Je réformerai mon histoire sur les mémoires de Votre Excellence et sur ceux de cet officier. J'attends encore un extrait de l'histoire suédoise de Charles XII, écrite par M. Norberg, chapelain de ce monarque.

J'ai peur, à la vérité, que le chapelain n'ait quelquefois vu les choses avec d'autres yeux que les ministres qui m'ont fourni mes matériaux. J'estimerai son zèle pour son maître : mais moi, qui n'ai été chapelain ni du roi ni du czar ; mais moi, qui n'ai songé qu'à dire vrai, j'avouerai toujours que l'opiniâtreté de Charles XII à Bender, son obstination à rester dix mois au lit, et beaucoup de ses démarches après la malheureuse bataille de Pultava, me paraissent des aventures plus extraordinaires qu'héroïques.

Si l'on peut rendre l'histoire utile , c'est , ce me semble, en faisant remarquer le bien et le mal que les rois ont faits aux hommes. Je crois , par exemple, que si Charles XII, après avoir vaincu le Danemark, battu les Moscovites, détrôné son ennemi Auguste, affermi le nouveau roi de Pologne, avait accordé la paix au czar, qui la lui demandait ; s'il était retourné chez lui vainqueur et pacificateur du Nord ; s'il s'était appliqué à faire fleurir les arts et le commerce dans sa patrie, il aurait alors été véritablement un grand homme : au lieu qu'il n'a été qu'un grand guerrier, vaincu à la fin par un prince qu'il n'estimait pas. Il eût été à souhaiter pour le bonheur des hommes que Pierre le Grand eût été quelquefois moins cruel, et Charles XII moins opiniâtre.

Je préfère infiniment à l'un et à l'autre un prince qui regarde l'humanité comme la première des vertus, qui ne se prépare à la guerre que par nécessité, qui aime la paix parce qu'il aime les hommes, qui encourage tous les arts, et qui veut être en un mot un sage sur le trône : voilà mon héros, monsieur. Ne croyez pas que ce soit un être de raison : ce héros existe peut-être dans la personne d'un jeune roi. dont la réputation viendra bientôt jusqu'à vous ; vous verrez si elle me démentira : il mérite des généraux tels que vous. C'est de tels rois qu'il est agréable d'écrire l'histoire ; car alors on écrit celle du bonheur des hommes.

Mais si vous examinez le fond du journal de M. Adlerfeld, qu'y trouverez-vous autre chose , sinon : Lundi, 3 avril , il y a eu tant de milliers d'hommes égorgés dans un tel champ ; le mardi , des villages entiers furent réduits en cendres, et les femmes furent consumées par les flammes avec les enfants qu'elles tenaient dans leurs bras ; le jeudi, on écrasa de mille bombes les maisons d'une ville libre et innocente, qui n'avait pas payé comptant cent mille écus à un vainqueur étranger qui passait auprès de ses murailles ; le vendredi , quinze ou seize cents prisonniers périrent de froid et de faim ! Voilà à peu près le sujet de quatre volumes.

N'avez-vous pas fait réflexion souvent, monsieur le maréchal , que votre illustre métier est encore plus affreux que nécessaire ? Je vois que M. Adlerfeld déguise quelquefois des cruautés qui en effet devraient être oubliées, pour n'être jamais imitées. On m'a assuré, par exemple, qu'à la bataille de Frauenstad , le maréchal Renschild fit massacrer de sang-froid douze ou quinze cents Moscovites qui demandaient la vie à genoux six heures après la bataille : il prétend qu'il n'y en eut que six cents , encore ne furent-ils tués qu'immédiatement après l'action. Vous devez le savoir, monsieur ; vous aviez fait les dispositions admirées des Suédois même, à cette journée malheureuse : ayez donc la bonté de me dire la vérité, puisque j'aime autant que vous gloire.

J'attends avec une extrême impatience le reste des instructions dont vous voudrez bien m'honorer : permettez-moi de vous demander ce que vous pensez de la marche de Charles XII en Ukraine, de sa retraite en Turquie, de la mort de Patkul. Vous pouvez dicter à un secrétaire bien des choses, qui serviront à faire connaître des vérités dont le public vous aura obligation. C'est à vous , monsieur , à lui donner des instructions , et, en récompense de l'admiration qu'il a pour vous.

Je suis avec les sentiments de la plus respectueuse estime, et avec des vœux sincères pour la conservation d'une vie que vous avez si souvent prodiguée, monsieur, de Votre Excellence le très-humble et très-obéissant serviteur ,

V.

En finissant ma lettre, j'apprends qu'on imprime à la Haye la traduction française de l'histoire de Charles XII, écrite en suédois , par M. Norberg ; ce sera pour moi une nouvelle palette, dans laquelle je tremperai les pinceaux dont il me faudra repeindre mon tableau.

LETTRE A M. NORBERG,

CHAPELAIN DU ROI DE SUÈDE CHARLES XII, ET AUTEUR D'UNE HISTOIRE DE CE MONARQUE.

Souffrez, monsieur, qu'ayant entrepris la tâche de lire ce qu'on a déjà publié de votre histoire de Charles XII, on vous adresse quelques justes plaintes, et sur la manière dont vous traitez cette histoire, et sur celle dont vous en usez dans votre préface avec ceux qui l'ont traitée avant vous.

Nous aimons la vérité; mais l'ancien proverbe : « Toutes vérités ne sont pas bonnes à dire, » regarde surtout les vérités inutiles. Daignez vous souvenir de ce passage de la préface de l'histoire de M. de Voltaire. « L'histoire d'un prince, dit-il, n'est pas tout ce qu'il a fait, mais seulement ce qu'il a fait de digne d'être transmis à la postérité. »

Il y a peut-être des lecteurs qui aimeront à voir le catéchisme qu'on enseignait à Charles XII, et qui apprendront avec plaisir qu'en 1693 le docteur Pierre Rudbekius donna le bonnet de docteur au maître ès arts Aquinus, à Samuel Virenius, à Ennegius, à Herlandus, à Stukius et autres personnages très-estimables sans doute, mais qui ont eu peu de part aux batailles de votre héros, à ses triomphes et à ses défaites.

C'est peut-être une chose importante pour l'Europe, qu'on sache que la chapelle du château de Stockholm, qui fut brûlée il y a cinquante ans, était dans la nouvelle aile du côté du nord, et qu'il y avait deux tableaux de l'intendant Kloker, qui sont à présent à l'église Saint-Nicolas; que les sièges étaient couverts de bleu les jours de sermon; qu'ils étaient les uns de chêne et les autres de noyer; et qu'au lieu de lustres, il y avait de petits chandeliers plats qui ne laissaient pas de faire un bel effet; qu'on y voyait quatre figures de plâtre, et que le carreau était blanc et noir.

Nous voulons croire encore qu'il est d'une extrême conséquence d'être instruit à fond qu'il n'y avait point d'or faux dans le dais qui servit au couronnement de Charles XII; de savoir quelle était la hauteur du baldaquin; si c'était de drap rouge ou de drap bleu que l'église était tendue, et de quelle hauteur étaient les bancs. Tout cela peut avoir son mérite pour ceux qui veulent s'instruire des intérêts des princes.

Vous nous dites, après le détail de toutes ces grandes choses, à quelle heure Charles XII fut couronné; mais vous ne dites point pourquoi il le fut avant l'âge prescrit par la loi; pourquoi on ôta la régence à la reine mère; comment le fameux Piper eut la confiance du roi; quelles étaient alors les forces de la Suède; quel nombre de citoyens elle avait; quels étaient ses alliés, son gouvernement, ses défauts et ses ressources.

Vous nous avez donné une partie du journal militaire de M. Adlerfeld; mais, monsieur, un journal n'est pas plus une histoire que des matériaux ne sont une maison. Souffrez que je vous dise que l'histoire ne consiste point ainsi à détailler de petits faits, à produire des manifestes, des répliques, des dupliques. Ce n'est point ainsi que Quinte-Curce a composé l'histoire d'Alexandre; ce n'est point ainsi que Tite-Live et Tacite ont écrit l'histoire romaine. Il y a mille journalistes; à peine avons-nous deux ou trois historiens modernes. Nous souhaiterions que tous ceux qui broient les couleurs les donnassent à quelque peintre pour en faire un tableau.

Vous n'ignorez pas que M. de Voltaire avait publié cette déclaration que votre traducteur rapporte ;

« J'aime la vérité, et je n'ai d'autre but et d'autre intérêt que de la connaître. Les endroits de mon histoire de Charles XII où je me serai trompé seront changés. Il est très-naturel que M. Norberg, Suédois, et témoin oculaire, ait été mieux instruit que moi, étranger. Je me réformerai sur ses mémoires, j'aurai le plaisir de me corriger. »

Voilà, monsieur, avec quelle politesse M. de Voltaire parlait de vous, et avec quelle déférence il attendait votre ouvrage; quoiqu'il eût des mémoires sur le sien des mains de beaucoup d'ambassadeurs, avec lesquels il paraît que vous n'avez pas un grand commerce, et même de la part de plus d'une tête couronnée.

Vous avez répondu, monsieur, à cette politesse française d'une manière qui paraît dans un goût un peu gothique.

Vous dites dans votre préface que l'histoire donnée par M. de Voltaire ne vaut pas la peine d'être traduite, quoiqu'elle l'ait été dans presque toutes les langues de l'Europe, et qu'on ait fait à Londres huit éditions de la traduction anglaise. Vous ajoutez ensuite très-poliment qu'on traite M. de Voltaire comme Varillas, d'archimenteur.

Pour donner des preuves de cette supposition si flatteuse, vous ne manquez pas de mettre, dans les marges de votre livre, toutes les fautes capitales où il est tombé.

Vous marquez expressément que le major général Stuard ne reçut point une petite blessure à l'épaule, comme l'avance témérairement l'auteur français, d'après un auteur allemand, mais, dites-vous, une contusion un peu forte. Vous ne pouvez nier que M. de Voltaire n'ait fidèlement rapporté la bataille de Narva, laquelle produit chez lui au moins une description intéressante; vous devez savoir qu'il a été le seul écrivain qui ait osé affirmer que Charles XII donna cette bataille

de Narva avec huit mille hommes seulement. Tous les autres historiens lui en donnaient vingt mille; ils disaient ce qui était vraisemblable, et M. de Voltaire a dit le premier la vérité dans cet article important. Cependant vous l'appelez archimenteur, parce qu'il fait porter au général Lieven un habit rouge galonné au siége de Thorn; et vous relevez cette erreur énorme, en assurant positivement que le galon n'était pas sur un fond rouge.

Mais, monsieur, vous qui prodiguez sur des choses si graves le beau nom d'archimenteur, non-seulement à un homme très-amateur de la vérité, mais à tous les autres historiens qui ont écrit l'histoire de Charles II, quel nom voudriez-vous qu'on vous donnât, après la lettre que vous rapportez du Grand Seigneur à ce monarque? Voici le commencement de cette lettre :

« Nous sultan bassa, au roi Charles XII, par la grâce de Dieu roi de Suède et des Goths, salut, » etc.

Vous qui avez été chez les Turcs, et qui semblez avoir appris d'eux à ne pas ménager les termes, comment pouvez-vous ignorer leur style? Quel empereur turc s'est jamais intitulé sultan bassa? quelle lettre du divan a jamais commencé? quel prince a jamais écrit qu'il enverra des ambassadeurs plénipotentiaires à la première occasion, pour s'informer des circonstances d'une bataille? Quelle lettre du Grand Seigneur a jamais fini par ces expressions : A la garde de Dieu? Enfin, où avez-vous jamais vu une dépêche de Constantinople datée de l'année de la création, et non pas de l'année de l'hégire? L'iman de l'auguste sultan qui écrira l'histoire de ce grand empereur et de ses sublimes vizirs, pourra bien vous dire de grosses injures, si la politesse turque le permet.

Vous sied-il bien, après la production d'une pièce pareille, qui ferait tant de peine à ce M. le baron de Puffendorf, de crier au mensonge sur un habit rouge?

Etes-vous bien d'ailleurs un zélé partisan de la vérité, quand vous supprimez les duretés exercées par la chambre des liquidations, sous Charles XI? quand vous feignez d'oublier, en parlant de Patkul, qu'il avait défendu les droits des Livoniens, qui l'en avaient chargé; de ces mêmes Livoniens qui respirent aujourd'hui sous la douce autorité de l'illustre Sémiramis du Nord? Ce n'est pas là seulement trahir la vérité, monsieur; c'est trahir la cause du genre humain; c'est manquer à votre illustre patrie, ennemie de l'oppression.

Cessez donc de prodiguer dans votre compilation des épithètes vandales et hérules à ceux qui doivent écrire l'histoire; cessez de vous autoriser du pédantisme barbare que vous imputez à Puffendorf.

Savez-vous que Puffendorf est un auteur quelquefois aussi incorrect qu'il est en vogue? Savez-vous qu'il est lu, parce qu'il est le seul de son genre qui fût supportable en son temps? Savez-vous que ceux que vous appelez archimenteurs auraient à rougir, s'ils n'étaient pas mieux instruits de l'histoire du monde que votre Puffendorf? Savez-vous que M. de la Martinière a corrigé plus de mille fautes dans la dernière édition de son livre.

Ouvrons au hasard le livre si connu. Je tombe sur l'article des papes. Il dit, en parlant de Jules II, « qu'il avait laissé, ainsi qu'Alexandre VI, une réputation honteuse. » Cependant les Italiens révèrent la mémoire de Jules II; ils voient en lui un grand homme, qui, après avoir été à la tête de quatre conclaves, et avoir commandé des armées, suivit jusqu'au tombeau le magnifique projet de chasser les barbares d'Italie. Il aima tous les arts; il jeta le fondement de cette église qui est le plus beau monument de l'univers; il encourageait la peinture, la sculpture, l'architecture, tandis qu'il ranimait la valeur éteinte des Romains. Les Italiens méprisent avec raison la manière ridicule dont la plupart des ultramontains écrivent l'histoire des papes. Il faut savoir distinguer le pontife du souverain; il faut savoir estimer beaucoup de papes, quoi qu'on soit né à Stockholm; il faut vous souvenir de ce que disait le grand Côme de Médicis, « qu'on ne gouverne point des Etats avec des patenôtres; » il faut enfin n'être d'aucun pays, et dépouiller tout esprit de parti, quand on écrit l'histoire.

Je trouve, au hasard en ouvrant le livre de Puffendorf, à l'article de la reine Marie d'Angleterre, fille de Henri VIII, « qu'elle ne put être reconnue pour une fille légitime sans l'autorité du pape. » Que de bévues dans ces mots! Elle avait été reconnue par le parlement; et comment d'ailleurs aurait-elle eu besoin de Rome pour être légitime, puisque jamais Rome n'avait ni ni voulu casser le mariage de sa mère?

Je lis l'article de Charles-Quint : j'y vois que, « dès avant l'an 1516, Charles-Quint avait toujours devant les yeux NEC PLUS ULTRA : » mais alors il avait quinze ans; et cette devise ne fut faite que long-temps après.

Dirons-nous pour cela que Puffendorf est un archimenteur? non; nous dirons que, dans un ouvrage d'une si grande étendue, il lui est pardonnable d'avoir erré; et nous vous prierons, monsieur, d'être plus exact que lui, mieux instruit que vous n'êtes du style des Turcs, plus poli avec les Français, et enfin plus équitable et plus éclairé dans le choix des pièces que vous rapportez.

C'est un malheur inséparable du bien qu'a produit l'imprimerie, que cette foule de pièces scandaleuses, publiées à la honte de l'esprit et des mœurs. Partout où il y a une foule d'écrivains, il y a une foule de libelles : ces misérables ouvrages, nés souvent en France, passent dans le Nord, ainsi que nos mauvais vins y sont vendus pour du bourgogne et du champagne. On boit les uns, et on lit les autres, souvent avec aussi peu de goût; mais les hommes qui ont une vraie connaissance savent rejeter ce que la France rebute.

Vous citez, monsieur, des pièces bien indignes d'être connues du chapelain de Charles XII. Votre traducteur, M. Walmoth, a eu l'équité d'avertir dans ses notes que ce sont de ces mauvaises et ténébreuses satires qu'il n'est pas permis à un honnête homme de citer.

Un historien a bien des devoirs. Permettez-moi de vous en rappeler ici deux qui sont de quelque considération : celui de ne point calomnier, et celui de ne point ennuyer. Je puis vous pardonner le premier, parce que votre ouvrage sera peu lu ; mais je ne puis vous pardonner le second, parce que j'ai été obligé de vous lire. Je suis, d'ailleurs, autant que je peux, votre très-humble et très-obéissant serviteur.

AVIS IMPORTANT SUR L'HISTOIRE DE CHARLES XII.

On se croit obligé, par respect pour le public et pour la vérité, de mettre au jour un témoignage irrécusable qui apprendra quelle foi on doit ajouter à l'histoire de Charles XII.

Il n'y a pas longtemps que le roi de Pologne, duc de Lorraine, se faisait relire cet ouvrage à Commerci : il fut si frappé de la vérité de tant de faits dont il avait été le témoin, et si indigné de la hardiesse avec laquelle on les a combattus dans quelques libelles et dans quelques journaux, qu'il voulut fortifier, par le sceau de son témoignage, la croyance que mérite l'historien; et que, ne pouvant écrire lui-même, il ordonna à un de ses grands officiers de dresser l'acte suivant.

« Nous, lieutenant général des armées du roi, grand maréchal des logis de Sa Majesté Polonaise, et commandant en Toulois, les deux Barrois, etc., certifions que Sa Majesté Polonaise, après avoir entendu la lecture de l'*Histoire de Charles XII*, écrite par M. de Voltaire (dernière édition de Genève), après avoir loué le style... de cette histoire, et avoir admiré ces traits... qui caractérisent tous les ouvrages de cet illustre auteur, nous a fait l'honneur de nous dire qu'il était prêt à donner un certificat à M. de Voltaire, pour constater l'exacte vérité des faits contenus dans cette histoire. Ce prince a ajouté que M. de Voltaire n'a oublié ni déplacé aucun fait, aucune circonstance

intéressante ; que tout est vrai, que tout est en son ordre dans cette histoire; qu'il a parlé sur la Pologne et sur tous les événements qui y sont arrivés, etc., comme s'il en eût été témoin oculaire. Certifions de plus que ce prince nous a ordonné d'écrire sur-le-champ à M. de Voltaire, pour lui rendre compte de ce que nous venions d'entendre, et l'assurer de son estime et de son amitié.

» Le vif intérêt que nous prenons à la gloire de M. de Voltaire, et celui que tout honnête homme doit avoir pour ce qui constate la vérité des faits dans les histoires contemporaines, nous a pressé de demander au roi de Pologne la permission d'envoyer à M. de Voltaire un certificat en forme de tout ce que Sa Majesté nous a fait l'honneur de nous dire. Le roi de Pologne non-seulement y a consenti, mais même nous a ordonné de l'envoyer avec prière à M. de Voltaire d'en faire usage toutes les fois qu'il le jugera à propos, soit en le communiquant, soit en le faisant imprimer, etc.

» Fait à Commerci, ce 11 juillet 1759.

» *Signé*, le comte DE TRESSAN. »

N. B. Ce certificat a été imprimé dans l'*Histoire de Pierre Ier* plusieurs années avant la mort du roi de Pologne.

On enveloppa le corps d'un manteau gris... En cet état, on transporta Charles
sous le nom du capitaine Carlsberg...

FIN DE L'HISTOIRE DE CHARLES XII.